Antigo Livro de São Cipriano O Gigante e Verdadeiro Capa de Aço

Antigo
Livro de
São Cipriano
O Gigante e
Verdadeiro
Capa de Aço

Antigo Livro de São Cipriano O Gigante e Verdadeiro Capa de Aço

Compêndio de Feitiçaria

Imbituba-SC

2010

© 2010 Livropostal Distribuidora de Livros

Produção Editorial
Livropostal Editora

Revisão
Walderez Aparecida

Capa
Nelson Arruda

Diagramação
Merval Fernandes

Editoração Eletronica
Equipe da Livropostal

Todos os direitos reservados à Livropostal Distribuidora de Livros Ltda. Proibida a reprodução total ou parcial desta obra, de qualquer forma ou por qualquer meio eletronico, inclusive xerograficos, incluindo ainda o uso da internet, *sem permissão expressa do Editor* (Lei nº 9.610 de 19/02/98)

Molina, N.A.

Antigo livro de São Cipriano, o Gigante e verdadeiro Capa de Aço./N.A.Molina - Imbituba-SC

    1. Feitiçaria   2. Magia Negra   3. Trabalhos   4. Rezas
5. Bruxarias

    I. Titulo

ISBN 978-85-61365-09-7

Livropostal Distribuidora de Livros Ltda
Rua Irineu Bornhausen, 360 - Centro
8870-000 - Imbituba-SC
Tel. (48) 3255-8382 - (48) 99922-5467
atendimento@livropostal.com.br
www.livropostal.com.br

Para que você goze de todos os benefícios que este livro poderá lhe dar, é necessário que siga à risca a recomendação de São Cipriano, que afirma no prefácio de seu manuscrito:

"Este livro não poderá ser emprestado a ninguém, deverá pertencer exclusivamente a quem o adquiriu, não podendo fazer uso dele nenhuma outra pessoa, nem mesmo por parentesco de sangue ou que resida na mesma casa. Se esta advertência não for seguida à risca, nenhum benefício lhe será dado".

Esta advertência de São Cipriano é compreensível, se levarmos em consideração que na época em que viveu, fornecia seus conhecimentos mediante consulta.

Portanto, este livro representa exclusivamente uma consulta de quem o adquiriu. É aconselhável que, após ter sido feito o uso necessário do mesmo, ele seja destruído ou então conservado em local inviolável.

Antigo Livro de São Cipriano o Gigante e Veradeiro Capa de Aço | N.A.Molina

ÍNDICE

1ª Parte, VIDA DE SÃO CIPRIANO..19
2ª Parte, ORAÇÕES E REZAS DE SÃO CIPRIANO............................31

PARA OS ENFERMOS...35
PARA O DEMONIO DEIXAR O ENFERMO.....................................38
PARA OS DOENTES NA HORA DA MORTE...................................40
CONTRA FANTASMAS..42
ESPÍRITOS MAUS...40
QUEBRANTO..45
AGONIAS..46
SALVAÇÃO DO PECADOR..47
A CRUZ DE SÃO BARTOLOMEU E SÃO CIPRIANO.....................48
ORAÇÃO A SÃO CIPRIANO: GRANDE INVOVAÇÃO..................49
CONTRA BRUXARIAS E FEITIÇARIAS...50
PARA AMANSAR E TRAZER DE VOLTA......................................51
SÃO CIPRIANO: Lenho contra feitiços...52
ORAÇÃO DAS 13 COISAS PARA AMOLECER O CORAÇÃO DE ALGUÉM..53
ORAÇÃO A SÃO CIPRIANO..54
PARA FECHAR O CORPO CONTRA INIMIGOS...........................54
ORAÇÃO PARA ABRIR OS CAMINHOS URGENTEMENTE.......55
REZA FORTE DE UNIÃO..56
PARA DESFAZER TODAS E QUAISQUER BRUXARIAS.............57
ORAÇÃO DAS HORAS ABERTAS, DE SÃO CIPRIANO...............57
CONTRA ESPÍRITOS OBSESSORES E INIMIGOS........................61
CONTRA QUEBRANTO...61
CONTRA OS MAUS ESPIRITOS...62
PARA AS ALMAS DO PURGATORIO...63
PARA ENXOTAR O DEMONIO..64
PARA FECHAR O CORPO CONTRA TODOS OS MALES............65
PELOS BONS ESPÍRITOS..66
CRUZ DE SÃO CIPRIANO CONTRA FEITIÇOS............................68
SAUDAÇÃO ANTIGA À CRUZ DE CARAVACA..........................69
INVOCAÇÃO PELA SANTA CRUZ DE CARAVACA....................69
ORAÇÃO PARA ANTES DO TRABALHO......................................70

ORAÇÃO PARA DEPOIS DO TRABALHO..70
ORAÇÃO DO AMANHECER..71
ORAÇÃO DO MEIO-DIA..72
ORAÇÃO DO ANOITECER..72
ORAÇÃO PARA AGRADECIMENTO..73
PRECE AO SAIR DE CASA..74
SÚPLICA AO SENHOR..74
ORAÇÃO AO NOSSO SENHOR DO BONFIM...75
INVOCAÇÃO AO DIVINO ESPIRITO SANTO..76
DEUS, PASTOR DOS HOMENS (SALMO 22)..76
NOSSA SENHORA DESATADORA DOS NÓS..77
NOSSA SENHORA DO AMPARO..77
NOSSA SENHORA DO BOM CONSELHO...78
NOSSA SENHORA DO DESTERRO..78
IMACULADO CORAÇÃO DE MARIA..78
NOSSA SENHORA CONSOLADORA DOS AFLITOS OU DA
CONSOLAÇÃO..79
ORAÇÃO À NOSSA SENHORA DA PENHA...79
ORAÇÃO A SANTO EXPEDITO...80
ORAÇÃO A SÃO MARCOS (BRAVO)..82
ORAÇÃO A SÃO CIPRIANO e Santa Justina..84
ORAÇÃO DA CABRA PRETA..87

3ª Parte, ESCONJUROS E RITUAIS..89
ESCONJURAÇÃO CONTRA O DEMÔNIO..89
O VIDRO ENCANTADO..91
ALQUIMIA: A ARTE DE FAZER OURO..93
PARA SE TORNAR INVISÍVEL...94
PARA VER PESSOAS AUSENTES..95
RITUAL DA RAIZ DO SABUGUEIRO..96
RITUAL DA SEMENTE DO FETO..97
RITUAL DO AZEVINHO..99
RITUAL DO TREVO DE QUATRO FOLHAS...100
RITUAL DO VINHO E AZEITE PARA CURAR FERIDAS....................101
RITUAL DA PENEIRA PARA ADIVINHAR, COMO FAZIA SÃO
CIPRIANO...102

4ª Parte, AS MAGICAS E MAGIAS DE SÃO CIPRIANO..............................103
PODER OCULTO OU MEIO DE OBTER O AMOR DAS MULHERES.......103
PODER OCULTO OU SEGREDO DA VARINHA DE AVELEIRA..............104
PODERES OCULTOS OU O DINHEIRO ENCANTADO...............................105
MAGIA PARA CONSERVAR O VIGOR VIRIL..105
MAGIA DAS CONCHINHAS E DOS FEIJÕES..106
MAGIA DO VAPOR D'ÁGUA..107
MAGIA DO PÉ DE SAPATO..108
SECULAR MÁGICA DAS FAVAS..108
MÁGICA DO OSSO DA CABEÇA DO GATO PRETO................................109
OUTRA MÁGICA DO GATO PRETO..110
OUTRA MÁGICA DO GATO PRETO, PARA MAGIA NEGRA..................111
OUTRA MÁGICA DO GATO PRETO E A MANEIRA DE GERAR UM
DIABINHO COM OS OLHOS DE GATO...112
OUTRA MANEIRA DE SE OBTER O DIABINHO.......................................114
TRABALHO QUE SE FAZ COM DOIS BONECOS, TAL QUAL FAZIA
SÃO CIPRIANO, ENQUANTO FEITICEIRO E MAGICO...........................115
OUTRA MÁGIA NEGRA OU FEITIÇARIA QUE SE FAZ COM DOIS
BONECOS, PARA FAZER MAL A QUALQUER CRIATURA......................116
MAGIA DE UM CÃO PRETO E SUAS PROPRIEDADES..........................118
OUTRA MAGIA NEGRA, OU FEITIÇARIA DO CÃO PRETO....................118
TRABALHO DE MAGIA NEGRA, PARA FAZER MAL A ALGUÉM..........120
TRABALHO DE MAGIA NEGRA...121
OUTRO TRABALHO DE MAGIA NEGRA COM BODE.............................122
OS MISTÉRIOS DA FEITIÇARIA..123
RECEITA PARA OBRIGAR O MARIDO A SER FIEL A SUA ESPOSA.......124
RECEITA PARA OBRIGAR MOÇAS SOLTEIRAS, E ATÉ MESMO
CASADAS, A DIZEREM TUDO QUE FIZERAM OU TENCIONAM
FAZER NA VIDA...125
RECEITA PARA SER FELIZ NAS COISAS...125
RECEITA PARA FAZER-SE AMAR PELAS MULHERES QUE
DESEJAR..126
RECEITA PARA FAZER-SE AMAR PELOS HOMENS.............................116
RECEITA PARA APRESSAR CASAMENTOS..129
TRABALHO DO VIDRO ENCANTADO..129
MAGIA DA AGULHA PASSADA TRÊS VEZES POR UM CADÁVER.......131

MAGIA DA POMBA NEGRA ENCANTADA..131
TRABALHO QUE SE FAZ COM CINCO PREGOS TIRADOS DE UM
CAIXÃO DE DEFUNTO, QUANDO JÁ TENHA SAÍDO DA SEPULTURA..134
TRABALHO PARA LIGAR NAMORADOS OU NOIVOS.............................134
TRABALHO INFALIVEL PARA CASAR...135
MODO DE PEDIR AS ALMAS DO PURGATÓRIO PARA AS OBRIGAR
A FAZER O QUE SE DESEJAR...135
TRABALHO QUE SE FAZ COM UM MORCEGO PARA SE FAZER
AMAR..136
OUTRO TRABALHO COM MORCEGO...137
TRABALHO QUE SE PODE FAZER COM MALVAS COLHIDAS EM
UM CEMITÉRIO OU NO ADRO DE UMA IGREJA......................................137
TRABALHO MARAVILHOSO DAS BATATAS GRELHADAS POSTAS
AO RELENTO..138

5ª Parte - RITUAIS DE ÓDIO E VINGANÇA..139
RITUAL DE MALDIÇAO..140
RITUAL DE VINGANÇA "O PACTO DE VINGANÇA"..................................141
MAGIA NEGRA RITUAL DE VINGANÇA II..142
RITUAL PARA CAUSAR SOFRIMENTO AOS INIMIGOS - I......................143
RITUAL PARA CAUSAR SOFRIMENTO AOS INIMIGOS - II.....................146
RITUAL PARA CAUSAR SOFRIMENTO AOS INIMIGOS - III....................148
RITUAL PARA CAUSAR SOFRIMENTO AOS INIMIGOS - IV....................149
RITUAL DE VINGANÇA COM RETORNO - I...151
RITUAL DE VINGANÇA COM RETORNO - II..152
RITUAL DE MAGIA NEGRA PARA FABRICAR "A GARRAFINHA
DOS DEMÓNIOS"...153
RITUAL DE MAGIA NEGRA PARA CRIAR UMA PEDRA MALÉFICA...157
INVOCAÇÃO DE SATÃ, CONJURO DE SATANÁS, APELO AO DIABO...158
PACTO COM LUCIFER..164
PREPARAÇÃO PARA O RITUAL:..165
PREPARAÇÃO DE UM PEQUENO ALTAR:..166

6ª Parte AMARRAÇÕES E MAGIAS DE AMOR..175
ORAÇÃO PARA AMARRAÇÃO DE SÃO CIPRIANO NÃO SE PODE
VOLTAR ATRÁS...182

ORAÇÃO PODEROSA DE SÃO CIPRIANO	184
MAGIA PARA PROVOCAR INFIDELIDADE NUM CASAL	186
RITUAL DE AMARRAÇÃO E DOMINAÇÃO – I:	189
RITUAL DE AMARRAÇÃO E DOMINAÇÃO – II:	190
FEITIÇO DO AMOR	192
PARA FAZER VOLTAR A PESSOA AMADA	194
PARA ATRAIR O AMOR	195
MAGIA COM ROUPA INTIMA PARA MANTER O CASAMENTO SEMPRE RENOVADO	196
MAGIA DOS OVOS PARA SE LIVRAR DE QUEM ATRAPALHA SEU CASAMENTO	197
SIMPATIA DAS CARTAS PARA SABER SE É AMADA	198
SIMPATIA PARA NÃO LHE ROUBAREM O SEU AMOR	199
SIMPATIA PARA SE LIVRAR DOS INTRIGUISTAS	199
MAGIA DE AMOR COM CHAVE PARA LHE TRAZER O AMOR	199
SIMPATIA PARA SER CORRESPONDIDA/O NO AMOR	200
PODEROSO RITUAL DE AMARRAÇÃO	201
OUTRO RITUAL DE AMARRAÇÃO	203
MAGIA DA BRUXA PARA AMARRAR UM AMOR	205
FILTRO DE AMOR PROIBIDO	209
RITUAIS PARA ATRAIR "FAVORES" SEXUAIS DE MULHERES E DE HOMENS	211
BANHOS MÁGICOS	213
BANHO MAGICO DE HECATE	215
BANHO MAGICO DE VÊNUS	217
BANHO MAGICO DE AMARRAÇÃO	218
BANHO DE ATRAÇÃO DA ALMA GÉMEA	221
BANHO MAGICO DE AFRODITE	222
BANHOS DE AMOR	223
BANHOS ESPECÍFICOS PARA HOMOSSEXUAIS	229
BANHO PARA ESTIMULAR O SEU PODER DE ATRACÇÃO	230
BANHO PARA HOMEM ABRIR CAMINHO NO AMOR	230
BANHO PARA COMBATER NEGATIVIDADE	231
BANHO PARA ATRAIR HOMEM OU MULHER	232
BANHO PARA AFASTAR PENSAMENTOS RUINS	232
BANHOS MÁGICOS PARA ATRAIR BONS FLUIDOS	233

BANHO MAGICO DAS 7 ERVAS..234
BANHOS DE LIMPEZA OU DE DEFESA PESSOAL.............................234
SIGNOS E BANHOS MÁGICOS...237
MAGIA SEXUAL..240

7ª Parte SUCESSO RIQUEZA E PROSPERIDADE...................................245
O RITUAL DAS VELAS NEGRAS...246
RITUAL DE MAGIA NEGRA PARA DINHEIRO RÁPIDO E FORTUNA
INCALCULÁVEL...247
VIRTUDE DO AZEVINHO...251
PARA TER SORTE NO JOGO..252
O OVO CLARIVIDENTE..253
PARA CONSEGUIR O EMPREGO DOS SEUS SONHOS........................253
PARA ACHAR UM EMPREGO..254
PARA TER PAZ NO TRABALHO...254
PARA CONSEGUIR UM EMPREGO...255
SIMPATIA DO MILHO PARA CONSEGUIR UM EMPREGO.................255
PARA ALUGAR UM IMÓVEL...256
PARA ABRIR UMA LOJA..257
PARA GANHAR EM JOGOS DE LOTERIAS..257
OUTRA PARA ACERTAR NA LOTERIA..257
OUTRA PARA ACERTAR NA LOTERIA..258
RITUAL CIGANO PARA A SORTE..259
TAÇA DA PROSPERIDADE..259
SIMPATIA PARA NEGÓCIOS...261
FEITIÇO DO TESOURO...261
SIMPATIAS A MEIA NOITE DE FINAL DE ANO.....................................262
SORTE PARA CADA SIGNO..263
RITUAL DE FINAL DE ANO PARA PROSPERIDADE............................265
DIVERSAS SIMPATIAS DE FINAL DE ANO...266
PARA CONSEGUIR UM ÓTIMO EMPREGO...269
PARA FARTURA NA MESA..269
SIMPATIA DE SÃO BENTO PARA PEDIR PROTEÇÃO.........................270
SIMPATIA DAS 7 IGREJAS PARA TER MUITA SORTE.........................270
SIMPATIA DO ARROZ PARA PROSPERIDADE.......................................271
PARA GARANTIR A PROSPERIDADE..271

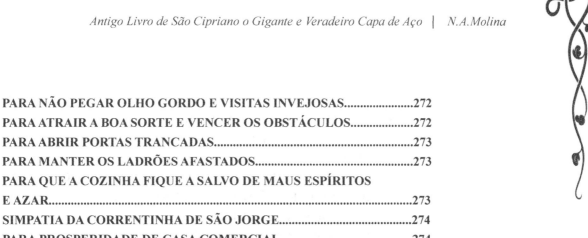

PARA NÃO PEGAR OLHO GORDO E VISITAS INVEJOSAS......................272
PARA ATRAIR A BOA SORTE E VENCER OS OBSTÁCULOS....................272
PARA ABRIR PORTAS TRANCADAS...273
PARA MANTER OS LADRÕES AFASTADOS..273
PARA QUE A COZINHA FIQUE A SALVO DE MAUS ESPÍRITOS
E AZAR...273
SIMPATIA DA CORRENTINHA DE SÃO JORGE....................................274
PARA PROSPERIDADE DE CASA COMERCIAL....................................274
SIMPATIA PARA ABRIR CAMINHOS PARA O DINHEIRO.......................275
SIMPATIA DO FINAL DO MÊS..275
SIMPATIA PARA GANHAR DINHEIRO...276
RITUAL DA FORTUNA..276
PARA ATRAIR A FORTUNA..277
SIMPATIA PARA SER UM HOMEM SORTUDO.....................................277
SIMPATIA PARA TER SORTE EM ASSUNTO DE JUSTIÇA.....................278
SIMPATIA PARA MUDAR A SUA SORTE...279
PARA HARMONIA NO TRABALHO...279
SIMPATIA PARA MINGUAR O AZAR..280
SIMPATIA PARA TER SORTE NA FAMILIA...280
SIMPATIA PARA TER SORTE COM DINHEIRO...................................281
SIMPATIA PARA VIVER SEMPRE COM SORTE...................................281
SIMPATIA DA SEXTA-FEIRA 13...281
FEITIÇO DA ALEGRIA...282
PARA LIMPAR CASA DE ENERGIAS NEGATIVAS................................283
PARA LIVRAR SUA CASA DE ASSALTOS..284
PARA NUNCA LHE FALTAR O PÃO..284
PARA ACABAR COM O AZAR OU MALDIÇÕES DE UMA CASA.............284
PARA AFASTAR ENERGIAS NEGATIVAS DE SUA RESIDÊNCIA
E DE SEU ESTABELECIMENTO COMERCIAL......................................285
O FEITIÇO DO NÓ DE SALGUEIRO...286
PARA PROTEGER A CASA DO MAL E DA FEITIÇARIA.........................286
PARA LIMPEZA E DEFESA PESSOAIS...287
FEITIÇO PARA QUE UMA VISITA INDESEJÁVEL VÁ EMBORA..............287
PARA SE LIVRAR DO INIMIGO OU DO FALSO AMIGO.......................288
PARA PROSPERIDADE E BEM-ESTAR..289
PARA NÃO FALTAR DINHEIRO PARA VOCÊ OU DENTRO DE

Antigo Livro de São Cipriano o Gigante e Veradeiro Capa de Aço | N.A.Molina

SUA CASA..289
BANHO INCENTIVADOR DE PROSPERIDADE FINANCEIRA.................291
SIMPATIA AOS ORIXÁS PARA TER DINHEIRO DURANTE O
ANO INTEIRO..291
SIMPATIA DAS 3 ROSAS BRANCAS PARA SAÚDE E DINHEIRO...........292
SIMPATIA DE REIS PARA NÃO FALTAR DINHEIRO..............................292
BANHO LIBERADOR DE TENSÕES...293
SIMPATIAS DA MODA PARA DAR SORTE...294
PARA FALAR COM OS DEUSES..295
SIMPATIA PARA CRESCIMENTO PROFISSIONAL E
PROSPERIDADE..295
PARA ATRAIR A SORTE DURANTE TODO O ANO................................295
SIMPATIA DOS 3 REIS MAGOS...296
POTE DOS DESEJOS...296
SIMPATIA DO LENÇO PARA NUNCA FALTAR DINHEIRO...................297
SIMPATIA DE ANO NOVO PARA TER MUITA FELICIDADE.................297
CONTRA O MAU-OLHADO..298
SIMPATIAS ANGELICAIS PARA O ANO NOVO.....................................298
SIMPATIA A IEMANJÁ PARA PROSPERIDADE PARA A CEIA DE
REVEILLON...299
RITUAL ROMANO PARA GANHAR DINHEIRO.....................................300
SIMPATIA PARA O RÉVEILLON..300
SIMPATIA PARA O RÉVEILLON (OUTRA)...301
PARA PROSPERIDADE...302
SIMPATIA DAS QUATRO DAMAS PARA TER SORTE...........................303
RITO CONTRA A MÁ SORTE...303
SIMPATIA PARA NUNCA SER TRAÍDO POR UM AMIGO.....................304
SIMPATIA PARA TER SORTE NA VIAGEM..305
SIMPATIA PARA CONSERVAR A SUA BOA SORTE..............................305
PARA ABRIR PORTAS..306
SIMPATIA PARA LIMPAR O OLHO GORDO DA CAMA........................306
PARA PROTEÇÃO DE UM ESTABELECIMENTO..................................307

8ª Parte NO REINO DA FEITIÇARIA..309
TRABALHO OU FEITIÇO DO MOCHO PARA AS MULHERES
PRENDEREM OS HOMENS..310

TRABALHO DO OURIÇO CACHEIRO..311
TRABALHO ENCANTADO DA CORUJA PRETA...............................315
MAGIA DOS COUCILHOS..316
TRABALHO PARA OS HOMENS SE VEREM OBRIGADOS A CASAR
COM AS AMANTES..317
TRABALHO DA ARRAIA, PARA LIGAR AMORES................................318
TRABALHO DO TROVISCO ARRANCADO POR UM CÃO PRETO.........318
TRABALHO DO LAGARTO VIVO, SECO NO FORNO..........................319
TRABALHO DA PALMILHA DO PÉ ESQUERDO..................................319
TRABALHO DA CERA AMARELA DAS VELAS MORTUÁRIAS
PARA SER AMADO PELAS MULHERES...320
FORÇA ASTRAL DO PÃO DE TRIGO...321
TRABALHO INFALÍVEL PARA DESLIGAR AMIZADES......................322
ENCONTRO DE S. CIPRIANO COM UMA BRUXA QUE ESTAVA
FAZENDO ERRADAMENTE O FEITIÇO DA PELE DA COBRA
GRÁVIDA E COMO LHE ENSINOU...323
TRABALHO PARA AS MULHERES SE LIVRAREM DOS HOMENS
QUANDO ESTIVEREM ABORRECIDAS DE OS ATURAR....................328
MODO DE CONTINUAR O TRABALHO PRECEDENTE......................328
PREVENÇÃO IMPORTANTE A RESPEITO DESTE CAPITULO............329
TRABALHO INFALIVEL PARA AS MULHERES NÃO TEREM
FILHOS..329
OUTRO TRABALHO PARA NÃO TER FILHOS....................................331
TRABALHO DO BOLO PARA FAZER MAL..332
TRABALHO PARA AQUECER AS MULHERES FRIAS........................333
O PODER DA CABEÇA DE VIBORA PARA USAR-SE PARA O BEM
E PARA O MAL..334
TRABALHO DA COELHA GRÁVIDA PENDURADA NO TETO..........335
O ANEL MÁGICO E PORTENTOSO...336
MANEIRA DE CONHECER SE A PESSOA QUE ESTA AUSENTE
É FIEL..337
MODO ENGENHOSO DE SABER QUEM SÃO AS PESSOAS QUE
NOS QUEREM MAL..338
OS BRUXEDOS DO TEMPO DE SÃO CIPRIANO.................................339
MAGIA SOBRENATURAL PARA VER EM UMA BACIA DE ÁGUA
A PESSOA QUE ESTÁ AUSENTE..340

TRABALHO OU BRUXARIA PARA OBRIGAR UMA PESSOA CEDER-NOS O QUE DESEJAMOS TER..................341
MAGIA NEGRA OU FEITIÇARIA PARA DESMANCHAR UM CASAMENTO..................342
TRABALHO QUE SE FAZ A UMA PESSOA COM QUEM SE DESEJA CASAR, EXECUTADO PELA PRETA QUITÉRIA DE MINAS..................343
FEITIÇO AO NATURAL, EXECUTADO PELA PRETA VELHA LUCINDA, PARA QUE A PESSOA COM QUEM SE VIVE SEJA SEMPRE FIEL..345
GRANDE CONJURAÇÃO DE MAGIA NEGRA..................345
TRABALHO QUE FAZ A MÃE CAZUZA, CABINDA..................346
TRABALHO EXECUTADO PELAS PRETAS VELHAS DO BRASIL, QUANDO QUEREM PRENDER UM BRANCO DE QUE GOSTAM..................347
ORAÇÃO PELOS BONS ESPÍRITOS, PARA OS LEVAR A DEUS E DEIXAR A CRIATURA..................349
EXORCISMO PARA EXPULSAR O DIABO DO CORPO..................351
HISTÓRIA MEDIEVAL DE CURAS MILAGROSAS, QUE FORA ENCONTRADA NOS MANUSCRITOS DE SÃO CIPRIANO..................352
AS CLAVÍCULAS DE SALOMÃO..................382
COMO FAZER E USAR A CORRENTE MILAGROSA, SEGUNDO OS ANTIGOS MAGOS..................388
ANTIGA MANEIRA DE UTILIZAR MESA PARA EVOCAR OS ESPIRITOS..................390
A ESCRITA MEDIÚNICA SEGUNDO SÃO CIPRIANO..................394
EVOCAÇÃO DO ESPÍRITO DE PESSOAS VIVAS..................396
O HIPNOTISMO, SEGUNDO SÃO CIPRIANO..................398
AS MANEIRAS DE HIPNOTIZAR, SEGUNDO SÃO CIPRIANO..................400
OS CORPOS DOS HOMENS E AS VIAGENS ASTRAIS..................409
VIAGENS ASTRAIS CORPO, ALMA E ESPÍRITO..................411
PARA PODER VISITAR, SEM SAIR DE CASA, UMA PESSOA QUE ESTEJA NUM OUTRO LOCAL..................413
O MODO DE ESCOLHER E DE USAR A BOLA DE CRISTAL, COMO A USAVA SÃO CIPRIANO..................415
OS MANDAMENTOS DA COMUNIDADE JUDAICA, SEGUNDO SÃO CIPRIANO..................418
OS ANTIGOS CENTROS DE ADORAÇÃO DO DIABO..................419
A FEITIÇARIA NOS LUGARES SANTOS E SUA PRÁTICA SECULAR....421

A MAGIA NEGRA USADA ATÉ NOSSOS DIAS..................................423
A FEITIÇARIA E A LEI DE 400 ANOS ATRÁS................................424
MISSA NEGRA...425
NÓS TODOS MORREMOS UM DIA, DIZ A BÍBLIA..........................432

9ª Parte BREVIÁRIO DE BRUXARIA...435
INVOCAÇÃO DE ÉVORA UM RITUAL NEGRO DE SEXUALIDADE........439
RITUAL DE AUTO-DEDICAÇÃO Á BRUXARIA...............................447
ENCONTRO DE SÃO CIPRIANO COM A BRUXA DE ÉVORA..............452
BRUXARIA AFRICANA PARA DOMINAR HOMEM............................457
ORAÇÃO DAS BRUXAS...461
DICAS PARA FEITIÇOS..463
O CÂNTICO DAS BRUXAS..467
O CANTO DAS BRUXAS OU A RUNA DAS BRUXAS........................468
COMO SE TORNAR UMA BRUXA OU BRUXO.................................469
MESES E OS FEITIÇOS DO ANO..473
SABBAT DA BRUXAS, CONCEITOS SOBRE BRUXARIA....................475
BRUXARIA E ENCRUZILHADAS..483
BRUXAS E O MALLEUS MALEFICARUM.......................................485
MAGIA NEGRA..493

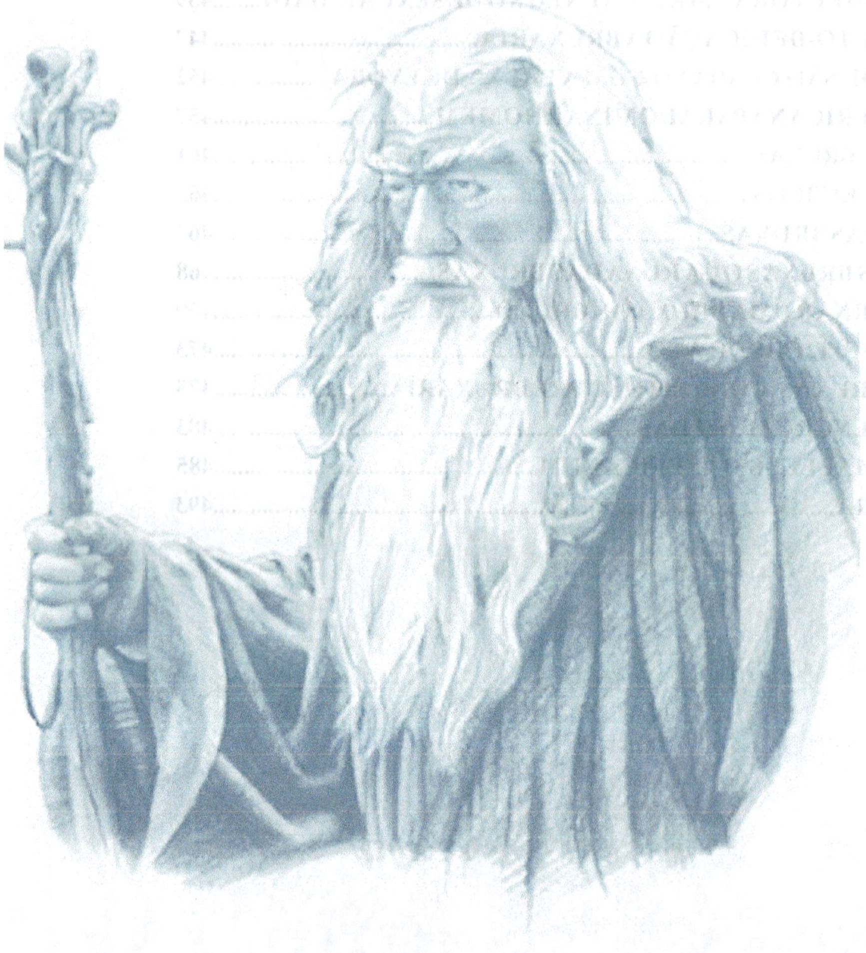

1ª PARTE

VIDA DE SÃO CIPRIANO

São Cipriano,

O Mago dos Magos, o Santo Feiticeiro

Tascius Caecilius Cyprianus,

Nasceu na cidade de Antioquia.

Antioquia era uma cidade antiga erguida na margem esquerda do rio Orontes, na Turquia. Foi nesta cidade que, quando o Cristianismo era apenas uma pequena seita religiosa, Paulo pregou o seu primeiro sermão numa Sinagoga, e foi também aqui que os seguidores de Jesus foram chamados de Cristãos pela primeira vez.

Historicamente, há quem defenda que São Cipriano Bispo

de Cartago, (Cartago, o coração do grande império fenício que existiu no Norte de Africa e que rivalizou com o império romano pelo controlo do mediterrâneo) e são Cipriano de Antioquia, (de codinome, o feiticeiro, ou o mago dos magos), nascido na cidade que existiu na zona entre Turquia e Síria, e que era chamada de a mais bela cidade do oriente, são figuras históricas totalmente distintas. Ao contrário, muitas outras fontes afirmam que São Cipriano o Bispo de Cartago, e São Cipriano, o Feiticeiro, se tratam da mesma figura histórica, sendo que por motivos de ocultação da vida pecaminosa de São Cipriano antes da sua conversão, se procurou criar a ideia que o São Cipriano santificado era uma figura totalmente distinta do São Cipriano o bruxo, assim retirando de São Cipriano o Bispo e o Santo, a pesada macula de todos os seus anteriores pecados. São teses históricas, umas mais defensáveis que outras, mas que de qualquer das formas são unânimes em confirmar a existência de São Cipriano. Cremos pessoalmente, que tal como afirmam as mais ilustres obras que versam sobre São Cipriano, que Cipriano o Bispo de Cartago, e Cipriano o Bruxo, são a mesma pessoa.

Quanto a São Cipriano de Antioquia, o bruxo e santo:

Antioquia era a terceira maior cidade do império romano, conhecida pela sua depravação. Nesta metrópole conhecida por "Antioquia, a bela", ou a "rainha do Oriente", (tal era a beleza da arte romana e do luxo oriental que se fundiam num cenário deslumbrante), a população era maioritariamente romano-helênica, e o culto dos deuses era a religião oficial. Alguns dos cultos religiosos estavam associados a deusas do amor e da fertilidade, pelo que a lascívia, perversão e a libertinagem era famosas nesta cidade.

Foi neste ambiente religioso e cultural que Cipriano nasceu, havendo sido admitido num dos templos sagrados da cidade para realizar os seus estudos sacerdotais e místicos.

Filho de Edeso, (pai), e Cledónia , (mãe), Cipriano nutria uma verdadeira vocação e gosto pelos estudos místicos e religiosos. Assim, Cipriano dedicou a sua vida ao estudo das ciências ocultas, sendo que ficou conhecido pelo epíteto de "o feiticeiro". Cipriano alcançou grande fama e o seu nome foi reconhecido enquanto um poderoso feiticeiro, capaz de grandes prodígios.

Cipriano nasceu em 250 d.C. Era descendente de uma prospera família e filho de pais abastados e crentes das divindades pagãs , que cedo o entregaram ao sacerdócio de Deuses.

Cipriano entrou assim em contato com as ciências ocultas, e aprofundou afincadamente os seus estudos de feitiçaria, rituais sacrificiais e invocações de espíritos, astrologia, adivinhação, etc.

Cipriano não se limita aos seus estudos no sacerdócio em Antióquia, e desejando aprofundar os seus estudos ocultos, viaja pelo Egito e pela Grécia, angariando conhecimento com vários mestres e sacerdotes místicos; ele estuda desde as mais ancestrais técnicas astrológicas, á numerologia hebraica, e demais artes misticas.

Por volta dos seus 30 anos, Cipriano encontra-se estabelecido na Babilônia, onde encontra a bruxa de Évora.

Estudando com ela, Cipriano desenvolve as suas capacidades premonitórias e outras matérias sobre as artes da bruxaria segundo as tradições místicas dos Caldeus.

Após o falecimento da Bruxa Évora, Cipriano herda os

manuscritos esotéricos da Bruxa Évora, dos quais extrai muita da sua sabedoria oculta.

Ao fim de algum tempo, Cipriano já domina as artes das ciências de magia negra, contatando demônios.

Diz-se que se tornou amigo Íntimo de Lúcifer e Satanás, para os quais conseguia angariar a perdição de muitas belas e jovens mulheres, o que muito agradava aos diabos, que em troca lhe concediam grandes poderes sobrenaturais. Sobre como um bruxo ou bruxa se tornam servos do demônio, consultar Bruxas e Demônios, assim como o Malleus Maleficarum e Sabbath.

Com os poderes infernais que lhe advinham que dialogar diretamente com os demônio e pedir-lhes a concretização de favores, Cipriano construiu uma carreira de bruxo com grande fama, produzindo grandes feitos, o que lhe valeu uma imprecedível reputação de grande feiticeiro ou mago.

Muitas pessoas de todos os quadrantes geográficos procuravam os seus serviços místicos e os seus ganhos financeiros eram assinaláveis. São Cipriano viveu assim uma vida de bruxarias e riquezas, sendo que dizem certas lendas que São Cipriano foi dono de um fabuloso tesouro, onde se encontravam tanto os seus manuscritos secretos sobre assuntos místicos e bruxaria, como uma fortuna financeira incalculável, adquirida através do exercício das suas artes esotéricas.

Cipriano foi autor de diversas obras e tratados místicos, e era já um feiticeiro respeitado, reputado e temido, quando foi contatado por um rapaz de nome Aglaide (ou Adelaide).

O rapaz estava ardentemente apaixonado por uma belíssima donzela Cristã de nome Justina.

Aglaide tinha encontrado o consentimento dos pais de Justina quanto a um casamento com ela, contudo a donzela professava uma forte fé cristã e desejava manter a sua pureza, oferecendo a sua virgindade a Deus. Por esse motivo, Justina recusou-se casar.

Desgostoso mas com forte determinação em possuir Justine, Adelaide encomendou os serviços de Cipriano, o mago dos magos, grande estudioso e sabedor dos conhecimentos do oculto.

Cipriano usou de toda a extensão da sua bruxaria para fazer Justine cair nas tentações carnais, levando-a a abrir-se e oferecer-se a Aglaide, ao passo que renunciando á sua fé Cristã.

Cipriano fez uso de diversos trabalhos malignos, e contudo nenhum deles surtiu qualquer efeito.

Para espanto de Cipriano, todo o batalhão de feitiços que usava era repelido pela jovem rapariga apenas através do sinal da cruz e das suas orações

Acostumado a fazer belas moças cair na tentação da carne e assim a levá-las a entrar pelos caminhos da luxúria, conquistando-as para si mesmo, (a favor do diabo, a quem com a perversão lhes vendia as almas), ou para as abrir a quem lhe encomendava os serviços de feitiçaria, Cipriano não consegue entender o que se estava a passar.

Ele encontrou muitas dificuldades, sendo que pediu ao demônio que perseguisse a jovem e bela Justina, ora lançando-lhe forte tentação e inflamando-a se desejo carnal, ora atormentando-a com visões e aparições, ora tentando-a vergar com todo um ardil diabólico, que ia de doenças, a todo o tipo de enfermidade. Noite

após noite, a pedido de Cipriano, o demônio visitava a jovem Justina com a sua infernal quantidade de seduções e castigos. Nada resultou.

Cipriano desiludiu-se profundamente com as suas artes místicas que ate então tinham funcionado tão forte e infalivelmente, para agora se verem derrotadas por uma mera donzela com fé em Deus e em Cristo.

Aconselhado por Eusébio, (um amigo seu), e observando o poder da fé de Justine, Cipriano converteu-se ao Cristianismo.

Assim fazendo-o, o feiticeiro destruiu grande parte das suas obras esotéricas e tratados de magia negra, assim como ofereceu e distribuiu todos os seus bens materiais e riquezas aos pobres.

Depois de se converter, Cipriano ainda foi fortemente atormentado por espíritos de bruxas que o perseguiam, mas teve fé e assim afastou de si tais aparições que apenas o pretendiam reconduzir aos caminhos da feitiçaria.

Cipriano viveu uma vida de castidade e virtude, vindo a ser ordenado sacerdote, e mais tarde alcançado a posição de Bispo de Cartagena.

A fama de Cipriano era contudo grande e as notícias da sua conversão ao cristianismo chegaram á corte do Imperador Diocleciano que á data tinha fixado residência na Nicomédia.

Cipriano e Justina foram perseguidos, aprisionados e lavados ao imperador, diante do qual foram forçados a negar a sua fé. Naquele tempo, muitas das perseguições contra os cristãos visavam fazer os fiéis abjurar, ou seja, renunciar á fé em Cristo. A esses cristãos, cuja a vida era poupada, chamavam-se: lapsi

Consta que Justina e Cipriano, foram por isso violentamente torturados, na tentativa de os levar à abjuração.

Justina foi despida e chicoteada, ao passo que Cipriano foi martirizado com um açoite de pentes de ferro.

Mesmo com a carne arrancada do corpo a cada flagelação do chicote com dentes de ferro, Cipriano não renegou a sua fé, e Justina manteve-se sofredoramente fiel a Deus.

Conta a lenda, que outros grandes tormentos foram infligidos a Cipriano e Justina, sendo que ambos saíram ilesos, por obra de um milagre de Deus.

Perante a recusa de Cipriano e Justina em renunciar a sua fé, e enraivecido perante o milagre que teimava em salvar Cipriano e Justina das torturas, o imperador ordenou a sua condenação á morte.

Cipriano e Justina foram decapitados a 26 de Setembro de 304 d.C, juntamente com um outro mártir de nome Teotiso. Aceitaram a sua execução com grande fé e serenidade, tendo falecido com coragem e dignidade.

Os seus corpos nem sequer foram sepultados, e ficaram expostos por 6 dias. Um grupo de cristãos comovidos pela barbaridade, recolheu-os.

Mais tarde, o imperador Cristão Constantino, (272 – 337 d.C.), ouviu falar de São Cipriano.

O imperador Constatino foi o primeiro imperador Romano a confirmar o cristianismo como religião oficial. Diz a lenda que na noite antes de uma batalha decisiva as portas de Roma, o imperador sonhou com uma cruz e ouviu uma voz que lhe disse: "sob este símbolo vencerás."

Constantino interpretou o sonho como uma mensagem de Deus, e de fato venceu a batalha e conquistou o mais alto cargo de poder do império romano. Governou o império ate morrer.

Foi Constantino que convocou o concílio de Niceia, onde se fixou a data da Páscoa crista, assim como se decidiu sobre a natureza divina de Jesus. Foi também Constantino que através do Èdito de Constantino, fixou o domingo como dia de descanso cristão, o correspondente ao Sabbath judaico.

Constantino ordenou que os restos mortais de Cipriano fossem sepultados na Basílica de São João Latrão, localizada na praça com o mesmo nome em Roma, que é a catedral do Bispo de Roma, ou seja: o papa. A basílica de São João de Latrão, (Archibasilica Sanctissimi Salvatoris), é a "mãe" de todas as igrejas, aquela na qual o Santo Padre exerce o seu mais alto oficio divino.

A Basílica de São João de Latrão encontra-se localizada na praça de mesmo nome em Roma e é a Catedral do Bispo de Roma: o Papa. O seu nome oficial é Arquibasílica do Santíssimo Salvador, e é considerada a "mãe" de todas as igrejas do mundo.

Foi na Omnium Urbis et Orbis Ecclesiarum Mater et Caput, (mãe e cabeça de todas as igrejas do mundo), que São Cipriano, o santo e mártir, encontrou o seu eterno repouso.

Todo percurso de São Cipriano é um verdadeiro hino a vida no esplendor da sua existência:

Do Diabo a Deus, dos anjos aos demônios, da feitiçaria à fé cristã, da magia negra à magia branca, em tudo São Cipriano mergulhou, estudou e viveu.

Do pecado á virtude, da luxúria á santidade, da riqueza á pobreza, do poder á martirização, se alguém é digno de um percurso existência completo, rico e enriquecedor, eis que este santo assim o representa.

Controverso e polêmico, em São Cipriano a própria noção de evolução espiritual através da profunda vivência das mais diversas realidades espirituais, (do mais profano excesso, a mais sacrificada ascese), encontra corpo na vida e obra deste feiticeiro e mártir.

Outras figuras houveram como ele ao longo da história:

Maria Madalena amava profundamente a luxúria e era prostituta, uma mulher totalmente entregue ao prazer da carne, da vaidade e da luxúria, e que mais tarde viria a ser Santa; Paulo perseguia a matava homens e mulheres inocentes apenas por serem cristãos. Era um sanguinário predador de homens, um assassino que assistiu à morte de São Estêvão, (o primeiro mártir), e que perseguiu e matou cristãos na estrada que conduzia a Damasco, e que depois ascendeu a Santo; Maria Egípcia, viveu na Alexandria, (Egito), onde se tornou prostituta. Não vendia o corpo pensando em dinheiro, mas apenas pelo vício do prazer. A quem lhe queria pagar, ela recusava o dinheiro e dizia que se prostituía apenas para ter quantos homens fosse possível, fazendo de graça o que lhe dava prazer. Também ela se tornou Santa Maria do Egito, a ermitã.

A história está repleta de santos que foram pecadores, e de grandes pecadores que se tornaram santos.

São Cipriano é também um desses exemplos da natureza humana em toda a sua complexa extensão:

De pecador dedicado á feitiçaria, considerado o mago dos magos, apelidado como o discípulo preferido do Diabo, conquistando pela bruxaria belas mulheres para as entregar ás mãos do Diabo e da luxúria, e construindo fortuna com fundamento na pratica do ocultismo, chegou a santo na mais devota e redentora assunção do termo.

Muito mais que apenas um feiticeiro, ou apenas um santo. É um símbolo da mais íntima natureza humana, na sua ampla dualidade. São Cipriano, foi bruxo de grande poder, bispo de grande sabedoria e santo de grande nobreza. Por tudo isso, (e tal como Maria Madalena, que foi pecadora e encontrou a luz em Cristo), São Cipriano foi um exemplo de redenção e salvação. Os seus saberes contudo, abrem as portas à magia negra mais poderosa, ou à magia branca mais celestial. Cabe a cada um de nós, usar os saberes de São Cipriano em consciência, e de acordo com as nossas escolhas.

São Cipriano ficou famoso tanto pela sua vida de escândalos e luxúria, como pela prática da mais poderosa bruxaria, (que aprendeu tanto nos templos das Deusas da fertilidade, como com a famosa Bruxa Évora), como pelos muitos milagres que fez depois de se converter ao cristianismo, (o que o levou a ser um dos mais bem sucedidos evangelizadores do seu tempo), e por ultimo pela sua morte como mártir em nome da fé.

Contam as lendas que São Cipriano, através dos conhecimentos obtidos com a bruxa Évora, terá feito um pacto com um demônio. Por causa desse pacto, São Cipriano ter-se-ia entregue a uma vida de luxúria e pecado, por forma a satisfazer o demônio, entregando belas mulheres à perdição e perversão das seduções carnais. Desse pacto demoníaco celebrado por São

Cipriano, conta-se que lhe advieram os extensos poderes mágicos com os quais o bruxo realizou incontáveis trabalhos místicos, que lhe renderam uma fama sem precedentes.

Os manuscritos de São Cipriano ainda existentes, (que podem ser usados tanto para o bem, como para o mal), encontram-se conservados na Biblioteca do Vaticano, e o livro que presentemente lhes apresentamos fôra extraído dessas obras originais.

Seja como for, São Cipriano é um Santo e Bruxo milagreiro, cujas as graças já favoreceram milhares de sofredores por todo o mundo, em todo o tipo de situações mais desesperadas. O dia de São Cipriano é celebrado em 2 de outubro, sendo que na última noite desse mesmo mês, a 31 Outubro (para 1º Novembro, a noite mais longa do ano), é celebrado o dia dos mortos, ou o dia das bruxas. O mês 9 de todos os anos, é um mês de profunda tradição na bruxaria

2ª PARTE

ORAÇÕES E REZAS FORTES DE SÃO CIPRIANO

"Eu Cipriano, servo de Deus, a quem amo de todo o meu coração, corpo e alma, pesa-me por vos não amar desde o dia em que me destes o ser".

"Porém, vós, meu Deus e meu Senhor, de todo o meu coração, os benefícios que de vós estou recebendo, pois, agora, ó Deus das criaturas, dai-me força e fé para que eu possa desligar tudo quanto tenho ligado para o que invocarei sempre o vosso santíssimo nome. Em nome do Pai, do Filho e do Espírito Santo, Amém."

"Vós que viveis e reinais por todos os séculos dos séculos. Amém".

"É certo. Nosso Deus, que agora sou vosso servo Cipriano, dizendo-vos: Deus forte e poderoso, que morais no grande cume que é o céu, onde existe o Deus forte e santo, louvado sejais para sempre!"

"Vós que vistes as malícias deste vosso servo Cipriano! E tais malícias pelas quais eu fui metido debaixo do poder do diabo, mas eu não conhecia vosso santo nome, ligava as mulheres, ligava as nuvens do céu, ligava as águas do mar para que os pescadores não pudessem navegar ara pescarem o peixe para sustento dos homens, pois eu pelas minhas malícias, minhas grandes maldades, ligava as mulheres prenhas para que não pudessem parir, e todas estas coisas eu fazia em nome do demônio. Agora, meu Deus o torno a invocar para que sejam desfeitas e desligadas as bruxarias e feitiçarias da máquina ou do corpo desta criatura (nome). Pois vos chamo, ó Deus poderoso, para que rompas todos os ligamentos dos homens e das mulheres. Caia a chuva sobre a face da terra para que de seu fruto, as mulheres tenham seus filhos; livre de qualquer ligamento que lhe tenha feito, desligue o mar para que os pescadores possam pescar. Livre de qualquer perigo, desligue tido quanto está ligado nesta criatura do Senhor; seja desatada, desligada de qualquer forma que o esteja ; eu a desligo, desalfineto, rasgo, calço e desfaço tudo, monecro ou monecra que esteja em algum poço ou levada, para secar esta criatura (nome), pois todo o maldito diabo e tudo seja livre do mal e de todos os males ou malfeitos, feitiços, encantamentos ou superstições, artes diabólicas. O Senhor tudo destruiu e aniquilou: o Deus dos altos céus seja glorificado no céu e na terra, assim como por Manoel, que é o nome de Deus poderoso. Assim como a pedra seca se abriu e lançou água de que beberam os filhos de Israel, assim o Senhor muito poderoso, com a mão cheia de graça, livre este vosso servo (nome) de todos os malefícios, feitiços, ligamentos, encantos e em tudo que seja feito pelo diabo ou seus servos, e assim que tiver esta oração sobre si e a trouxer consigo ou tiver em casa, seja com ela diante do paraíso terreal do qual saíram quatro rios, cinquenta e seis tigres eufrates, pelos quais mandastes deitar água a todo e mundo por cujos vos suplico. Senhor meu Jesus Cristo, filho de Maria Santíssima, a quem entristecer ou maltratar pelo maldito maligno espírito nenhum encantamento nem malfeitos não façam nem movam coisa alguma contra este vosso servo (nome), mas todas as coisas aqui mencionadas sejam obtidas e anuladas, para o qual eu invoco se as setenta e duas línguas que estão repartidas por todo o mundo e qualquer dos seus contrários, sejam aniquiladas as suas pesquisas pelos anjos, seja absoluto este vosso servo (nome) com toda a sua casa e coisas que nela estão, sejam aniquilados as suas pesquisas pelos anjos, seja absoluto este vosso servo (nome) com toda a sua casa e coisas que nela estão, sejam todos livres de todos os malefícios e feitiços pelo nome de Deus Pai que nasceu sobre Jerusalém, por todos os mais anjos santos e por todos os que servem diante do paraíso ou na presença do alto Deus Pai Todo Poderoso, para que maldito diabo não tenha poder de empecer a pessoa alguma.

Qualquer pessoa que esta oração trouxer consigo, ou lhe for lida, ou onde estiver algum sinal do diabo, de dia ou de noite, por Deus, Jacques e Jacob, o inimigo maldito seja expulso para fora; invoco a comunhão dos Santos Apóstolos, de Nosso Senhor Jesus Cristo, São Paulo, pelas orações das religiosas, pela empresa formosura de Eva, pelo sacrifício de Abel, por Deus unido a Jesus, seu Eterno Pai, pela castidade dos fiéis, pela bondade deles, pela fé em Abrahão, pela obediência de Nossa Senhora quando ela livrou a Deus, pela oração de Madalena, pela paciência de Moisés, sirva a oração de São José para desfazer os encantamentos, Santos e Anjos. valei-me ; pelo sacrifício de São Jonas, pelas lágrimas de Jeremias, pela oração de Zacarias, pela profecia e por aqueles que não dormem de noite e estão sonhando com Deus Nosso Senhor Jesus Cristo, pelo profeta Daniel, pelas palavras dos Santos Evangelistas, pela coroa que deu a Moisés em língua de fogo, pelos sermões que fizeram os apóstolos, pelo nascimento de Nosso Senhor Jesus Cristo, pelo seu santo batismo, pela voz que foi ouvida do Pai Eterno, dizendo: "Este é meu filho escolhido e meu amado; deve-me muito apreço porque toda a gente o teme e porque fez abrandar o mar e fez dar frutos à terra", pelos milagres dos anjos que juntos a ele estão, pelas virtudes dos Apóstolos, pela vinda do Espírito Santo que baixou sobre eles, pelas virtudes e, nomes que nesta oração, estão pelo louvor de Deus que fez todas as coisas pelo pai, pelo filho , pelo Espírito Santo (nome), se te está feita alguma feitiçaria nos cabelos da cabeça, roupa do corpo, ou da cama, ou no calçado, ou em algodão, seda, linho, ou lã, ou em cabelos de cristão, ou de mouro ou de hereges, ou em osso de criatura humana, de aves ou de outro animal; ou em madeira, ou em livros, ou em sepulturas de cristão, ou em sepulturas de mouros, ou em fonte ou ponte, ou altar, ou rio, ou em casa, ou em paredes de cal, ou em campo, ou em lugares solitários, ou dentro das igrejas, ou repartimentos de rios, em casa feita de cera ou mármore, ou em figuras feitas de fazenda, ou em sapo ou saramantiga, ou bicha ou em bicho do mar ou do rio ou do lameiro, ou em comidas ou bebidas, ou em terra do pé esquerdo ou direito, ou em outra qualquer coisa em que se possa fazer feitiços".

"Todas estas coisas sejam desfeitas e desligadas dês-te servo (nome) do Senhor, tanto as que eu, Cipriano, tenho feito, como as que têm feito, essas bruxas servas do demônio; isto tudo volte ao seu próprio ser que dantes tinha ou em sua própria figura, ou em a que Deus criou".

"Santo Agostinho e todos os santos e santas, por santo nome, que façam que todas as criaturas sejam livres do mal do demônio. Amém".

PARA OS ENFERMOS

Para se saber se a moléstia é natural ou sobrenatural, deve-se dizer esta oração em latim.

"Praecipitur in Nomine Jesus, ut desinat nocere aegroto, statim cesse delirium, et illuo ordinate discurrat. Si cadat, ut mortuus, et sine mora surget ad praeceptu.

Exortistae factu in Nomine Jesus. Si in pondere assicitur, ut a multis himinibus elevaret non aliqua parte corporis si dolor, vel tumor, et ad signo Crucis, vel imposito praecepto in nomine Jesus cessat. Si side causa velit sibi morte inserre, se praecipite dure. Quando imaginationi, se praesentat res inhonestae contra Imagines Christi, et Sanctorum, et si eorem tempore sentiant in capit, ut plumbum, ut aguam frigidam, vel ferrumignitem, et hoc fugit ad signum Crucis vel incovato Nomine Jesu. Quando Sacramenta, Reliquias, et res sacros edit ; quando nulla praecedente tribulation, desperat, se dilacerat. Quando subito patenti lumen aufertur, et subito restitutur ; quando diurno tempora nihil vidit, et nocturno bene vidit et sine fuce lugit epistolam: si subito siat surdus, te postae bene audiat, non solun materialia, sed spiritualia. Si per septem, vel novem dies mihil, vel parum comelens fortis est, et pinguis, sicut antea. Si loquitur de Mysteris ultra suas capacitatem, quando nun custat de illius sanctitite. Quando ventus vehemens discurrit per totum corpus ad mudum formicarum; quando elevatur corpus contra volutatem patientes, et non apparet a quo leventur. Clamores, scissio vestium, arrotatines dentium, quando potiens non est stultus : vel quando honro natura debilis non potest teneri a multis. Quando haber liguem tumidam, et ni gram, quando audiuntur rugitus leonum, balatus ovium, latra tus canun, porco-rum grumitus, et similium. Si vairepraeter naturam vident, et audiunt, si homines maximo odio perseuntur ; si praecipitis se exponunt, se oculos horribiles habent, remanent, sensibus destituti. Quando corpu talibenedicti, quando ab Aeclesia fugit, et aguam benedictan non consentit: quando iratos se ostendune contra Ministros superdonentes Relíquias capiti (eti occulte). Quando Imagines Cristi, et virginis Mariae nolunt inspicere sed conspuunt, quando verba sacra nolun, profere, vel si proferant, illa corrumpunt, et balbat cienter student prefere. Cum superposita capiti manu sacra ad lactionem Evangeliorum conturbatum aegrotus, cum plusquam solitum palpitaverit, sensus occupantum, gattaes sudoris destuunt, anxietates senta; stridores usque xxx ad Caelum mittit, sed posernit, vel similia facit. Amém".

Se depois de proferir esta oração, o religioso entender que é demônio ou alma perdida que está mortificando o enfermo, deve proferir o seguinte preceito:

"Eu como criatura de Deus feita à sua semelhança e remida com o seu santíssimo sangue, vos ponho preceito, demônio ou demônios, para que cessem os vossos delírios, para que esta criatura não seja jamais por vós atormentada com as vossas fúrias infernais".

"Pois o nome do Senhor é forte e poderoso, por quem eu vos cito e notifico que vos ausenteis deste lugar para fora. Eu vos ligo eternamente no lugar que Deus Nosso Senhor vos destinar; porque com o nome de Jesus vos piso e rebato e vos aborreço mesmo do meu pensamento para fora. O Senhor seja comigo e com todos nós, ausentes e presentes, para que tu, demônio, não possas jamais atormentar as criaturas do Senhor. Fugi, partes contrárias, que venceu o leão de Judá e a raça de David".

"Amarro-vos com as cadeias de São Pedro e com a

toalha que o santo rosto de Jesus Cristo, para que jamais possais atormentar os viventes".

Faça-se o ato de contrição.

Deve-se repetir muitas vezes, principalmente as mulheres grávidas, para que não aconteça algum vômito com os fortes ataques que os demônios causam nesta ocasião. Em seguida deve dizer-se a oração de São Cipriano, para desfazer toda a qualidade de feitiçaria e conjurações dos demônios, espíritos malignos ou ligações que tenham feito homens ou mulheres, ou para rezar em uma casa que se desconfie estar possessa de espíritos malignos ou, finalmente, para tudo que diz respeito a moléstias sobrenaturais.

Nesta oração diz-se muitas vezes:

"Eu desligo tudo quanto está ligado".
PARA O DEMÔNIO

DEIXAR O ENFERMO

Se as orações foram ditas e pronunciadas como se preceituou e se, passando três dias, o doente ainda se encontra possesso, trata-se, é claro, "de uma morada aberta", que logo deverá ser fechada da seguinte forma:

Arranja-se uma chave de aço, em ponto pequeno, e deita-se-lhe a bênção da forma seguinte:

"O Senhor lance sobre si a sua santíssima bênção e o seu santíssimo poder para que te dê a virtude eficaz, para que toda a morada ou porta onde entra o Satanás por ti seja fechada, jamais o demônio ou seus aliados por ela possam entrar, pois abençoada seja em nome do Pai, do Filho, e do Espírito Santo. Amém".

Deita-se água benta em cruz sobre a chave. A chave deve estar sobre o peito do enfermo, como se se estivesse a fechar uma porta, proferindo as seguintes palavras:

"Ó Deus Onipotente, que do seio do eterno Pai viestes ao mundo para a salvação dos homens, dignai-vos, pois, Senhor, de pôr preceito ao demônio ou demônios, para que eles não tenham mais o poder e atrevimento de entrar nesta morada. Seja fechada a sua porta assim como Pedro fecha as portas do céu às almas que lá querem entrar sem que primeiro expiem as suas culpas".

O religioso finge que está a fechar uma porta no peito do enfermo:

"Dignai-vos, Senhor, permitir que Pedro venha do céu à terra fechar a morada onde os malditos demônios querem entrar quando muito bem lhes parece.

"Pois eu, (o nome de quem profere a oração), em

vosso santíssimo nome ponho preceito a esses espíritos do mal, desde hoje para o futuro não possam mais fazer morada no corpo de (nome do doente), que lhe será fechada esta porta perpetuamente, assim como lhe é fechada a do reino dos espíritos puros. Amém".

Terminada esta oração, escreva-se em um papel o nome de Satanás, queima-se o papel e pronunciam-se as seguintes palavras:

"Desapareça, Satanás, como pó de estrada e o fumo das chaminés".

A mais potente esconjuração de São Cipriano, feita num momento de profunda integração com as forças do grande Cosme.

PARA OS DOENTES
NA HORA DA MORTE

Esta oração é tão eficaz, afirma São Cipriano, que nenhuma alma se perde, quando é dita com devoção e é em Jesus Cristo.

"Jesus, meu Redentor, em vossas mãos, Senhor, encomendo a alma deste servo, para que vós, Salvador do mundo, a leveis para o céu na companhia dos anjos".

"Jesus, Jesus,

Jesus seja contigo para que te defenda; Jesus esteja na tua alma, para que te assente; Jesus esteja diante de ti para que te guie: Jesus esteja na tua presença para que te guarde; Jesus, Jesus reina, Jesus domina, Jesus de todo o mal te defenda. Esta é a Cruz do Divino Redentor, fugi, fugi, ausentai-vos, inimigo das almas remidas com o sangue preciosíssimo de Jesus Cristo".

"Jesus, Jesus, Jesus; Maria, Mãe de Graça, Mãe de Misericórdia, defendei-me do inimigo e amparai-me nesta hora. Não se desampareis, Senhora, rogai por este vosso servo (nome do doente) a vosso Amado Filho, para que com vossa intercessão saia livre do perigo de seus inimigos e das suas tentações".

"Jesus, Jesus, Jesus; recebei a alma deste vosso servo (nome do doente), olhai-o com olhos de compaixão; abri-lhe esses braços, amparai-o, Senhor, com a vossa misericórdia, pois é feitura de vossas mãos e a alma imagem vossa".

"Jesus, Jesus, Jesus! De vós, meu Deus, lhe há de vir até o remédio; não lhe negueis, a vossa graça nesta hora, pois eu, (nome do religioso) vos chamo, ó Deus Poderoso, para que venhais sem demora receber esta alma nos vossos santíssimos braços: vinde em seu socorro, assim como viestes em socorro de Cipriano quando estava em batalha com Lúcifer".

"Jesus, Jesus, Jesus! Creio, Senhor, firmemente em tudo quanto manda crer a Igreja Católica Apostólica Romana; fortalecei-me, pois, a alma deste vosso servo (nome do doente). Vinde, Jesus, é vida verdadeira de todas as almas. Livrai-o, Senhor, de seus inimigos, como médico soberano curai todas as suas enfermidades; purificai-o,

meu Jesus com o vosso precioso sangue, pois prostrado a vossos pés, clamo pela vossa misericórdia".

"Jesus, Jesus, em vossas mãos, Deus, ofereço e ponho o meu espírito; que justo é que torne a vós o que de vós recebi, sêde, pois, por nossa alma, justo e salvai-a das trevas".

"Defendei-a, Senhor, de todos os combates, para que eternamente vá cantar no céu as vossas infinitas misericórdias".

"Misericórdia, dulcíssimo Jesus; misericórdia, amabilíssimo Jesus; misericórdia e perdão para todos os vossos filhos, pelos quais sofrestes na cruz. É pois justo que nos salvemos. Amém".

Afirma São Cipriano, que é de tanta virtude esta oração, que de todos os enfermos a quem a lia tirava um cabelo da cabeça e o lançava dentro de um vidro de água, para com esta água lavar as chagas dos doentes, cujas moléstias eram incuráveis pela medicina.

CONTRA FANTASMAS

O que são os fantasmas? São visões que aparecem a certos indivíduos fracos de espírito e crentes de que vêm a este mundo as almas daqueles que já deixaram de existir em carne e osso.

Pois os fantasmas aparecem só aos crentes nos seres espirituais e não aos incrédulos, porque nisso nada aproveitam, ou antes pelo contrário, recebem maldições.

Ah! Que será daquele que assim obrar, infeliz deste mundo, que não tratou senão de escarnecer aos servos do Senhor, que vêm a este mundo buscar alívio e encontrar penas? Dobram-se-lhes os tormentos!

Ah! Que será de vós no dia que fordes sentenciados Se não tiveres bons amigos que tenham pedido por pós ao Juízo supremo, se não tiverdes amigos, sereis punidos com todo o rigor da justiça.

Cultivai, procurai bons amigos para que naquele dia tremendo eles roguem ao Criador por vós; fazei como faz o lavrador, que para colher na safra muito fruto, deita na terra boas sementes.

Notai bem, nestas palavras, que não são obra do bico da pena, mas sim inspiradas do fundo do coração!

Quando vos aparecer uma visão, não a esconjureis, porque então ela vos amaldiçoará, vos dificultará todos os vossos negócios, e tudo vos correrá mal; porém, quando sentirdes uma visão, recorrei a esta oração:

"Sai, alma cristã, deste mundo, em nome de Deus. Pai Todo Poderoso, que te criou; em nome de Jesus, do

Espírito Santo, que copiosamente te comunicou. Aparta-te deste corpo ou lugar em que estás, porque Deus te recebe no seu Reino; Jesus, ouve a minha oração e sê meu amparo, como és amparos dos santos, anjos c arcanjos; dos tronos e dominações; dos querubins e serafins; dos profetas, dos Santos Apóstolos e dos Evangelistas; dos santos Mártires, Confessores, Monges, Religiosos e Eremitas; das Santas Virgens de Deus, o qual se digne dar-te lugar de descanso, e gozes da paz eterna na cidade santa da celestial Sião, onde o louves por todos os séculos. Amém"

No fim desta oração, reza-se o Credo ou o ato de Contrição, depois disto, logo aliviareis aquela pobre alma que busca a paz.

Mas acautelai-vos, se porventura, o fantasma que virdes for em figura de animal, é certo que não se trate de nenhuma alma penada e sim do próprio demônio, e deveis conjurá-lo e fazer-lhe uma cruz. Isso porque os demônios eram anjos e não têm forma humana, daí eles adotaram formas de animais.

Feliz da criatura que é perseguida pelos espíritos, porque é certo que essa pessoa é uma boa criatura, que os espíritos a perseguem para que ela ore ao Senhor por eles, que é digna de ser ouvida pelo Criador. É por esta razão que algumas pessoas têm o poder de ver fantasmas e outras não.

Também há muitos espíritos que não adotam a forma de um fantasma, mas aparecem nas casas dos seus parentes, fazendo barulho, arrastando cadeiras, mesas e outros objetos; com isso provocam uma verdadeira catástrofe na família, catástrofe que poderia ser evitada, se eles fossem um pouco esclarecidos e orassem intercedendo por aquela alma sem luz.

Notai bem, estas palavras e consagrai-as no vosso coração,

é a única forma que dispomos para ajudar nossos irmãos mortos e que necessitam da nossa ajuda, traduzida numa oração, ou mesmo numa missa.

ESPÍRITOS MAUS

São muitos os espíritos que nos cercam. Algumas vezes, são tímidos e não se atrevem a nos incomodar. Outras vezes penetram nosso corpo provocando distúrbios gravíssimos.

Há pessoas que ficam como loucas quando isso acontece. Algumas são tomadas pelo próprio demônio, que as maltrata rudemente. Para a exorção dos espíritos maus que invadem as criaturas, usa-se a seguinte oração:

"Em nome do Pai, do Filho e do Espírito Santo. Por ordem de Deus Todo Poderoso deixe este corpo que pertence a um ser humano honesto e leal e volte para o reino do além. Se precisa de alguma coisa do mundo dos vivos, faça-me saber que eu prometo rezar para que isso seja conseguido".

O espírito deixará o corpo e o doente não será mais importunado. Se o espírito necessitar de alguma coisa ele o dirá e o homem que prometeu terá que cumprir sua promessa mandando rezar uma missa pelo descanso dessa alma.

QUEBRANTO

O quebranto é uma espécie de influência má cansada pelo mau olhado. Há pessoas que por inveja ou por despeito, nos prejudicam apenas com o olhar. São influências que se irradiam como ondas elétricas, nascidas num cérebro perverso e transmitidas através do olhar. Os sintomas do quebranto:

- Amolecimento do corpo;

- Sensação de febre;

- Mal-estar geral;

- Dor de cabeça.

Para se curar o quebranto, que também pode ser evitado pela presença de um objeto vermelho ou uma figa, usa-se a seguinte oração, com a seguinte prática:

Apanha-se um prato com água e nele deixa-se cair uma gota de óleo, enquanto se reza três vezes a Ave Maria. Se o quebranto for forte, a gota de óleo esparramará rapidamente. Se não for, ficará inteira. Em seguida pede-se a pessoa que tem o quebranto que tome três goles de água contida no prato. Com o que ficou, deixa-se pingar três gotas sobre a cabeça do doente.

E com isso o quebranto cessará.

AGONIAS

Há agonias lentas que maltratam os doentes mais do que a própria doença. Sabe-se que o doente não tem cura. E talvez pela quantidade de pecados que carrega dentro d'alma tem uma agonia lenta e terrível. Vão sofrendo dia a dia e não conseguem morrer em paz. Isso é provocado por artes do demônio que atormenta os doentes, para que não tenham calma nem sossego para fazerem uma confissão em paz e assim redimirem seus pecados. Para evitar que se percam pela dor e pelo desespero, faz-se a seguinte oração a São José:

"São José, Pai de Jesus Cristo, esposo de Maria, fazei com que os pecados deste pobre doente sejam perdoados, e já que ele não pode se salvar para esta vida, que ao menos se salve para a Vida Eterna. Que sua agonia seja breve e seu descanso seja eterno. Que os espíritos que o atormentam sejam expulsos para o reino das trevas, para que este pobre infeliz possa fazer uma boa confissão e receba os últimos sacramentos".

SALVAÇÃO DO PECADOR

E quais são as principais virtudes do céu que podem salvar o pecador?
São:

1° O sol mais claro que a lua.
2° As duas tábuas de Moises onde Nosso Senhor pôs os seus sagrados pés.
3° As três pessoas da Santíssima Trindade e toda a família da cristandade.
4° São os quatro evangelistas: João, Marcos, Mateus e Lucas.
5° São as cinco chagas de Nosso Senhor Jesus Cristo, que tanto sofreu para quebrar as suas forças, Lúcifer!
6° São os seis círios bentos que iluminaram em torno à sepultura de Nosso Senhor Jesus Cristo, e que iluminaram a mim para me livrar das astúcias de Lúcifer, o deus dos infernos.
7° São os sete Sacramentos da Eucaristia, porque sem eles ninguém tem salvação.

A CRUZ DE SÃO BARTOLOMEU
E SÃO CIPRIANO

No grande "Agiológio", relíquia medieval, encontram-se os apontamentos sobre a vida e os milagres de São Bartolomeu e ali se ensina como fazer a cruz desses santos e também a maneira correta de usá-las.

Arranja-se um pedaço de pau de cedro e dele cortam-se três pequenos pedaços, sendo que um deles deve ser mais comprido do que os outros, para que formem direito os braços de uma cruz. Em seguida cobrem-se os pedaços de cedro com alecrim, arruda, aipo, colocando-se em cada braço, em cima e em baixo da parte mais comprida, uma pequena maçã de cipreste. Durante três dias a cruz deve permanecer mergulhada em água benta, findo os quais a mesma é retirada e, no mesmo dia, ao dar meia-noite, pronuncia-se junto a cruz a seguinte oração:

"Cruz de São Bartolomeu e São Cipriano, a virtude da água em que estiveste, e a madeira de que és formada, que me livre das tentações do espírito do mal e tragam sobre mim a graça de que gozam os bem-aventurados".

A cruz pode ser trazida dentro de um saquinho de seda preta benzida, ou mesmo andar unida ao corpo, presa ao pescoço por um cordão de seda preta. A pessoa que a trouxer deve fazer o mais possível por ocultá-la a toda a gente; e quando desconfiar que alguém lhe lançou "mau olhado", deve na ocasião em que se deitar, beijar três vezes a cruz e dizer a oração acima.

Ao levantar deve também beijar três vezes a cruz e rezar em seguida um Pai Nosso e uma Ave Maria.

ORAÇÃO A SÃO CIPRIANO: GRANDE INVOVAÇÃO

Em nome de Cipriano,
E suas 7 candeias,
Em nome de seu cão preto,
E suas 7 moedas de ouro,
Em nome de Cipriano
E de seu punhal de prata,
Em nome de Cipriano
E sua montanha sagrada,
Em nome da árvore dos zéfiros e
Do grande carvalho - eu peço e
Serei atendido,
Pelas 7 igrejas de Roma,
Pelas 7 lampadas de Jerusalem,
Pelas 7 candeias douradas do Egito,
Eu sairei vencedor.

Fazer esta invocação com uma vela acesa e sete moedas de cobre. Esta reza deve ser recitada na perigosa hora, mas é benéfica.

CONTRA BRUXARIAS E FEITIÇARIAS

Em nome do Pai, do Filho, e do Espírito Santo.

São Cipriano, que pela graça divina vos convertestes à Fé de Nosso Senhor Jesus cristo. Vós que possuístes os mais altos segredos da magia, construí agora um refúgio para mim contra meus inimigos e suas ações nefastas e malignas.

Pelo merecimento que alcançastes, perante deus criador do céu e da terra, anulai as obras malignas, fruto do ódio, os trabalhos que os corações empedernidos tenham feito ou venham a fazer contra a minha pessoa e contra a minha casa.

Com a permissão do altíssimo senhor deus, atendei à minha prece e vinde em meu socorro.

Pelo sangue de nosso senhor Jesus cristo.
Assim seja.

Rezar um Creio em Deus Pai e uma Salve Rainha.

PARA AMANSAR E TRAZER DE VOLTA

Pelos poderes de São Cipriano e das três malhas que vigiam São Cipriano, (fulano) virá agora e imediatamente atrás de mim. (Fulano) vais vir de rastos, apaixonado, cheio de amor, de tesão por mim, vais voltar para mim e pedires-me perdão (ex.: por tudo o que me fizeste passar, por me teres mentido...) e para (fazer o seu pedido – ex.: me pedir em noivado, em casamento) o mais rápido possível.

São Cipriano, fazei com que (fulano) esqueça e deixe de vez qualquer outra mulher que possa estar em seu pensamento, só a mim amando. São Cipriano afastai de (fulano) qualquer mulher, que ele me procure a todo momento, hoje e agora, desejando estar ao meu lado, que ele tenha a certeza de que sou a única mulher da vida dele.

São Cipriano, fazei com que (fulano) não possa viver sem mim, que não possa sossegar nem descansar, em parte alguma consiga estar, sem que tenha sempre a minha imagem em seu pensamento, e em seu coração, em todos os momentos.

Que ao deitar, comigo tenha de sonhar, que ao acordar, imediatamente em mim tenha de pensar, só a mim possa desejar, e apenas comigo queira estar.

São Cipriano, que (fulano) pense em mim em todos os momentos de sua vida. Que (fulano) queira me abraçar, me beijar, cuidar de mim, me proteger, me amar todos os minutos, todos os segundos, de todos os dias de sua vida.

Que me ame a cada dia mais e que sinta prazer somente comigo.

São Cipriano faça (fulano) sentir por mim amor, carinho e desejo, como nunca sentiu por nenhuma outra mulher e nunca sentirá. Que tenha prazer apenas comigo, que tenha tesão somente por mim e que seu corpo só a mim pertença, que só tenha paz e descanso se estiver comigo.

Agradeço-te São Cipriano por trabalhares a meu favor e divulgarei teu nome em troca de amansar (fulano) e trazê-lo apaixonado, dedicado, fiel e cheio de amor e desejo aos meus braços. Peço-te meu glorioso São Cipriano para que (fulano) volte para mim, para o nosso namoro/ nosso amor/ nosso casamento, o mais breve possível.

Peço isso do fundo do meu coração, aos poderes das três malhas pretas que vigiam São Cipriano.

Leia esta oração por três dias seguidos.

SÃO CIPRIANO

Lenho contra feitiços.

Pega-se uma cruzinha de arruda, um maço de ciprestes (da natureza) e um cravo vermelho. Armam-se essess dois feitiços (o maço e o cravo) no braço horizontal da cruz. Deve-se usar atrás da porta de casa.

ORAÇÃO DAS 13 COISAS PARA AMOLECER O CORAÇÃO DE ALGUÉM

1- É a casa santa de Jerusalém onde jesus nasceu.
2- São as tábuas em que Moisés recebeu a lei que nos governava.
3- São os cravos da paixão.
4- São os evangelhos.
5- São as chagas.
6- São os primeiros selos que o cordeiro abriu no apocalipse.
7- São as cartas que são joão no apocalipse escreveu às 7 Igrejas da Ásia.
8- São as primeiras epístolas de São Paulo.
9- São os coros de anjos que para o céu subiram.
10- São os mandamentos da Lei de Moisés.
11- São as 11.000 virgens que estão em companhia dos céus.
12- São os santos apóstolos.
13- São os reis que tudo quebram e amansam,

Assim hei-de quebrar e amansar o coração de [nome] para mim.

Assim foi e assim será.

ORAÇÃO A SÃO CIPRIANO

Cipriano, eu, servo de Deus, a quem amo de todo o meu coração, com meu corpo e minha alma. Pesam-me todos os erros que cometi e que cometem contra vós.

Agradeço-vos, senhor, pelas graças adquiridas. Dai-me forças para livrar aqueles que necessitam de mim: da maldade, da doença, da injúria e do sofrimento. Por todos os que vivem e reinam nos céus.

Amém.

PARA FECHAR O CORPO CONTRA INIMIGOS

Oração das sete forças do credo

Salvo estou, salvo estarei, salvo entrei, salvo sairei, são e salvo como entrou nosso senhor Jesus Cristo no rio Jordão com São João Batista.

Na proteção de São Cipriano eu entro, com a chave do senhor São Pedro eu me tranco.

A São Cipriano eu me entrego, com as três palavras do credo Deus me fecha.

Deus na frente, paz na guia, que Deus seja minha companhia, o divino Espírito Santo ilumine os meus caminhos, me livrando de todo mal e inimigos que possam se opor no meu caminho, que as sete forças do credo fechem meu corpo. São Cipriano é minha trindade para sempre.

Amém!

ORAÇÃO PARA ABRIR OS CAMINHOS URGENTEMENTE

São Cipriano saiu eu saí.
São Cipriano andou eu andei,
São Cipriano achou eu achei.

Assim como à Nossa Senhora não
Faltou leite para o seu bento filho,
Pois a mim não faltará o que eu
Quero arranjar.

Pelo sangue que São Cipriano derramou no
Calvário e pelas lágrimas que vós
Derramastes ao pé da cruz,

Não ha de faltar o que sair a procurar.

Logo ao término desta oração, rezam-se um Pai Nosso, uma Ave Maria.

REZA FORTE DE UNIÃO

Neste momento em que juntos nos ligamos à corrente do amor, levemos nosso pensamento a todas ass estradas que levam às tendas dos ciganos Wladimir e da Cigana Pogiana.

Que em suas tribos Romis e Cales juraram amor eterno ao som de violinos; sob a luz de uma fogueira seus sangues se cruzaram como prova de grande amor e fidelidade, nesta vibração, forte e positiva, evoquemos o nome de Madona Santa Sara. Ela é quem rege a falange do povo cigano e através do seu axé na força da lua cheia possa abençoar todo aquele que do amor faz sua própria bandeira de fé.

Rogo que a partir deste instante germine em cada coração uma rosa vermelha como prova de grande amor e que este amor seja eterno.

Que possamos, através do perfume das flores e do pós de Axé acender mais uma chama de amor no coração de cada criatura.

Assim como no espírito, que através da magia cigana possa acontecer também na matéria.

Que em nome de Wladimir e Pogiana jamais se desfaça todo e qualquer laço de amor.

PARA DESFAZER TODAS E QUAISQUER BRUXARIAS

Deve-se dizer a oração de São Cipriano para desfazer toda a qualidade de feitiçaria e esconjurações de demónios, espíritos malignos ou ligações que tenham feito homens ou mulheres, seja para rezar em uma casa que se desconfie estar possuída por espíritos malignos, ou, finalmente, para tudo que diz respeito a moléstias sobrenaturais.

Nesta oração, diz-se muitas vezes: - "Eu, Cipriano, servo de Deus, desligo tudo quanto tenho ligado." - mas o religioso não deve pronunciar o nome do santo, quando ele se auto-refere, dizendo apenas: - "Eu desligo tudo quanto está ligado", omitindo o nome do santo sempre que ele é citado e falar sempre em seu próprio nome. A forma como está na oração abaixo é a forma original como o próprio São Cipriano deixou escrito.

ORAÇÃO DAS HORAS ABERTAS, DE SÃO CIPRIANO

Oração que se lê ao enfermo para se saber se a doença que o aflige é natural ou sobrenatural

Esta oração diz-se em latim, para que o enfermo não possa usar de impostura, pois assim, sem entender o que é dito na oração não enganará o religioso, ficando quieto ou se movendo. Uma oração em português, seguida a esta, serve para o mesmo fim.

Para o meio-dia

Ó Virgem dos céus sagrados
Mãe do nosso Redentor
Que entre as mulheres tens a palma,
Trazei alegria à minha alma
Que geme cheia de dor;
E vem depor nos meus lábios
Palavras de puro amor.
Em nome de Deus dos mundos
E, também do Filho amado
Onde existe o sumo bem,
Seja para sempre louvado
nesta hora bendita.
Amém.

Para as Trindades

A Santíssima Trindade
Me acompanhe toda a vida,
sempre ela me dê guarida,

De mim tenha piedade;
O Pai eterno me ajude,
O filho a bênção me lance,
O Espírito Santo me alcance
Protecção, honra e virtude;
Nunca a soberba me inveje,
Em vez do mal faça o bem,
A Santíssima Trindade,
Me acompanhe sempre.
Amém.

Para a Meia-Noite

Ó anjo da minha guarda,
Nesta hora de terror,
Me livre das más visões
Do diabo aterrador;
Deus me ponha a alma em guarda
Dos perigos da tentação,
De mim aparte os meus sonhos
E opressões do coração:
Ó anjo da minha guarda,
Por mim pede à Virgem-Mãe
Que me preserve dos perigos
Enquanto foi vivo.
Amém.

Havendo sinais de que a causa da doença é demónio ou alma penada, o religioso deverá dizer a ladainha em latim. No fim da ladainha, ponha-lhe o "preceito ao demónio para que não mortifiquem o enfermo enquanto esconjura".

Segue a ladainha:

"Praecipitur in Nomine Jesus, ul desinat nocere aegroto, staim cesse delirium et illuo ordinate discurrat. Si cadat, ut mortuus, et sine mora surget ad praeceptu Exorcistae factu in Nomine Jesus. Si aliqua parte corporis si dolor, vel tumor, at ad signo Crucis, vel imposito praecepto in Nomine Jesus. Quando Sacramenta. Reliquias, et res sase praecitite dure. Quando imaginationi, se presentate res inhonestae contra Imagines Christi, et Sanctorum, et si eodem tempre sentiant in capite, ut plumbum ut aquam frigidam vel ferrum ignitem, et hoc fugit ad signum Crucis vel invocato Nomine Jesus. Quando Sacramenta, Reliquias, et res sacros odit; quando, nulla praecendente tribulatione desderat se dilacerat. Quando subito patenti lumen aufertur et subito restitur; quando diurno tempore nihil vidit, et nocturno bene vidit et sine luce lugit epistolam; si subito siat surdus, te postea bene vidit et sine luce lugit epistolam; si subito siat surdus, te postea bene audiat, non solum materialia sed spiritualis. Si per septem, vel novem dies nishil, vel parum comedens tortis est pinguis sicuto antea. Si loquitur de Mysteris ultra capacitatem quando non custat de illus sanctitate. Quando ventus vehemens discurrit per totum corpus ad mudum formicarum; quando elevatur corpus contra volutatem patienves, e non apparet a quolevetur. Clamores, scissio tiumtes, arrotationes dentium, quando patiens non est stultus; vel quando homo natura debilis non potest teneri a multis. Quando habet linguam tumidam et nigram, quando guttur instatur, quando audiuntur rugitus ovium, latratus, canum, porcorum grumitus, et similium. Si varie pareter naturam vident, et audiunt, si homines maximo odio perseuntur; si praecipitis se exponunt si oculus horribles habent, remanent sensibus destitui. Quando corpus tali pondere assicitur, ut a multis hominibus elevaret non benedictit, quando ab Eclesias fugit, et aquam benedictam non consetit; quando iratos se ostendunt contra ministros superdonentes Reliquias capit et occulte. Quando imagines Christi, et Virginis Mariae nonlut inspecere sede conspaunt, quando verba sacra nolunt proferre, vel si proferant, ila corrumpunt et balba, cientes sudent proferre. Cum superposita capiti manu sacra ad lectionem Evangeliorum conturbatur agrotus, cum plusquam solitum palpiverit sensus occupantur, gattae sudoris destuumt, anvietates sentit; stridores usque ad Caelum mittit, ser posternit, vel similia facit. Amém."

CONTRA ESPÍRITOS OBSESSORES E INIMIGOS

Sinal da Cruz

"Senhor meu Deus, Pai Eterno e Omnipotente, graças vos sejam dadas. Contrito dos meus pecados, rogo o vosso auxílio e peço-vos que me livres dos ataques dos maus espíritos, das perseguições dos meus inimigos, sejam eles visíveis ou invisíveis.

Assim como o rei Davi, eu clamo: Julgai-me, Senhor e separai minha causa daquela da gente infiel. Sois meu Pai e meu defensor, concedei-me a graça de receber vossa luz e de merecer vossa proteção.

Pelo sagrado sangue de Nosso Senhor Jesus Cristo". Assim seja!

CONTRA QUEBRANTO

Sinal da Cruz

"Deus, atendei ao meu pedido, vinde em meu socorro. Vinde ajudar-me. Confundidos, sejam envergonhados os que buscam a minha alma (fazer o sinal da Cruz).

Voltem atrás e sejam envergonhados os que me desejam o mal. Voltem logo cheios de confusão os que me dizem: Bem, bem (fazer o sinal da Cruz). Regozijem-se e alegrem-se em vós os que vos buscam, e os que amam vossa salvação, digam sempre: Engrandecido seja o Senhor (fazer o sinal da Cruz).

Vós sois o meu favorecedor e o meu libertador, Senhor Deus não Vos demoreis.

Glória ao Pai, ao Filho e ao Divino Espírito Santo".
Assim seja!

CONTRA OS MAUS ESPÍRITOS

Sinal da Cruz

"Nosso Senhor Jesus Cristo, Filho de Deus vivo, ouve minha oração. O Puríssimo Espírito de Jesus foi, é e será, o vencedor de todos os seus inimigos e de todos os adversários dos que amam e creem em Jesus Cristo. Jesus Cristo reina. Jesus Cristo Impera. Jesus Cristo Governa por todos os séculos dos séculos".
Assim seja!

PARA AS ALMAS DO PURGATÓRIO

Sinal da Cruz

"Do abismo profundo em que me achava clamei a vós, Senhor. Senhor, ouvi minha voz. Sejam vossos ouvidos atentos às minhas súplicas. Senhor, se derdes atenção às nossas iniquidades, quem poderá permanecer em vossa presença?

Mas vós sois misericordiosos, esperarei em vós, Senhor, confiando em vossa lei.

A minha alma esperou no Senhor, a minha alma teve confiança em Sua palavra.

Assim todo Israel tenha esperança no Senhor, desde a aurora até a noite.

Pois o Senhor é misericordioso e Nele encontraremos redenção eterna.

Ele há de perdoar Israel de toda sua iniquidade".

Assim seja!

PARA ENXOTAR O DEMÔNIO

Sinal da Cruz

"Imortal, eterno, inefável e santo Pai de todas as coisas, que carro rodante caminha sem cessar por esses mundos que giram sempre na imensidão do espaço; dominador dos vastos e imensos campos do éter, onde ergueste o teu poderoso trono, que despende luz e luz, e de cima da qual os teus tremendos olhos descobrem tudo, e os teus largos ouvidos tudo ouvem! Protege os filhos que amaste, desde o nascimento dos séculos, porque longa e eterna é a duração. Tua majestade resplandece acima do mundo e do céu de estrelas. Tu te elevas acima delas, ó fogo cintilante, e te alumias e conservas a ti mesmo pelo teu próprio resplendor, saindo de tua essência, correntes inesgotáveis de luz, que alimentam teu Espírito Infinito! Este Espírito Infinito produz as coisas, e constitui esse tesouro imorredouro, de matéria, que não pode faltar à geração de cada coisa e com a qual é revestida e cheia desde o começo ela rodeia pelas mil formas de que se acha acordada. Deste espírito tiram também sua origem esses santíssimos reis que se acham de pé ao redor do teu trono, e que compõem a tua corte, ó Pai dos bem-aventurados mortais e imortais! Tu tens em particular poderes que são maravilhosamente iguais ao teu ai teu eterno pensamento e à tua adorável essência, tu os estabelecestes superiores aos anjos, que anunciam ao mundo tuas vontades. Finalmente, tu criaste mais uma terceira ordem de soberanos, nos elementos.

A nossa prática de todos os dias é louvar-te e adorar as tuas vontades. Ardemos em desejos de possuir-te. Ó Pai! Ó Mãe. Ó forma de todas as formas! Alma, espírito, harmonia, nomes e números de todas as coisas, conserva-nos, e sê-nos propício.

Amém!"

PARA FECHAR O CORPO CONTRA TODOS OS MALES

Antes de iniciar a oração, quem for rezá-la deverá fazer em tom baixo, em primeiro lugar, um Credo. Depois, segure em sua mão direita uma chave, se for em caso de doença, faça uma cruz na testa da pessoa (ou em sua própria testa, se estiver clamando por você) para quem você vai rezar, outra cruz na boca, e por último, uma cruz no peito, as cruzes deverão ser feitas (traçadas) com a chave.

"Senhor Deus, Pai Misericordiosos, onipotente e justo, que enviastes ao mundo o vosso filho, Nosso Senhor Jesus Cristo para a salvação nossa, atendei a nossa oração, dignando-vos ordenar ao espírito mau ou aos espíritos, que atormentam este vosso servo (dizer nome da pessoa), que se afastem daqui, saiam do seu corpo.

Entregastes a São Pedro as chaves dos céus e da terra dizendo-lhe: o que ligardes na terra será ligado nos céus, o que desligardes na terra será desligado nos céus. (O oficiante com a chave na mão direita faz um sinal no peito da pessoa – ou em seu próprio – como se estivesse fechando uma porta).

Em vosso nome, Príncipe dos Apóstolos, bem-aventurado São Pedro, o corpo de (dizer o nome da pessoa). São Pedro fecha a porta desta alma para que nele não penetrem os demónios. São Pedro fecha a porta desta alma, para que nela não entrem os espíritos das trevas. Os poderes infernais não prevalecerão sobre a lei de Deus, São Pedro fechou, está fechando. De agora em diante, o demônio não poderá mais penetrar neste corpo, templo do Espírito Santo.

Amém".

(Fazer o sinal da cruz)

"Vá de retro satanás."

(Rezar um Credo, um Pai nosso, e um Salve-Rainha)

Estas orações deverão ser feitas com uma vela a cessa. Depois da oração escrever em um papel os seguintes nomes dos demónios: Satanás, Belzebu, Baal, Belfegor, Astarot e Set demónio do Egipto, em seguida, queime o papel na vela, queimando assim as forças malignas que estavam instaladas em sua vida.

Esta oração deve ser feita para vários tipos de casos, e nos casos específicos de distúrbios ou perturbações mentais, doenças dos nervos, em casos de bebida, jogo e para as pessoas que estiverem sendo importunadas.

PELOS BONS ESPÍRITOS

"Sai, alma cristã, deste mundo, em nome de Deus Padre Todo Poderoso, que te criou, em nome de Jesus, do Espírito Santo, que copiosamente se te comunicou. Aparte-te deste corpo, ou lugar em que estás, porque Deus te recebe no seu reino; Jesus, ouve a minha oração e sê meu amparo, como és amparo dos santos, anjos e arcanjos; dos tronos e dominações; dos querubins e serafins; dos profetas, dos Santos Apóstolos e dos Evangelistas;

dos Santos Mártires, Confessores, Monges, Religiosos e Eremitas; das santas Virgens de Deus, o qual se digne dar-te lugar de descanso, e gozes da paz eterna, na cidade santa, celestial Sião, onde o louves, por todos os séculos. Amém."

Obs.: Deve rezar-se esta oração em qualquer lugar que seja preciso, ou onde ande algum espírito ou fantasma. No fim desta oração, reza-se o Credo ou o ato de Contrição.

Preceito contra o demônio

Deve-se repetir muitas vezes, principalmente as mulheres grávidas, para que não aconteça algum vômito com as fortes dores que os demónios afligem nessa ocasião.

"Eu como criatura de Deus, feita à sua semelhança e remida com o seu santíssimo sangue, vos ponho preceito, demônio ou demônios, para que cessem os vossos delírios, para que esta criatura, não seja jamais por vós atormentada, com as vossas fúrias infernais.

Pois o nome do Senhor é forte e poderoso, por quem eu vos cito e notifico, que vos ausenteis deste lugar, que, Deus Nosso Senhor vos destinar; porque com o nome de Jesus, vos piso e rebato e vos aborreço, mesmo do meu pensamento para fora. O senhor esteja comigo e com todos nós, ausentes e presentes, para que tu, demônio, não possas jamais atormentar as criaturas do Senhor. Fugi, fugi, partes contrárias que venceu o leão de Judá e a raça de David.

Amarro-vos com as cadeias de São Paulo e com a toalha que limpou o santo rosto de Jesus Cristo para que jamais possais atormentar os viventes."

CRUZ DE SÃO CIPRIANO
CONTRA FEITIÇOS

Esta cruz de São Cipriano é eficaz contra bruxaria, má sorte, mau-olhado, inveja, maldições e o mal em geral. Deve ser usada atrás da porta de sua casa.

Materiais:

- Arruda;
- Cipreste silvestre;
- 1 cravo vermelho

Como fazer a cruz:

Faça uma cruzinha de arruda e junte-lhe um molho de ciprestes.

Depois arma-se a cruzinha de arruda com o maço de ciprestes juntamente com o cravo no braço horizontal da cruz.

Para ter mais efeito deve ser usada atrás da porta de sua casa. Funciona para protecção contra todo o tipo de bruxaria e mau-olhado.

SAUDAÇÃO ANTIGA À
CRUZ DE CARAVACA

Salve, Santo Lenho, que pela vontade de Deus, os anjos trouxeram da cidade de Jerusalém. Salve, verdadeiro Corpo de Deus, que realmente sofreu na cruz e foi imolado por nós. Salve, Senhor Jesus. Vigiai-me para que eu cuide de minha alma e, livre das insídias do Diabo, mereça viver feliz pelo mérito do vosso sangue. Concedei que eu viva em paz e suplicantemente rogo-vos o perdão dos meus pecados agora e na hora da morte. Amém.

Rezar um Pai Nosso e uma Ave Maria.

INVOCAÇÃO PELA
SANTA CRUZ DE CARAVACA
Para rezar em momentos de grande perigo.

(Sinal da Cruz)
Em nome do Pai, do Filho e do Espírito Santo.

Pela Santíssima Cruz em que vós, nosso Senhor Jesus Cristo, padecestes e morrestes por nós, salvai-nos.
Estendei sobre mim as graças de que sois o tesouro inesgotável.

Daí-me a colher os frutos do Santo Madeiro, símbolo do vosso sacrifício.

A vós acorro, pela Santa Cruz de Caravaca, e aos vossos pés me abrigo, contemplando o vosso Sagrado Corpo.
Valei-me, pois, pela Santa Cruz de Caravaca.

ORAÇÃO PARA ANTES DO TRABALHO

(Sinal da Cruz)

Em nome do Pai, do Filho e do Espírito Santo.

Senhor, rogo-vos abençoar o trabalho em que vou me ocupar, durante este dia, permitindo que eu possa tirar proveito dos meus esforços, cumprir bem o meu dever e assim contribuir para a vossa glória. Amém.

(Sinal da cruz)

Em nome do Pai, do Filho e do Espírito Santo.

ORAÇÃO PARA DEPOIS DO TRABALHO

Senhor, graças vos dou por haver cumprido o meu dever, na aquisição do meu pão de cada dia. Abençoai-me Senhor, e permiti que, voltando para minha casa, eu possa gozar em paz do descanso, depois de mais um dia que me concedestes.

Sede louvado, Senhor, pela vossa misericórdia. Amém.

(Sinal da Cruz)

Em nome do Pai, do Filho e do Espírito Santo.

Amém.

ORAÇÃO DO AMANHECER

Senhor, no silêncio deste dia que amanhece, venho pedir-te paz, sabedoria, força, saúde e prosperidade. Quero ver o mundo com os olhos cheios de amor; ser paciente, compreensivo, prudente.

Quero ver os meus irmãos além das aparências, como Tu mesmo os vês, e assim não ver senão o bem em cada um.

Cerra meus ouvidos a toda calúnia. Guarda minha língua de toda a maldade. Que o meu espírito se encha só de bênçãos. Que eu seja tão bondoso e alegre, que todos quantos se chegarem a mim sintam Tua presença.

Reveste-me de tua beleza, Senhor, e que no decurso deste dia eu Te revele a todos.

Amém.

ORAÇÃO DO MEIO-DIA

Ó Virgem dos céus sagrados, mãe do nosso Redentor, que entre as mulheres tens a palma, trazei alegria à minha alma, que geme cheia de dor.

Vem depor meus lábios palavras de puro amor.

Em nome do Deus dos mundos e também do Filho amado, faz que, nesta hora bendita, o Senhor seja louvado.

Amém.

ORAÇÃO DO ANOITECER

Boa noite, Pai.

Termina o dia e a ti entrego meu cansaço.

Obrigado por tudo: pela esperança que hoje animou meus passos; pela alegria que vi no rosto das crianças; pelos exemplos que recebi; pelos sofrimentos que passei; pela luz, pela noite, pela brisa, pela comida, pelo meu desejo de superação. Obrigado Pai, porque me deste uma Mãe!

Perdão, também Senhor. Perdão por meu rosto carrancudo; perdão porque não me lembrei de que não sou filho único, mas irmão de muitos. Perdão, Pai, pela falta de colaboração e serviço, e porque não evitei que meu irmão derramasse uma lágrima e sofresse um desgosto. Perdão por todos aqueles que não sabem pedir perdão nem servir ao próximo. Perdoa-me, Pai, e abençoa os meus propósitos para o dia de amanhã.

Que ao despertar me invada novo entusiasmo; que o dia de amanhã seja um ininterrupto sim vivido conscientemente.

Boa noite, Pai.

Até amanhã.

ORAÇÃO PARA AGRADECIMENTO

Não devemos nos voltar à divindade apenas para fazer pedidos e lamentações. De vez em quando é bom também orar desinteressadamente e especialmente fazer agradecimentos.

Você pode agradecer por alguma graça alcançada, por uma surpresa agradável ou simplesmente por existir. Através desta oração, cada vez que você agradece, recebe os benefícios em dobro.

Tu és Santo, Senhor Deus, és aquele que realiza maravilhas; és forte, és grande, és soberano e todo poderoso.

Tu és Pai, Rei, Trindade e Unidade. O bem supremo, Senhor Deus, vivo e verdadeiro.

Eu vos agradeço pela alegria, pela bondade, pelo júbilo, pela tranquilidade, pela beleza e proteção que ofereces.

Tu és a vida eterna, Deus Todo Poderoso, cheio de Glória e misericórdia.

Obrigado, Senhor.

Amém.

PRECE AO SAIR DE CASA

O Senhor é meu guia, dia e noite sem parar.

Saio agora de minha casa e logo irei voltar; nada de mal irá me acontecer, pois meu corpo, minha casa e minha vida estão nas mãos do meu Criador, que jamais me abandonará.

SÚPLICA AO SENHOR

Dá-me Senhor, a coragem de uma mãe e a dedicação de um bom pai. Daí-me, Senhor, a simplicidade de uma criança e a consciência de um adulto. Dá-me, Senhor a prudência de um astronauta e a coragem de um salva-vidas. Dá-me Senhor a humildade da lavadeira e a paciência do enfermo. Dá-me, Senhor o idealismo e a sabedoria de um velho.

Dá-me, Senhor, a disponibilidade do bom samaritano e a gratidão do acolhido. Dá-me Senhor, tudo o que eu vejo em meus irmãos a quem tantas dádivas, deste.

Que assim, Senhor, eu me aproxime de um santo, que eu seja como tu queres: perseverante como o pescador e esperançoso como o cristão.

Que permaneça no caminho de teu Filho e no serviço dos irmãos.

Amém.

ORAÇÃO AO NOSSO
SENHOR DO BONFIM

Meu Senhor do Bonfim, acho-me em tua presença, humilhando-me de todo o coração, para receber de ti todas as graças que me quiseres dispensar. Perdoa-me, Senhor, por todas as faltas que porventura tenha cometido por pensamentos, palavras e obras, e faz-me forte para vencer todas as tentações dos inimigos de minha alma.

Meu Senhor do Bonfim! Tu, que és o Anjo Consolador de nossas almas, eu te peço e te rogo ajudar-me nos dias difíceis e sustentar-me em teus braços fortes e poderosos, para que eu ande em paz contigo e com Deus. Meu Senhor do Bonfim, livra a minha casa e as pessoas que a habitam, de todo o mal.

Tu, Senhor, és o meu Bom Pastor. Nada me faltará. Faz-me deitar em verdes campos e guia-me por águas tranquilas.

Assim seja.

INVOCAÇÃO AO DIVINO ESPÍRITO SANTO

Vinde, Santo Espírito, enchei os corações dos vossos filhos, e acendei neles o fogo do Vosso amor.

Senhor, enviai o Vosso Espírito e tudo será criado. E renovareis a faze da terra.

Ó Deus, que iluminais os corações dos vossos filhos com as luzes do Espírito Santo, concedei-nos que no mesmo Espírito saibamos o que é reto, e gozemos sempre de suas consolações.

Por nosso Senhor Jesus Cristo, na unidade do Espírito Santo.   Amém.

DEUS, PASTOR DOS HOMENS (SALMO 22)

Recite este salmo a todos os instantes, principalmente ao deitar-se e levantar-se, no inicio de suas atividades, antes e durante as viagens.

O Senhor é meu pastor, nada me faltará. Em verdes prados ele me faz repousar. Conduz-me junto as águas refrescantes, restaura as forças de minha alma. Pelos caminhos retos ele me leva, por amor do seu nome. Ainda que eu atravesse o vale escuro, nada temerei, pois estais comigo.

Vosso bordão e vosso báculo são o meu amparo. Preparais para mim a mesa a vista de meus inimigos.

Derramais o perfume sobre minha cabeça, e transborda minha taça. A vossa bondade e misericórdia hão de seguir-me por todos os dias da minha vida. E habitarei na casa do Senhor por longos dias.

NOSSA SENHORA DESATADORA DOS NÓS

Como Mãe bondosa. Nossa Senhora recebe dos anjos o cordão da nossa vida cheio de nós, que são todos os nossos problemas e sofrimentos; e o passa para as mãos de outros anjos, completamente liso, com os nós todos desfeitos.

NOSSA SENHORA DO AMPARO

Antiga devoção popular que lembra o momento em que Jesus, na cruz, disse a João que aquela era sua mãe e, portanto, mãe de todos os humanos.

NOSSA SENHORA DO BOM CONSELHO

Antiga devoção, que vem dos primeiros séculos do cristianismo, e que vê Maria como conselheira dos apóstolos e da Igreja.

NOSSA SENHORA DO DESTERRO

Quando Herodes soube que havia nascido o Messias anunciado pelos profetas, mandou que todos os primogênitos dos hebreus, com menos de dois anos de idade, fossem mortos.

Avisado por um anjo, José levou a família para o Egito, onde viveu até a morte de Herodes.

IMACULADO CORAÇÃO DE MARIA

É uma devoção antiga, que se expandiu depois das aparições de Fátima. O papa Pio XII consagrou-lhe a humanidade em 1942. É venerado no primeiro sábado depois da festa do Sagrado Coração de Jesus.

A Virgem Maria ainda recebe muitas outras denominações decorrentes de sua invocação para a resolução de problemas especiais, como Nossa Senhora da Saúde, Nossa Senhora dos Remédios, Nossa Senhora do Bom Parto, Nossa Senhora da Guia, Nossa Senhora da Cabeça, Nossa Senhora da Boa Viagem.

NOSSA SENHORA CONSOLADORA DOS AFLITOS OU DA CONSOLAÇÃO

Devoção vinda desde o tempo dos apóstolos e difundida nos tempos modernos pelos padres agostinianos, pois a ela se deve a conversão de Santo Agostinho.

É padroeira do lar e da família.

ORAÇÃO À NOSSA SENHORA DA PENHA

Virgem Santíssima, Nossa Senhora da Penha, sois a consoladora dos aflitos; infundi em nossos corações o conforto e o alivio. Sois a nossa esperança.

Em vós depositamos a nossa confiança e esperamos de vossa bondade o lenitivo para as dores que nos acabrunham.

Assisti-nos neste vale de lágrimas, enxugai-nos o pranto, para que, com paciência e em conformidade com a vontade divina, possamos merecer as vossas bênçãos e as de Jesus, vosso divino Filho.

Rezar uma Salve-Rainha.

ORAÇÃO A SANTO EXPEDITO
Para ter êxito em negócios difíceis

(Sinal da cruz).

Em nome do Pai, do Filho e do Espírito Santo.

Glória a Deus nas alturas e paz na terra aos homens de boa vontade.

Santo Expedito, vós que pelos vossos méritos alcançastes a bem aventurada eterna, ouvi a minha prece. Intercedei junto a nosso Senhor Jesus Cristo, para que sejam aplainados os caminhos deste vosso humilde devoto.

Senhor meu Jesus Cristo, que derramastes o vosso Santo Sangue na Cruz pela salvação dos pecadores, dignai-vos atender a intercessão do vosso grande Santo Expedito, em favor deste vosso humilde filho. Sede propício Senhor, aos rogos do vosso glorioso Santo Expedito.

Senhor meu Jesus Cristo, ouvi complacente as palavras de Santo Expedito.

Valoroso e puro servidor do altíssimo, Santo Expedito, considerai que, sendo este vosso devoto um pecador, não perdeu contudo sua fé, nem na misericórdia de Deus, nem nos vossos méritos perante nosso Senhor Jesus Cristo. Assim, contrito e arrependido dos meus pecados, venho suplicante rogar a vossa intercessão em meu favor, obtendo da misericórdia e da justiça divina a graça de ser atendido em minha prece:(fazer o pedido).

Santo Expedito, fiel ao Senhor, rogai por mim.
Santo Expedito, pelo vosso martírio, rogai por mim.
Santo Expedito, pela vossa morte, rogai por mim.
Santo Expedito, glorioso mártir, rogai por mim.
Santo Expedito, socorro dos doentes, rogai por mim.
Santo Expedito, amparo dos viajantes, rogai por mim.
Santo Expedito, patrono dos aflitos, dos que se acham em dificuldades, dos que confiam em vossos méritos, amparai-me, protegei-me.

Santo Expedito, que jamais negastes o vosso socorro e a vossa proteção aos que vos imploram com fé e humildade, sede atento aos meus rogos e, pelo sangue que nosso Senhor Jesus Cristo derramou pela salvação dos pecadores, dignai-vos atender a prece que humildemente vos dirijo.

(Sinal da cruz)

Em nome do Pai, do Filho e do Espírito Santo. Amém.

ORAÇÃO A SÃO MARCOS (BRAVO)

Eu, criatura do Senhor, e remido com o seu Santíssimo sangue, entrego-me em corpo e alma a São Marcos e São Manso, igualmente ao anjo mau e seu e meu companheiro na hora próxima da vida e da morte, e vigílias e assaltos, tormentos e padecimentos que eu quero que sinta (fulano); e com toda a fé e coragem de minha alma, chamo São Marcos e São Manso; e seu confidente o anjo mau, em auxilio para se apoderar do meu espírito e vida, juntamente com a pessoa que desejo fazer o mal ou bem, com o dedo polegar da mão esquerda, faço três vezes o Sinal da Cruz e com um lenço ou guardanapo, bem alvos direi as seguintes palavras:

Cristo morreu, Cristo sofreu padeceu; assim peço-vos meu glorioso São Marcos e São Manso, que sofra e padeça os maiores tormentos e torturas deste mundo a pessoa que eu quero para mim e pegando na faca com toda fé e coragem que me dá esta oração, darei quatro golpes na porta (ou mesa) e pela quarta vez chamarei São Marcos e São Manso e o anjo mau para me dar forças e coragem dizendo o credo, em cruz e círculo onde se acha a faca! Amém.

Findo o credo diz a pessoa que reza esta oração: São Marcos e São Manso são meus amigos. Em seguida reza 3 Pai Nossos, 3 Ave Marias., e 3 Glória ao Pai oferecidos a São Marcos e São Manso pelo bem ou pelo mal que uma pessoa deseja que lhe faça.

(Fulano) São Marcos que te marque, São Manso que te amanse, Jesus Cristo te abrande, e o Espírito Santo te humilhe (fulana) Jesus Cristo andou no mundo amansando leões e leoas, lobos e lobas, todos os animais ferozes; e não há padre, nem bispo, nem arcebispo, que possa dizer missa sem Pedra d'Are e o mal não sossega assim, (fulana) tu não poderás parar nem sossegar sem que venhas ter comigo já.

Com dois te vejo, com cinco te prendo, o sangue te bebo, *o coração de parto, São Marcos e São Manso eu quero aqui* (fulana) já e já, agora mesmo branda, mansa e humilde para comigo, assim como ficou brando e humilde Jesus Cristo aos pés de seus inimigos e na árvore da Vera Cruz, fulana eu juro pelo Deus vivo entre o cálice e a Hóstia Consagrada e a cruz em que morreu Jesus, que ficarás branda, mansa e humilde e virás já comigo apaixonada por mim e não poderás ter sossego, nem poderás comer, nem beber, nem dormir, fulana, pelas três moças donzelas, três Padres da boa vida, pelas onze mil virgens, e os doze apóstolos e por aquela oração que Jesus Cristo rezou no Horto quando disse: "Meu Pai, fazei se for possível, que este cálice possa beber para salvar o mundo, a alma, a carne e faça assim".

São Marcos! Trazei-me (fulano) aos meus pés assim!

Primeiro para que fique como eu quero; segundo para que não se importe com mais ninguém; terceiro para que venha já ter comigo e me dar tudo o que eu desejo dele (fulano).

ORAÇÃO A SÃO CIPRIANO
E A SANTA JUSTINA

Ó Deus Onipotente e Eterno que por meio de vossa serva Justina, com quem vou perder a vida temporal para alcançar a eterna, eu vos peço humildemente perdão de todos os malefícios que cometei durante o tempo que meu espírito esteve preocupado com o dragão infernal; em pagamento do sacrifício de minha vida, suplico-vos que minhas preces sejam ouvidas a favor de todos aqueles que de bom coração vos suplicarem a saúde de seu corpo e alma, recordando–vos, Senhor, que com uma só palavra tirastes o maligno espírito daquele santo varão de que nos fala a Escritura, que ressuscitastes Lázaro, morto há três dias, que devolvestes a vista ao santo Tobias, cego por instigação de Satanás, que sois o soberano Dominador de vivos e mortos. Compadecei-vos, Senhor, de todos aqueles que sabeis serem vossos por sua fé, esperança e boas obras, e vos suplico que aqueles que estejam ligados com feitiços, bruxarias ou possuídos do espírito maligno, os desateis para que possam, com toda liberdade, vos servir com tantas e boas obras e que os desinfeiticeis para que possam usar de seu arbítrio em vosso serviço; que os desembruxeis para que o lobo raivoso não possa dize que tem domínio sobre alguma ovelha de vosso rebanho, comparada a custo de vosso preciososíssimo sangue derramado no monte do Gólgota. Livrai-nos, Senhor Todo-Poderoso, do anjo rebelde, para que, já livres do inimigo comum, vos louvemos, bendigamos, adoremos, exaltemos, santifiquemos e confessemos a vós, ao Pai e ao Espírito Santo, com todo o coro de Anjos, Patriarcas, Profetas, Santos, Santas, Virgens, Mártires, Confessores de vossa Santa Glória. E vos suplico, Senhor, que em nome de Santa Justina preserveis ao vosso servidor (citar o nome da pessoa) de todos os malefícios, perfídias, enganos e ardis de Lúcifer e de perseguir Vosso Santo Nome, que para sempre louvado seja. Preservai a vista, o pensamento, as obras, os filhos, os bens, animais, semeaduras, árvores, comestíveis e bebidas, não permitindo que vosso servidor (citar o nome da pessoa) sofra qualquer investida do demônio, antes, iluminai-o, dando-lhe a vista conveniente para ver e observar vossas maravilhas na obra da Natureza; rectificai meu entendimento para que possa contemplar vossos favores e dirigir os negócios a um bom fim; desatai minha língua para cantar os louvores de vossa bondade, dizendo: louvado sejais, Deus Pai, Deus Filho, Deus Espírito Santo, três pessoas em um só Deus, que tudo criou do nada; se tenho preguiça nas acções, dignais-vos fazer que a preguiça de mim fuja, para poder me empregar em ações de vosso agrado; se má direcção houver nos bens, filhos e demais dependentes deste vosso servidor (citar o nome da pessoa), suplico-vos, Senhor, a troqueis em boa, para emprega-la em todo vosso santo serviço; e finalmente, aceitai, ouvi e concedei-me o que eu vos vou pedir em paga do sacrifício que fizeram de suas vidas vossos mártires Cipriano e Justina, com as seguintes preces:

> Senhor, apiedai-vos de mim.
> Jesus Cristo, apiedai-vos de mim.
> Senhor, ouvi-me.
> Deus Pai que estais no céu,
> Deus Filho, redentor do mundo,
> Deus Espírito Santo, apiedai-vos de mim.
> Santa Trindade, apiedai-vos de mim.
> Todos os Santos Apóstolos, Evangelistas e Discípulos do Senhor, rogai por mim.

De todo mal, livrai-me, Senhor.
De todo pecado, livrai-me Senhor.
De vossa ira, livrai-me Senhor.
De morte repentina, livrai-me Senhor.
Dos laços do demónio, livrai-me Senhor.
Da ira, ódio e má vontade, livrai-me Senhor.
De terramotos, livrai-me Senhor.
Anjos do céu, ouvi-me.
Prestai-me vossa ajuda.
Sem vós, meu coração perde toda a sua força.
Fiquem cheios de confusão os que tentam contra a minha vida espiritual.
Eia, eia! – vão eles gritando. Logo cairás em nossos laços, seguiremos os teus passos e neles acabarás caindo.
Mas os que amais, Senhor, e vos honram dia e noite, por isso que invocam o seu Libertador.
Deus clemente, vós conheceis minha miséria, minha pobreza e minha fraqueza; não me negueis vosso auxílio.
Sede, Senhor, meu defensor na perseguição de meus inimigos.
Fugi, amigos de minha desgraça; em meu Deus encontrei graças; fugi.
Que estes inimigos sejam confundidos e afastados, Senhor
Que venham trovões e tempestades de más influência, para que se afastem de minha presença.
Sejam inúteis, Senhor, os passos de meus inimigos.
Livrai-me de suas emboscadas, Senhor.
Concedei-me essa graça, Senhor.
Salvai, Senhor, vosso servo; eu vos suplico por vosso amor.

ORAÇÃO DA CABRA PRETA

Cabra Preta milagrosa, que pelo monte subiu trazei-me fulano, que de minha mão se sumiu.

Fulano (aqui o nome da pessoa que se quer trazer de volta), assim como canta o galo, zurra o burro, toca o sino e berra a cabra, assim tu hás de andar atrás de mim.

Cabra Preta milagrosa, assim como Caifaz, Satanás, Ferrabrás, fazei Fulano se dominar, para que eu o traga feito cordeiro, preso debaixo do meu pé esquerdo.

Fulano (aqui o nome da pessoa que se quer trazer de volta), dinheiro na tua e na minha mão não há de faltar: com sede nem tu nem eu não havemos de acabar; de tiro e faca nem tu nem eu seremos sacrificados; nossos inimigos não nos hão de enxergar; na luta venceremos, com os poderes da Cabra Preta milagrosa.

Fulano, com dois eu te vejo, com três eu te prendo; com Caifaz, Satanás e Ferrabrás, venceremos.

Rezar esta oração com uma faca de ponta na mão e diante de uma vela acesa, durante sete dias consecutivos.

Iniciem esta oração em um dia de sexta-feira, as 12 ou 24 horas, isto é, ao meio-dia, ou a meia-noite, pois são estas as horas mais propícias.

Assim seja.

3ª PARTE

ESCONJUROS E RITUAIS

ESCONJURAÇÃO CONTRA O DEMÔNIO

Esta esconjuração deve ser feita pelo religioso com todo o respeito e fé.

Atenção: Quando vir que o enfermo está aflito e o demônio ou mau espírito não quer sair, deve-lhe tornar a ler o preceito, depois da ladainha e antes da oração de São Cipriano.

Assim é a esconjuração:

"Eu, Cipriano, digo em (citar o nome do doente), da parte de Deus Nosso Senhor Jesus Cristo, absolvo o corpo de (citar o nome do doente), de todos os maus feitiços, encantos, encanhos, empates que fazem e requerem homens e mulheres em nome de Deus Nosso Senhor Jesus Cristo, Deus de Abraão, Deus muito grande poderoso! Glorificado seja, para sempre sejam em seu Santíssimo Nome destruídos, desfeitos, desligados, reduzidos ao nada, todos os males de que padece este vosso servo (citar o nome do doente); venha a Deus com seus bons auxílios por amor de misericórdia que tais homens ou mulheres, que são causadores destes males que sejam já tocados no coração para que não continuem com esta maldita vida! Sejam comigo os anjos do Céu, principalmente São Miguel, São Gabriel, São Rafael e todos os santos, santas e anjos do Senhor, e os apóstolos do Senhor, São João Batista, São Pedro, Santo André, São Tiago, São Matias, São Lucas, São Filipe, São Marcos, São Simão, Santo Agostinho, Santo Anastácio e por todas as ordens dos santos Evangelistas, João, Lucas, Marcos, Mateus, e por obra e graça do divino Espírito. Pelas setenta e duas línguas que estão repartidas pelo mundo e por esta absolvição e pela voz que deu quando chamou Lázaro do sepulcro, por todas estas virtudes seja tornado tudo ao seu próprio ser que dantes tinha à sua própria saúde que gozava antes de ser arrebatado pelos demónios, pois eu, em nome do Todo-Poderoso, mando que tudo cesse do seu desconcerto sobrenatural. Ainda mais pela virtude daquelas santíssimas palavras porque Jesus Cristo chamou: Adão, Adão, onde estás? Por estas santíssimas palavras absolvamos, por esta virtude de quando Jesus Cristo disse a um enfermo: 'Levanta-te e vai para tua casa e não queiras mais pecar', de cuja enfermidade havia de estar três anos, pois absolvo-te Deus (sinal da cruz) que criou o Céu e a Terra e Ele tenha compaixão de ti, criatura, (citar o nome do doente), pelo profeta Daniel, pela santidade de Israel, e por todos os santos e santas de Deus, absolvei este vosso servo ou serva (citar o nome do doente) e abençoai toda a sua casa (sinal da cruz) e todas as mais coisas sejam livres do poder dos demónios por Emanuel, por Deus seja com todos nós.

Amém!

O VIDRO ENCANTADO

Prepare um vidro de pequeno tamanho, para que seja fácil levá-lo no Uso.

Coloque o seguinte, no seu interior:

— Espírito de sal amoníaco.
— Pedra d'ara.
— Alecrim.
— Funcho.
— Pedra mármore.
— Semente de feto.
— Semente de malvas.
— Sementes de mostarda.
— Sangue do dedo mindinho.
— Sangue do dedo polegar (mão e pé).
— Uma raiz de cabelo da parte genital (da pessoa que está preparando o vidro).
— Esperma se for homem ou incômodo se for mulher.
— Raspa das unhas dos pés e das unhas das mãos.
— Raspa de um osso de defunto; se for da caveira melhor.

Estes ingredientes não devem ultrapassar a metade do vidro. Em seguida diga as palavras abaixo, fazendo um sinal da cruz com as mãos sobre o vidro, como se estivesse benzendo-o:

"Vidro sagrado, que pela minha própria mão foi preparado, o meu sangue está preso no seu interior. Toda a pessoa que o cheirar há de ficar por mim encantado. "ignoratus tuunz vos assignaturum meo".

Depois de tudo pronto, exatamente como já acabamos de explicar, guarda cuidadosamente o vidro e com ele poderá encantar quem bem desejar. E para quem lhe der a cheirar, ele se converterá em seu escravo e o seguirá até onde bem entenderes.

Este encanto tanto tem poder para o bem como para o mal, tudo depende do pensamento do seu portador: se for para o bem, sucede o bem; se for para o mal, sucede o mal.

ALQUIMIA

A ARTE DE FAZER OURO

Certo dia, São Cipriano assim falou a seus discípulos:

Também, meus filhos e irmãos, fui escravo do ouro e pondo a trabalhar o meu grande poder oculto, descobri os mistérios da ALQUIMIA. Nem tudo posso vos revelar, pois sabeis bem o que seja quebrar um voto, porém, muito vos posso indicar.

"A Alquimia é a mais misteriosa das ciências. Se não sois pacientes jamais a dominareis. Ela se entrega aos poucos; é caprichosa, tem dias, parece muito com as mulheres e o mar. Somente quando dominares os mistérios da Kabala, o grande livro de Papus, os versos de ouro de Pitágoras, os mistérios de Eleusis, é que, então, vós podereis iniciar nos segredos da Alquimia. Ela é ciência e é mágica. Surgiu no Egito, nos estudos profundos de Hermes Trimegista. Os caldeus a estudaram, os gregos a desenvolveram. Eu sei que se pode fazer ouro, com artifício humano e diabólico, juntando os elementos TRAPA e ECO, numa caldeira escura, que os magos chamam RRETA. É preciso conhecer os ingredientes simples, aplicando com a devida proporção "ATIVA E PASSIVA".

Bernardo Trevisano conseguiu, após muitos trabalhos e canseiras, fabricar ouro pela arte da alquimia.

Os pós necessários à preparação do ouro são:

"ARGENTES VIVO, AZOUGUE e RESCH"

PARA SE TORNAR INVISÍVEL

Mate um gato preto, enterre-o no seu quintal, colocando uma fava em cada olho, outra debaixo da cauda e outra em cada ouvido. Depois de tudo isto feito, deve-se cobri-lo de terra e vá regá-lo todas as noites, ao soar da meianoite, com um pouco de água, até que as favas, que devem ter rebentado, estejam maduras, e quando estiverem nesse ponto, corte-as pelo pé.

Depois de cortadas, leve-as para casa e colocai uma de cada vez na boca.

Quando perceber que estás invisível é porque a fava que acabas de pôr na boca, tem o poder de deixá-lo invisível e ela deve estar sempre consigo e toda a vez que quiser entrar num lugar sem ser percebido é só colocá-la na boca.

ATENÇÃO: Poderá ocorrer, que toda a vez que for regar as favas, aparecer muitos fantasmas com o fim de assustá-lo, para não completar o seu intento. A razão disto é pura e simples: como esta é uma mágica que não precisa nenhum encantamento e nem a invocação de nenhum demônio, estes farão de tudo para que você desista e recorra a outros processos, que em troca de sua invisibilidade tem de lhes entregar a alma.

Mas não se assuste se isso acontecer, eles não têm poder algum e para afugentá-los basta fazer o sinal da cruz.

PARA VER PESSOAS AUSENTES

Deve-se tomar um pouco de água de mar. Água azul de nove ondas, quando a lua estiver em quarto crescente. Coloca-se a água em uma bacia e chama-se a pessoa que se pretende ver. Faz-se isto à meia-noite, com duas velas de sebo acesas.

Pronuncia-se nove vezes o nome da pessoa que se deseja ver e mais as seguintes palavras:

"Eu te conjuro (aqui pronuncia-se o nome da pessoa), para que apareças aqui, de corpo e alma, nesta bacia, pelo poder dos nove gênios que sem cessar navegam nas águas do oceano. Rogo, em nome de Adoanes, que te faça visível nesta água".

A pessoa retira-se de perto da bacia onde está a água, voltando cinco minutos bem contados, e verá quem deseja.

RITUAL DA
RAIZ DO SABUGUEIRO

A fama da raiz do sabugueiro atravessou séculos e séculos, este foi usado por muitos estudiosos, alquimistas e célebres feiticeiros, mas não são todos os feiticeiros e bruxas que na época tiveram em suas mãos o poder desta raiz. Esta fórmula foi descoberta escrita em pergaminho, trancada dentro de um cofre de bronze em Montessart, Espanha, na época áurea dos mouriscos.

Ao cortar a raiz do sabugueiro, trate de colocá-lo num lugar muito escuro, pois só assim se poderá ver os vapores, como se fossem as do enxofre, evoluindo no ar como se fossem labaredas crepitantes. Coloque a mão direita sobre o coração e diga a oração:

"Que o coração de (nome da pessoa), deite fagulhas de entusiasmo por mim, como as eu estão saindo agora desta abençoada raiz".

Observação

Esta raiz dura geralmente seis meses com as evaporações, enquanto ainda estiver verde. Por isso será sempre bom já ter uma outra que receberá a virtude da seca e ritualizada, assim que acabar de queimar.

RITUAL DA SEMENTE DO FETO

Ao bater a meia-noite, na noite de São João, colocar uma toalha debaixo de uma semente de feto, onde já deverá estar desenhado um signo-saimão, que deverá ser abençoado em nome do Pai, do Filho e do Espírito Santo, para que o demônio não possa entrar dentro do risco do desenho.

Depois, a própria pessoa deve entrar dentro do risco; mais pessoas podem entrar ao mesmo tempo dentro do risco se desejarem; então, ele deverá ser previamente traçado na largura precisa, para que caibam nele todas as pessoas que irão participar da cerimônia.

Deve-se dizer em voz alta (por todos os participantes) a Ladainha dos Santos. Depois, a semente deve ser repartida entre todos.

Cada pessoa deverá dizer estas palavras sobre a semente do feto:

"Semente do feto, que na noite de São João foste colhida à meia-noite em ponto. Foste obtida e caíste em cima de um signo-saimão, assim me servirás para toda a qualidade de encantos; e assim com Deus e em ponto divino de São João, o Pai, e em ponto humano de São João, o Primo, assim toda pessoa por quem tu fores tocada se encante comigo. Tudo isto será cumprido pelo poder do grande Deus Omnipotente, porque eu, (citar o próprio nome), te cito e notifico que não me faltarás a isto pelo sangue derramado de Nosso Senhor Jesus Cristo e o poder e a virtude de Maria Santíssima sejam comigo e contigo.
Amém."

No fim destas palavras diz-se um credo-em-cruz sobre a semente, isto é, fazendo cruzes com a mão direita dobre a dita semente. Seta forma, fica a semente com todo o poder e virtude. Passa-se depois por uma pia de água benta.

Depois disso tudo, deve-se colocar a semente em um vidro deixando-o bem tapado. Em relação aos poderes os encantos, deve-se dizer que:

1. Toda criatura que obtiver esta semente, se tocar com ela em outra pessoa com má intenção, pecará mortalmente por se servir de um mistério divino para prejudicar outra pessoa.

2. Incorre na pena de excomunhão qualquer pessoa que toque outra com esta semente para atrapalhar seus negócios e encantar-lhe os seus trabalhos, para não lhe correrem bem.

3. Toda pessoa possuída pelo mal será curada se for tocada com a semente por outra pessoas com viva fé em Jesus Cristo.

4. A semente tem a virtude de curar qualquer enfermidade, se usada por pessoa com grande fé em Jesus Cristo.

5. A semente tem a virtude de nos defender do inimigo ou de suas astúcias.

6. A semente tem o poder oculto de fazer uma pessoa por quem se está apaixonado, ou interessado, corresponder. Proceder da seguinte forma: ao conversar com a pessoa querida, jogues sobre ela três grãos da semente do feto e ela corresponderá aos seus sentimentos.

Esta maravilhosa semente encerra encantos para tudo o que se seu possuidor desejar conseguir.

RITUAL
DO AZEVINHO

Azevinho (ou Azevim) é uma árvore ou arbusto ornamental do género Ilex. O azevinho é comumente usado para adornar igrejas e casas na época de Natal (EUA e Europa), e por isso é associado a cenas de boa vontade e alegria.

Este ritual deverá ser executado na noite de São João (24 de Junho), e a faca a ser usada deverá ser virgem e de fino aço. O azevinho tem de ser apanhado à meia-noite em ponto. Ao cortá-lo, abençoe-o em nome do Pai, do Filho e do Espírito Santo; depois é só levá-lo ao mar e passá-lo pelas sete ondas. Ao banhá-lo deverá rezar o credo por sete vezes, e com a mão direita vá fazendo cruzes em cima do azevinho. Quando for fazer qualquer ritual no mar, não esqueça de saudar as correntes de energias espirituais que governam o mar, é um território sagrado e merece muito respeito.

Utilidades do Azevinho:

O azevinho atrai fortuna, e propicia caminhos abertos para negócios e felicidades. É um talismã poderoso, é usado para diversos fins, inclusive para obter sorte. Muitos comerciantes costumam pendurá-lo na entrada de suas lojas e todas a manhãs fazem uma oração em louvor a Deus e a seu talismã: "Deus te salve, azevinho, criado por Deus".

RITUAL DO TREVO DE QUATRO FOLHAS

O trevo de quatro folhas tem as mesmas prioridades mágicas que a semente do feto. Para usar sua magia, proceder da mesma forma como foi descrito quanto à semente do feto. Muda apenas a oração, que é a seguinte:

"Eu, criatura do Senhor, remida com o seu Santíssimo Sangue, que Jesus Cristo derramou na Cruz para nos livrar das fúrias de Satanás, tenho uma vivíssima fé nos poderes edificantes de Nosso Senhor Jesus Cristo. Mando ao demónio que se retire deste lugar para fora, e o prendo e amarro no mar coalhado, não perpetuamente, mas sim até que eu colha este trevo; e logo que eu o tenha colhido te desamarro da tua prisão. Tudo isto pelo poder e virtude de Nosso Senhor Jesus Cristo. Amém."

Se o demónio aparecer naquele momento em que for invocado, deve-se mandá-lo se ausentar e somente então pedir o que se deseja, e ele tudo fará para não ser preso. No fim de tudo isto bem executado, deve-se tomar posse do trevo, e fazer tudo o que se deseja,

RITUAL DO VINHO E AZEITE PARA CURAR FERIDAS

Material usado:

- Cinco ou seis paninhos brancos de algodão (de preferência virgem, ou muito limpo);

- Vinho branco;

- Azeite de oliva (chamado pelos antigos de óleo bom).

Procedimento:

Os pedaços de pano deverão ter o mesmo tamanho da ferida (chagas). Em uma vasilha de louça ou ágata, coloque o vinho e um pouco de água, assim não arderá muito a ferida inflamada. Depois unte todo o local da ferida com o azeite, mas como é um ritual, você deverá benzer o local com o sinal da cruz. Em seguida, coloque os paninhos já devidamente cortados e molhados no vinho branco em forma de cruz.

São colocados vários paninhos, devido se encharcarem com o vinho mais rapidamente. Sendo assim a ferida permanece mais tempo fresca, e não criará matéria algum, que poderia infeccionar o local.

RITUAL DA PENEIRA PARA ADIVINHAR, COMO FAZIA SÃO CIPRIANO

Pegue-se numa peneira, uma tesoura no arco que fique bastante aberta depois pegue-se com os dedos (isto é, uma de cada lado, cada um com seu dedo). Em seguida reze o credo em cruz sobre ele, ambos os que querem adivinhar, dizendo depois: Peneira que penerais todo o pão de Humanidade, peço-vos eu Senhor, (Oxalá) pelas três pessoas distintas da Santíssima Trindade, que não falteis a verdade, para galão, traga Matão, avais o pauto a chião a molitão, posso separar para entregar a Lúcifer.

Depois de ter dito estas palavras, falai para a peneira deste modo: "Quero que me digas se isto é verdade, ou se eu tenho de ser casado; se tenho, vira-te para acolá; se não tenho, vira-te para ali". Enfim, perguntas o que desejas saber, só não adivinha o que não está para acontecer.

ADIVINHAR COM SEIS PAUS DE ALECRIM

Pegar em seis pauzinhos de alecrim e a noite ao deitar, fazei tiras de papel; embrulhai-os nas tiras de maneira que se juntem as pontas do papel, depois dobrar para trás de maneira que fique o pauzinho bem embrulhado; em seguida pedi a São Cipriano desta forma:

Meu milagroso São Cipriano, eu vos peço, por aquela hora em que tivestes o arrependimento que fizestes logo com que o demônio vos entregasse a escritura que lhe havia dado da vossa alma, pois eu vos peço meu milagroso São Cipriano, que me declarais se eu tenho de fazer isto ou aquilo.

O segredo deste trabalho de São Cipriano se sabe: se os paus saírem de dentro da dobra e se mudarem sem que se rompa o papel, é verdade o que se lhe pediu; devem se, porém deixar ficar até o dia seguinte de manhã. Os paus devem ser pequenos.

4ª PARTE

AS MÁGICAS E MAGIAS DE SÃO CIPRIANO

PODER OCULTO OU MEIO DE OBTER O AMOR DAS MULHERES

PRIMEIRA MÁGICA SECULAR

Na vida de São Cipriano, assim como no Milagre de São Bartolomeu, conta-se que para um homem se fazer amar pelas mulheres, sejam quais forem, necessita pegar no coração de um pombo virgem e fazê-lo engulir por uma cobra e conservar esta presa por espaço de quinze dias. A cobra, como se vê, não resiste por muito tempo.

Logo que ela morra, corte a cabeça e segue-se sobre uma brasa ou borallho e lance-lhe em cima 30 gotas de láudano hanoveriano, em seguida pise-lhe tudo e deite-se em um frasco de vidro novo. Enquanto isso se conservar assim o dono do frasco pode ter certeza de que será amado por quantas mulheres quiser.

MODO SE USAR ESTE TRABALHO:

Esfrega-se as mãos com uma pequena porção dizendo as seguintes palavras:

"Izolino Belzebuth, canta-galen-se-chando-quinha é próprio xime, é goloto".

É tão forte esta magia que para atrair uma criatura a outra é mais que admirável, é mesmo uma mágica.

O leitor ou leitora pode usá-la sem escrúpulos, que aqui não entra pecados, pois o mesmo São Cipriano a ensinava a seus servos, a quem livrara do poder de Satanás, que com suas malditas prestidigitações desgraçou uma cidade inteira.

SEGUNDA MÁGICA SECULAR
PODER OCULTO OU SEGREDO DA VARINHA DE AVELEIRA

Deve ser admirabilíssima esta mágica, pois tão admiráveis maravilhas deve obrar, que me gela o sangue nas veias e a publicar, não por ofender ao Todo Poderoso, mas sim receio de que algum estouvado, use dela, sem que primeiro se revista de coragem.

Sim, dizemos coragem – porque o medo lhe podem acontecer muitas conseqüências graves. Por causa do medo e nada mais; porque aqui não entra o poder do demônio ou a criatura; pois neste santo livro, não se trata de ter comunicação com os demônios, mas sim livrar-nos deles com a nossa boa intenção. É por isso que não revelaremos este grande segredo.

TERCEIRA MÁGICA SECULAR

PODERES OCULTOS OU O DINHEIRO ENCANTADO

Uma moeda de 50 centavos, posta debaixo da pedra de Ara, por espaço de três dias de modo que se digam três missas em cima sem que o padre saiba, (só pode saber o depositante da moeda e mais ninguém), pode trocar-se em qualquer parte, que quando se chegar em casa encontra-se no bolso; é tal o encanto, que será bom que o leitor não experimente; só se for brincadeira.

Os meses mais favoráveis são: fevereiro, abril, junho, setembro e dezembro.

O leitor que estiver a fazer a operação, não tema, veja o que vir e mande que se faça o que lhe parece segundo as suas idéias e quando acabar com os olhos levantados ao céu: "Fica-te em paz! Amém".

MAGIA PARA CONSERVAR O VIGOR VIRIL

Numa madrugada de quinta para sexta-feira, entre 3 e 4 horas, cortar o tronco de uma palmeira, muito nova, com um metro de altura no máximo. Tirar o miolo do tronco, levando-o para casa, tendo o cuidado de não quebrar e guardando-o em lugar seguro.

Em outra madrugada, quando for maré cheia, ir a praia e mergulhar o miolo na água do mar, três vezes até ficar bem molhado. Voltar com ele para casa.

Cortar um pedaço e cozinhar até ferver; deixar o líquido

esfriar, guardar dentro de uma garrafa bem tampada e de vez em quando beber um cálice.

Cortar um pedaço que seja bem pequeno, colocar dentro de um saquinho de lã de qualquer cor, trazendo-o pendurado ao pescoço. Cortar outro pedaço, conservando-o debaixo do colchão. O pedaço que resta deve ser guardado para ser cozido, quando terminar a garrafa.

MAGIA DAS CONCHINHAS E DOS FEIJÕES

Toma-se uma peneira de arame bem fino. Deitam-se nela sete conchinhas, dessas que parecem pia de água-benta e dois caroços de feijão, um branco, outro preto. Depois se agita a peneira, sete vezes, da esquerda para a direita. Examina-se então a posição das conchas em relação aos feijões como segue:

De 4 a 7 conchas, viradas para cima, perto do feijão branco:
Felicidade, êxito, casamento, longa vida;

De 4 a 7 conchas, emborcadas, perto do feijão branco: Acidente ou doença, sem grande perigo de vida;

De 4 a 7 conchas, viradas para cima, perto do feijão preto: Felicidade misturada com aborrecimentos;

De 4 a 7 conchas, emborcadas, perto do feijão preto: Dificuldades nos negócios;

Conchas emborcadas formando uma cruz, perto do feijão branco: Luto próximo;

Conchas viradas para cima, em forma de cruz perto do feijão branco: Felicidade conturbada;

Quatro conchas, viradas para cima em forma de círculo perto do feijão branco: Possível herança;

Quatro conchas, viradas para cima, em forma de círculo perto do feijão preto: Herança e luto penoso;

Quatro conchas emborcadas, estando o feijão preto longe do feijão branco: Acidente em viagem;

MAGIA DO VAPOR D'ÁGUA

Cortar pedaços de papel branco, que não seja duro, em forma de mortalhas para cigarros. Escreve-se em cada um o nome de um rapaz ou de uma moça, ou palavras como sim, não, talvez, ou frases como vai demorar, não demora, etc.

Enrolam-se os papelzinhos que se colocam numa peneira, sobre uma panela que tenha água fervendo. Se se tratar de uma consulta qualquer, não é necessário colocar os papelzinhos com os nomes escritos. O vapor da água fará abrir um papel e o primeiro assim aberto terá a resposta.

Tratando-se de consulta sobre o nome do futuro marido ou mulher, deve-se colocar um papelzinho sem nenhum nome escrito. Se for este que se abrir o consulente não se casará.

MAGIA DO PÉ DE SAPATO

Para saber quanto tempo ainda resta para se casar, a moça atira um pé de sapato pela escada. Se o bico do sapato ficar para cima, não haverá casamento.

Se a sola ficar para cima, haverá casamento. O número de degraus, contados do alto da escada, ate o degrau onde ficou o sapato indicará os meses ou os anos que faltam para a realização do casamento.

1º
SECULAR MÁGICA DAS FAVAS

Matai um gato preto, enterrai-o no vosso quintal, metei-lhe uma fava em cada olho, outra debaixo da cauda e outra nos ouvidos. Depois, de tudo isso feito, cobri-o de terra e ide regá-lo todas as noites, ao dar a meia-noite, com muito pouca água, até que as favas que devem ter rebentado estejam maduras, e quando virdes que assim estão, cortai-as pelo pé.

Depois de cortadas, levai-as para casa e metei uma de cada vez na boca. Quando, porém vos parecer que estais invisível, é porque a fava que tendes na boca, é que tem a força mágica e assim, se quereis que se não vos veja, metei primeiro a dita fava na boca.

Isto obra por virtude oculta, sem ser necessário fazer pacto com o demônio, como fazem as bruxas.

AVISO A QUEM FIZER USO DESTA MÁGICA:

Quando fordes regar as favas, hão de aparecer-vos muitos fantasmas, com o fim de vos assustarem para não conseguirdes o vosso intento. A razão disto é muito simples. É porque o demônio tem inveja de quem vai usar desta mágica, sem que primeiro se entregue a ele em corpo e alma, como fazem as bruxas, a que chamam mulheres de virtude. Porém não vos assusteis que ele não faz mal algum e para isso deveis fazer primeiro que tudo o sinal da cruz, e rezar ao mesmo tempo o Credo.

2º
MÁGICA DO OSSO DA CABEÇA DO GATO PRETO

Fazei ferver uma panela de água com vides brancas e com lenha de salgueiro e logo que a água esteja a ferver metei-lhe dentro um gato e deixai-o cozinhar até que se lhe apertem os ossos da carne. Depois de tudo isso estar pronto, coai todos os ossos em pano de linho, colocai-vos diante de um espelho; metei depois um osso de cada vez na boca, não sendo necessário introduzi-lo todo, mas coloca-lo só entre os dentes, de maneira que, quando desaparecerdes de diante do espelho guardai o osso que tendes entre os dentes, porque é esse que tem a mágica. Quando quiserdes ir para qualquer parte sem ser visto, metei o citado osso na boca e dizei desta maneira:

"Quero já estar em tal parte pelo poder da mágica preta liberal".

3º
OUTRA MÁGICA DO GATO PRETO

Quando um gato preto estiver com uma gata da mesma cor, isto é, quando ligados pela cópula carnal, deveis ter logo uma tesoura pronta e cortar um bocado do pelo do gato e outro da gata. Misture depois esses cabelos e queime-os com alecrim do norte, pegue na sua cinza, deite-a dentro de um vidro, com um pouco de espírito de sal amoníaco e tape bem o vidro, para conservar este espírito sempre muito forte.

Depois de tudo isto pronto, pegue o vidro com a sua mão direita e diga as seguintes palavras mágicas:

"Cinzas, com a minha própria mão foste queimada, com uma tesoura de aço foste do gato e da gata cortada, toda a pessoa que te cheirar, comigo se há de encantar. Isto pelo poder de Deus e de Maria Santíssima. Quando Deus deixar de ser Deus, é que tudo isto me há de faltar; e para golão traga matão, vaus do pauto chião a malitão".

Logo que tudo estiver cumprido, fique o vidro com força de feitiço, mágica e encanto, que quando tiver desejo de que qualquer rapariga você tenha amizade, basta desarrolhar o vidro e sob qualquer pretexto dar-lhe a cheirar.

Suponhamos que um indivíduo deseje que uma namorada tome o cheiro do dito vidro, mas não encontra maneira própria para o levar a efeito. Neste caso, começa a conversar sobre qualquer assunto, de maneira que faça alusão a água de colônia. Feito isso, tire o vidro da algibeira, e diga com toda a seriedade:

Quer ver que cheiro tão agradável, menina?

Ora como em geral, as pessoas são muito curiosas, ela vai cheirar imediatamente o conteúdo do vidro e você pode contar com o seu amor. Dessa forma, você poderá cativar todas as pessoas que quiser. Note-se que esse encanto pode ser praticado por homem a mulher, ou vice-versa.

4º
OUTRA MÁGICA DO GATO PRETO, PARA MAGIA NEGRA

Ponhamos na nossa mente que uma pessoa qualquer deseja vingar-se de um inimigo, mas não quer que ele seja sabedor da vingança que lhe arma. Vinga-se facilmente, fazendo da seguinte maneira:

Pega-se num gato preto, que não tenha nem um só cabelo branco, amarram-se as pernas e as mãos com uma corda de esparto (daquelas com que se fazem sapatos). Depois dessa operação executada, levai-o uma encruzilhada de monte e logo que chegue ali da seguinte maneira:

"Eu fulano (deve dizer o nome da pessoa) da parte de Deus Onipotente, mando ao demônio que me apareça aqui, já debaixo da santa pena de obediência e preceitos, superiores. Eu, pelo poder da mágica negra liberal, mando-te demônio ou Lúcifer, ou Satanás ou Barrabás, que te metas no corpo dessa pessoa a quem desejo mal, e que lá não se retire, enquanto eu não mandar, e que me faças tudo aquilo que te propuser durante a minha vida."

(Aqui diz-se o que deseja que ele faça a criatura).

"Ó grande Lúcifer, imperador de tudo que é infernal, eu

te prendo e amarro no corpo de (fulano), assim como tenho preso este gato: no fim de me fazer tudo aquilo que eu quiser, ofereço-te este gato preto, trago-te aqui, quando tudo estiver pronto."

ADVERTÊNCIA

Quando o demônio se desempenhar da obrigação que lhe impuseste vá ao lugar onde lhe requerestes e diga duas vezes: "Lúcifer, Lúcifer, aqui tens o que te prometi!" E ditas tais palavras, solte o gato.

5º
OUTRA MÁGICA DO GATO PRETO E A MANEIRA DE GERAR UM DIABINHO COM OS OLHOS DE GATO

Matai um gato preto e depois de morto tirai-lhe os olhos, e metei-os dentro de um ovo de galinha preta, mas notando-se que cada olho deve ficar separado em cada ovo. Depois de feita essa operação metei-os dentro de uma pilha de estrume de cavalo, e torna-se preciso que o estrume esteja bem quente, para ali ser gerado o diabinho.

Diz São Cipriano que se deve ir todos os dias juntos a dita pilha de estrume, isso por espaço de um mês, tempo que leva a nascer o diabinho.

Palavras que se devem dizer junto ao monte de estrume onde esta o diabinho:

"Ó Grande Lúcifer, eu te entrego estes dois olhos de um gato preto, para que tu, meu grande amigo Lúcifer, me sejas favorável nesta apelação que faço a teus pés. Meu grande ministro e amigo Satanás e Barrabás, eu vos entrego a mágica preta para que vós lhe ponhais todo o vosso poder, virtude e astúcias que vos foram dadas por Jesus Cristo, pois eu vos entrego estes dois olhos de um gato preto, para deles nascer um diabinho, para ser eternamente minha companhia. Minha mágica negra eu te entrego a Maria Padilha, a toda a sua família, e a todos, tudo quanto for enfernal, para que daqui nasçam dois diabinhos para me darem dinheiro, porque não quero dinheiro pelo poder de Lúcifer meu amigo e companheiro por toda a minha vida".

Fazei tudo isso que acabamos de indicar no fim do mês, mais dia, menos dia, nascer-vos-ão dois diabinhos com a figura de um lagarto pequeno. Logo que esteja nascido o diabinho mete-o dentro de um canudinho de marfim ou bucho e daí-lhe de comer ferro ou aço moído.

Quando estiverdes senhor dos dois diabinhos, podeis fazer tudo quanto vos agradar; por exemplo: Desejais dinheiro, basta abrir o canudo e dizer assim: "Eu quero já, aqui dinheiro", que imediatamente vos aparecerá com a condição única de que *não podeis dar esmolas aos pobres nem com eles mandar dizer missas* por ser dinheiro dado pelo demônio.

Leitor ou leitora, não é possível descrever neste livro, todos os fatos acontecidos a este santo, para isto teríamos que fazer um grande volume que não poderia ser adquirido por todas as classes pois o seu próprio preço seria muito elevado.

6º
OUTRA MANEIRA DE SE OBTER O DIABINHO

MODO DE FAZER O PACTO COM O DEMÔNIO:

Tomai um pergaminho virgem, depois fazei a escritura de vossa alma, ao demônio, com o vosso próprio sangue. Deveis dizer da seguinte maneira:

"Eu faço com o próprio sangue do meu dedo mindinho, faço escritura a Lúcifer, imperador do inferno, para que ele me faça tudo quanto eu desejar nesta vida se isso me faltar, lhe deixarei de pertencer, assim seja. Fulano."

Depois de escreverdes tudo isso, no dito pergaminho, pegai no ovo de uma galinha preta galada por um galo da mesma cor, e escrevei no dito ovo o que escrevestes no pergaminho.

Depois de tudo estar pronto, abri um pequeno buraco no ovo, e deita-lhe dentro uma gota de sangue do dedo mindinho, da mão direita, depois embrulhai o ovo em algodão em rama, e metei-o entre uma pilha de estrume ou debaixo de uma galinha preta, e introduzireis todos os sábados, dentro da caixa o dedo mindinho para ele mamar.

Depois de o possuirdes, podeis ter tudo quanto quiserdes. Mas, sobre esta prática, diz São Cipriano, no capitulo XIV do seu santo livro:

"Todo filho de Deus que entregar a sua alma ao demônio, será na mesma hora amaldiçoado por quem o criou e lhe deu o ser, que foi Nosso Senhor Jesus Cristo."

É preciso declarar que não expomos estas receitas diabólicas para que os leitores as pratiquem; deixamo-las aqui, porque entendemos ser de utilidade saber-se de tudo quanto é bom e mau, para aqueles que tomarem o mau caminho se desviarem dele a tempo, e nos agradeçam a intervenção boa que fazemos transparecer nas páginas desta obra e tambem alimentarmos a esperança de que Deus abençoará o nosso livro.

7º
TRABALHO QUE SE FAZ COM DOIS BONECOS, TAL QUAL FAZIA SÃO CIPRIANO, ENQUANTO FEITICEIRO E MAGICO

Preparai um boneco e uma boneca, feitos com panos de linho de algodão. Depois de estarem prontos deveis uni-los um ao outro e muito abraçados.

"Eu te prendo e te amarro, em nome de Nosso Senhor Jesus Cristo, Padre, Filho e Espírito Santo, para que debaixo deste santo poder, não possas comer, nem beber, nem estar em parte alguma do mundo sem que esteja na minha companhia (fulana ou fulano), aqui te prendo e amarro, assim como prenderam nosso Senhor Jesus Cristo no madeiro da cruz. E o descanso que tu terás enquanto para mim tu não virares é como o que tem as almas no fogo do Purgatório, penando continuamente pelos pecados deste mundo e como o que tem o vento no ar, as ondas no mar sempre em continuo movimento, a maré a subir e descer, o sol que nasce na serra e que vai por-se no mar. Será esse o descanso que eu te dou, enquanto para mim te virares, com todo o teu coração, corpo, alma e vida, debaixo da santa pena de obediência e preceitos superiores, ficas preso e amarrado a mim como ficam estes dois bonecos amarrados juntos."

Estas palavras devem ser repetidas nove vezes a hora do meio-dia depois de se rezar a oração das "horas abertas" que encontra-se na parte de orações desta secular obra.

8º
OUTRA MAGIA NEGRA OU FEITIÇARIA QUE SE FAZ COM DOIS BONECOS, PARA FAZER MAL A QUALQUER CRIATURA

Observe com atenção o que vamos ensinar, para esta mágica ser bem feita.

Fazei dois bonecos, um deles significa a criatura a quem se vai fazer o feitiço, e o outro significa o que vai enfeitiçar.

Depois que os bonecos estiverem prontos, deveis uni-los um ao outro de maneira que fiquem muito abraçados. Depois de tudo isto pronto, atai-lhes a ambos uma linha em volta do pescoço, como quem os está a esganar, e depois de feita esta operação pregai-lhe cinco pregos, nas partes indicadas:

1º Na cabeça que vare um e outro.

2º No peito, da mesma maneira.

3º No ventre, que vare um de um lado ao outro.

4º Nas pernas, que as vare um ao outro lado.

5º Nos pés, de modo que lhes fure de um lado ao outro.
"Há ainda uma condição": é que os ditos pregos, devem

ser empregados com acompanhamento das seguintes invocações nos diferentes sítios em que se espetam:

1º prego – Fulano ou fulana, eu fulano te prego e amarro o espeto o teu corpo, tal qual como espeto, amarro o prego a tua figura.

2º prego – Fulano ou fulana, eu fulano te juro debaixo do poder de Lúcifer e Satanás que, de hoje para o futuro não hás de ter nem uma hora de saúde.

3º prego – Fulano ou fulana, eu fulano, te juro debaixo do poder da mágica malquerença, que não hás de hoje para o futuro, ter uma só hora de sossego.

4º prego - Fulano ou fulana, eu fulano te juro debaixo do poder de Maria Padilha, que de hoje para o futuro ficarás possesso de todo o feitiço.

5º prego – Fulano ou fulana, eu fulano te prego e amarro dos pés a cabeça, pelo poder da mágica feiticeira. Desta forma a criatura enfeitiçada nunca mais pode ter uma hora de saúde.

Leitores, não vos assusteis com isto, porque Deus assim como deu ao homem poder e sabedoria, para fazer feitiços, também deu remédio para se combater conttra ele, como se explica no início desta obra, que ensina desfazer toda sorte de feitiçaria – que vem a ser toda a vida de São Cipriano, enquanto santo, e é por isso que recomendamos a todos os cristãos que não deixem de possuir este livro secular.

Lembre-se: precisam ser dois bonecos unidos um ao outro tanto o que vai ser enfeitiçado como o que enfeitiça, significando, o que enfeitiça, que está abraçado ao enfeitiçá-lo a querer matá-lo ou a espetá-lo com pregos.

9º
MAGIA DE UM CÃO PRETO E SUAS PROPRIEDADES

Um cão preto tem muita força de magia: assim o diz São Cipriano. Ora muitas pessoas que dizem que a magia se faz com palavras mágicas, porém isto é falso não já magia que obre por palavras , o que se pode dizer é que sem palavras nada se pode fazer; mas nem as palavras valem sem certos trabalhos, que tem força da magia, nem tão pouco as mesmas valem nada sem nada mais.

Eis aqui a primeira magia do cão preto:

Principiaremos pelos olhos do cão: Quando um cão estiver morto, tirai-lhe o olho direito sem que o esmigalheis; depois colocai-o dentro de uma caixinha e trazei-o no bolso, e quando passardes por um cão tirai-a do bolso, e mostrai-lha que o dito cão seguir-vos para toda a parte que fordes, ainda que o dono não o queira.

Quando quiserdes que o cão se retire, fazei-lhe três acenos com a caixinha.

10º
OUTRA MAGIA NEGRA, OU FEITIÇARIA DO CÃO PRETO

Com um cão preto, pode-se fazer uma feitiçaria das mais fortes: assim o assevera São Cipriano. Cortem-se as pestanas de um cão preto, cortem-se as unhas, corte-se um bocado do pelo do rabo, junte-se estas três coisas e queimem-se com alecrim do norte.

Depois de tudo isso reduzido a cinzas, recolham-nas dentro de um vidro bem tampado com uma rolha de cortiça, por espaço de nove dias, no fim dos quais está pronto o feitiço.

Como deve ser aplicada:

Suponhamos que é uma pessoa, homem ou mulher, que deseja amar uma outra criatura, com bom ou mau sentido, e não pode conseguir por qualquer motivo. Facilmente satisfaz, a sua intenção.

Pegue nos três objetos já ditos e misture uma pequena porção com tabaco e faça um cigarro, o qual deve ser dos mais fortes; quando estiver falando com a dita pessoa, a quem deseja enfeitiçar, dai-lhe umas fumaças e vereis que essa pessoa fica logo enfeitiçada, isso deve-se fazer por três vezes, ou cinco ou sete ou nove ou mais, porém deve a conta ficar sempre impar. Declaramos mais que se for mulher e não possa fazer o feitiço por não fumar, faça da seguinte forma:

Pegue um sinal qualquer da pessoa a quem deseja enfeitiçar, e embrulhe as tais espécies de que já falamos, dentro do sinal, depois com um fio de retroz verde começa a enrola-lo em volta do dito sinal, dizendo as seguintes palavras:

Primeiro da-se o nome da pessoa a quem se está a enfeitiçar.

"Eu te prendo e te amarro com as cadeias de São Pedro e de São Paulo, para que tu não tenhas sossego nem descanso em parte alguma do mundo, debaixo da pena de obediência e preceitos superiores."

Depois destas palavras, ditas nove vezes, está a pessoa enfeitiçada; porém se este feitiço que vos acabamos de ensinar, não for bastante para obterdes o que desejais, não vos assusteis com isso, nem tão pouco deveis perder a fé porque muitas coisas não se fazem por falta de vivíssima fé.

Bem deveis saber, leitores que em muitas criaturas a feitiçaria não, por causa de alguma oração que digam todos os dias ao deitar e ao levantar da cama.

11º
TRABALHO DE MAGIA NEGRA, PARA FAZER MAL A ALGUÉM

Acender uma vela branca para o Anjo da Guarda pondo a mesma ao lado de um copo virgem com água salvando o Anjo Guardião. Ir ao cemitério, ao entrar, pede-se licença ao Povo do Cemitério, ir até o Cruzeiro, levando 7 garrafas de marafo, 7 velas pretas e 7 caixas de fósforos virgens.

Colocar em círculo as garrafas de marafo. Depois de abertas com um abridor virgem, em seguida tirar os rótulos dos charutos, abrir as caixas de fósforos, e colocar os charutos já sem os envólucros em cima das caixas, pondo as ao lado das garrafas de marafo, acendendo as 7 velas negras, e pondo-as também ao lado das garrafas, de modo que em círculo fique arrumado do seguinte modo:

Uma garrafa de marafo, uma vela negra acesa, uma caixa de fósforos aberta, com o charuto sem o envólucro em cima, assim arrumados os 7 jogos formando o círculo.

Depois de tudo pronto, chamar o povo do cemitério. A pessoa deve estar completamente concentrada e ciente do que está fazendo e pedindo. Este trabalho depois de feito não se pode mais recuar. Chamado o povo do cemitério e oferecendo aquele trabalho, com todas as suas forças concentradas, fazer o pedido que quiser, sempre invocando o povo do cemitério e dizendo o nome do fulano, ou fulana que queira que seja prejudicada.

Nota muito importante: Este trabalho de magia negra, deve ser feito na última sexta-feira do mês, sendo as horas apropriadas: 6 horas – 12 horas – 18 horas ou 24 horas.

Às vezes encontram-se dificuldades para executar esse trabalho de magia negra, mas conversando antes com um dos coveiros, dá-se um pequeno presente ao mesmo, e este até o ajudará, para que os curiosos não incomodem.

Depois de tudo feito, ao sair do cemitério, sair de costas, pedindo ao povo do cemitério, que o pedido seja atendido, indo embora para casa. Chegar em casa, lavar as solas dos sapatos, com água e sal, tomando também um banho e jogando após, água de sal do pescoço para baixo.

12º
TRABALHO DE MAGIA NEGRA

Para tornar-se forte e invencível ao realizar os trabalhos de magia:

Ir a mata ou floresta num dia de lua cheia, em uma sexta-feira, levando um lagarto vivo, amarrado para não fugir; lá chegando, chamar os anjos do mal, invocando o Lúcifer e em seguida, com uma faca virgem esquartejar o lagarto matando-o. Depois de morto, tirar-lhe os olhos, levando-os para casa, deixando os olhos descansar num lenço preto, por sete semanas; depois deste tempo passado, abrir o lenço, tirar os olhos do lagarto, por em um saquinho de couro e pendurar no pescoço, não podendo perder nunca. Todos os vossos pedidos para o mal serão sempre atendidos, sendo que cada vez deve a pessoa segurar com a mão esquerda, invocando antes os anjos negros e o nome do Lúcifer.

13º
OUTRO TRABALHO
DE MAGIA NEGRA COM BODE

Para fazer mal a alguém:

Compre um bode todo preto, uma vela preta, um charuto, uma caixa de fósforos e uma garrafa de marafo. Levar a uma encruzilhada, de preferência na mata, a hora grande, numa segunda-feira. Lá chegando, abrir a garrafa de marafo, acender a vela, e colocar o charuto sem o envólucro em cima da caixa de fósforos. O bode preto deve estar lavado, e na ocasião amarrado. Depois de tudo pronto, chamar por Tranca Rua das Almas, oferecer o trabalho e pedir em seguida o que quiser.

Logo após desamarrar o bode preto e andando de costas, ir para casa. Este trabalho de alta magia, deve trazer os resultados esperados dentro de 7, 14 ou 21 dias, a contar do dia do trabalho. Chegando em casa, tomar um banho do pescoço para baixo. Com uma vasilha de cachaça e logo após, um outro com água salgada.

OS MISTÉRIOS DA FEITIÇARIA

**EXTRAÍDO DE UM MANUSCRITO
ENCONTRADO DO TEMPO DOS MOUROS**

Precedendo-se a umas escavações na aldeia de Penácova, no ano de 1940, encontrou-se ali um manuscrito em perfeito estado de conservação. Nesse pergaminho precioso encontram-se coisas muito curiosas, algumas das quais vamos apresentar aos leitores, convictos de que lhes prestamos bom serviço.

RECEITA PARA OBRIGAR O MARIDO A SER FIEL A SUA ESPOSA

Toma-se a medida de um pé de cachorro preto, desses da raça pelada, e encha-se com ela um agulheiro de pau. Envolva-se depois o agulheiro num pedaço de veludo encarnado, perfeitamente justo e cozido. Depois, descosendo-se a parte do colchão que fica entre o marido e a mulher, introduza-se o agulheiro porém de modo que não venha a incomodar a noite.

Isto feito, a mulher deve tornar-se muito amável e condescendente com o marido, concordando em tudo com a sua suprema vontade. Procurará rir quando ele por acaso estiver triste, prometendo ajuda-lo, se por acaso a sorte lhe for adversa, e deve também resignar-se se desconfiar se desconfiar que ele tem alguma amante, fingindo até que o não sabe.

A noite na hora de deitar, e de manhã, ao levantar da cama, dar-lhe umas vezes uma comida ou bebida com bastante canela e cravo, e outras um chocolate com grande porção de baunilha, canela e cravo. Dormirá completamente despida, encostando o mais que puder o seu corpo ao marido, para lhe transmitir o calor e o suor.

Todas as vezes que ele entrar em casa, dar-lhe alguma coisa e dirá que pensou nele. O mínimo poderá ser uma fruta ou doce de que ele goste, uma flor e na falta dessas coisas um abraço acompanhado de um beijo.

Se ele tiver mau gênio, se for grosseiro e áspero, deverá ameiga-lo. Se for dócil, inconstante, deve sempre apresentar-se superior a ele em todos os atos da vida e em todos os sentimentos.

Esta receita, é de um efeito incontestável. Experimentem as leitores, e darão por bem empregado o seu tempo gasto com este trabalho.

RECEITA PARA OBRIGAR MOÇAS SOLTEIRAS, E ATÉ MESMO CASADAS, A DIZEREM TUDO QUE FIZERAM OU TENCIONAM FAZER NA VIDA

Tome-se o coração de um pombo e a cabeça de um sapo, e depois de bem secos e reduzidos a pó, enche-se um saquinho que perfumará, juntando ao pó um pouquinho de almíscar, que é conhecido como o pó milagroso como atrativo.

Deita-se o saquinho, debaixo do travesseiro da pessoa, quanto estiver a dormir e passando um quarto de hora, saber-se-a o que deseja descobrir.

Logo que a pessoa deixar de falar, ou poucos minutos depois tira-se-lhe o saquinho de debaixo do travesseiro para não expor a pessoa a uma febre cerebral, que poderá causar-lhe a morte em certos casos.

RECEITA PARA SER FELIZ NAS COISAS

Tome-se um sapo vivo, corte-se-lhe a cabeça e os pés numa sexta-feira, logo depois da lua cheia do mês de setembro, deitem-se esses pedaços de molho por espaço de 21 dias, em óleo de sabugueiro, retirando-se depois desse prazo, as doze badaladas da meia-noite; expondo-se depois igual quantidade de terra de cemitério, mas justamente no lugar em que esteja enterrada alguma pessoa da família a quem se destina a receita.

A pessoa que a possuir, pode ter toda a certeza de que o espírito que empreender, por causa do sapo, que não perderá de vista os seus interesses pessoais.

RECEITA PARA FAZER-SE AMAR PELAS MULHERES QUE DESEJAR

Antes de tudo, convém estudar, embora pouco, o caráter e o gênio da mulher que se requestar, e regular e dirigir sua norma de conduta e modos em relação ao conhecimento que se tiver obtido a esse respeito. Será inútil recomendar, conforme os recursos de cada qual, um traje. Não direi já elegante, ou rico, porém sempre de limpeza inexcedível. O homem enxovalhado não pode cativar as mulheres. A limpeza no fato por conseguinte, ainda mais a recomendamos no que diz respeito as partes do seu corpo.

Logo que seja observada esta primeira condição tome-se seis meses depois o coração de um pombinho virgem e faça-se engolir por uma cobra. A cobra, no fim de mais ou menos tempo virá a morrer; tome-se a cabeça dela e seque-se no borralho ou sobre uma chapa de ferro bem quente, sobre um fogo brando. Depois, reduza-se a pó, pisando-a num almofariz, após haver juntado algumas gotas de láudano; e quando se quiser usar da receita, esfregue-se as mãos com uma parte dessa preparação, como já ensinamos aos nossos leitores no principio deste milagroso livro.

RECEITA PARA FAZER-SE AMAR PELOS HOMENS

A receita aconselhada aos homens para se fazer amar pelas mulheres, e que precede esta, é debaixo de todos os pontos de vista, a que devem primeiramente empregar as mulheres que desejarem fazer-se amar pelos homens; porém, a eficácia desta receita depende de certas práticas que se não devem desprezar nem esquecer. Vamos apontá-las:

A mulher procurará obter do homem que escolheu, uma moeda, medalha, alfinete, ou qualquer outro objeto ou fragmento, contando que seja de prata, e que ele o tenha trazido consigo por espaço de 24 horas pelo menos.

Aproximar-se do homem tendo a prata na mão direita oferecendo-lhe com a outra um cálice de vinho onde se tenha desmanchado uma bolinha do tamanho de um caroço de milho, da seguinte composição:

```
Cabeça de enguia..........................................Uma
Láudano........................................................Duas gotas
Semente de cânhamo..................................Um dedal
```

Logo que o indivíduo tenha bebido um cálice deste vinho, há de forçosamente amar a mulher que lhe tiver dado ou mandado dar, não sendo jamais possível esquecê-la enquanto durar o encanto, cujos efeitos se poder renovar sem o menos inconveniente de vez em quando.

Se a ação do medicamento ou o medicamento não o apaixonar imediatamente, a mulher, então se o tiver junto de si, e a sós, de-lhe a beber uma xícara de chocolate na qual deitará, ao bater dos ovos:

- Canela em pó
- Baunilha
- Nós Moscada raspada
- Dente de cravo
- Duas pitadas de cada

Depois de pronto, tiram-se os dentes de cravo e deita-se:
Tintura de cantárida..Duas gotas

Se o indivíduo pedir ou quiser alguma coisa para comer, deve dar-lhe de preferência pão-de-ló.
    Se a mulher não tiver muita pressa de prender o

homem, basta o chocolate com o cravo, baunilha e canela. O chocolate pode ser substituído pelo café, porém nesse caso prepara-se o café, com erva-doce, e junta-se simplesmente uma gota de tintura de cantárida.

Não ocultaremos ao leitor que o indivíduo logo desconfia que o querem enfeitiçar.

Se a mulher recear que o homem lhe escape, e deseja conservá-lo apaixonado por muito tempo, repetirá o primeiro medicamento de quinze em quinze dias, e nos intervalos convidando-o para almoçar ou cear, deve dar-lhe:

Ao almoço uma fritada ou omelete preparada da seguinte maneira: batam-se os ovos bem batidos; depois lançando-os do alto da espinha nua, deixam-se escorregar pela sua extensão, indo em seguida pegando embaixo, onde acaba a espinha.

Faz-se depois a fritada, e põe-se na mesa, ainda quente. No jantar, pisando e picando a carne para almôndegas, deitam-se os ovos batidos, e depois, antes de levar os bolos ao fogo, passam-se um a um no corpo suado, peito, costas e barriga, fazendo-os demorar um pequeno espaço de tempo debaixo dos sovacos.

O café que lhe der ao almoço e no fim do jantar será coado pela fralda de camisa da própria mulher; essa camisa deve ter dormido com ela pelo menos duas noites.

Garantimos que esta receita tem concorrido para a felicidade de muitas mulheres.

RECEITA PARA APRESSAR CASAMENTOS

Pega-se num sapo preto e ata-se em volta da barriga qualquer objeto do namorado ou da namorada com duas fitas, uma escarlate e outra preta, mete-se depois o sapo na panela de barro e proferem-se estas palavras, com a boca na tampa:

"Fulano (o nome da pessoa), se amares a outro que não a mim, ou dirigires a outrem os teus pensamentos, ao diabo a quem consagrei a minha sorte, peço que te encerre no mundo das aflições, como acabo de aqui fechar este sapo e que de lá não saias senão para unir-te a mim, que te amo de todo o meu coração".

Proferidas estas palavras, tampa-se bem a panela, refrescando o sapo todos os dias com um pouco d'água; e no dia em que o casamento se ajustar, solte-se o bicho junto de algum charco; e com toda a cautela, porque se o maltratarem, o casamento por muito bom que tivesse de ser, tornar-se-á intolerável; será uma união desgraçada tanto para o marido como para a mulher.

TRABALHO DO VIDRO ENCANTADO

Modo de preparar o vidro:

Preparai o vidro de pequeno tamanho, para se tornar mais cômodo a quem o trouxer na algibeira e colocai dentro os seguintes ingredientes:

- Espírito de sal de amoníaco.

- Pedra de ara.

- Alecrim.

- Funcho.

- Pedra mármore.

- Semente de feto.

- Semente de malva.

- Semente de mostarda.

- Sangue do dedo mindinho.

- Sangue do dedo polegar e dito do pé esquerdo.

- Uma raiz de cabelo da cabeça.

- Raspas das unhas dos pés e das unhas das mãos.

- Raspas de um osso de defunto; se for da caveira, melhor será.

Depois de estar preparado tudo o que aí fica dito, deitai-o dentro do vidro, de maneira que fique meio e não cheio. Todos os ingredientes devem ser na menor porção possível, para produzir melhor efeito.

Depois que o vidro estiver pronto, dizer as palavras a seguir mencionadas:

"Tu vidro sagrado, que pela minha própria mão foste preparado, o meu sangue em ti está preso e amarrado á raiz do cabelo e dentro de ti foi derramado. Toda a pessoa que

por ti for tocada, comigo há de ficar encantada. A . N. R. V. Ignoratus vos assignaturum meo."

O dito vidro não só tem poder de encantar, como também tem poder para fazer o mal, tudo depende do pensamento da pessoa que o dá a cheirar, se for para o bem sucede-lhe o bem e se for para o mal, sucede-lhe o mal.

MAGIA DA AGULHA PASSADA TRÊS VEZES POR UM CADÁVER

É muito simples esta magia (São Cipriano na sua obra, assim o diz). Assevera que foi descoberta por um demônio ou espírito pitônico do século XII.

Enfiai uma linha feita de linho galego pelo fundo de uma agulha, depois passai a agulha três vezes por entre a pele de um defunto, dizendo as seguintes palavras:

"Fulano (diz-se o nome do defunto), esta agulha em teu corpo vou passar para que fique com força de encantar".

Depois de feita a dita operação, guardai a agulha e obrareis com ela as seguintes feitiçarias.

Quando passardes por uma rapariga e desejardes que vos siga basta só dar-lhe uma ponta de linha; seguir-vos a por toda a parte que quiserdes.

Quando tiverdes vontade que a dita menina vos não siga deveis tirar-lhe a ponta da linha que ficou pregada ao fato. É preciso muito segredo com esta magia para que vos não suceda como já me aconteceu, que estive passar mal por fazer a dita magia e ter declarado a maneira porque a fiz; por isso nunca se deve revelar a ninguém este segredo.

Quando desejardes que uma vossa namorada vos não deixe de amar e não ame outro, fazei da maneira seguinte: Pegai em um objeto da dita namorada ou namorado e dê três pontos em forma de cruz, dizendo as palavras seguintes:

Primeiro chamai pelo nome do defunto por quem passaste a agulha.

Segundo ponto: *"Fulano, quando Deus deixar de ser Deus, é que fulano me há de deixar"*.

Terceiro ponto: *"Fulano, enquanto esses pontos aqui estiverem dados e o teu corpo na sepultura, fulano não terá sossego, nem descanso enquanto não estiver na minha companhia"*.

Desta forma podeis enfeitiçar ou encantar todas as pessoas que vos parecer.

Asseveramos que existe este feitiço não só tem poder para fazer bem como também tem poder para fazer mal. Tudo vai do palavreado da pessoa, em lugar de se dizer:

"Quando este defunto falar é que tu, fulano, hás de viver e ter saúde"; e tudo mais assim.

MAGIA DA POMBA NEGRA ENCANTADA

Criai em casa uma pomba preta, não lhe dando mais nada a comer, senão semente de boiamento, e de beber água benta.

Depois que ela estiver criada, a ponto de poder voar, escrevei uma carta a qualquer pessoa, contando ou pedindo qualquer coisa.

Feita a operação, metei a carta no bico da pomba, defumai-a com incenso, mirra e assafétida, depois pondo o vosso pensamento na pessoa a quem quiserdes que a carta seja entregue, soltai a pomba.

Afirmamos, que a pomba vai levar a carta ao seu destino e tornar a voltar a casa, do seu dono; e que a pessoa que receber a carta, forçosamente há de fazer o que se pede nela.

Note-se que não se deve mandar a pomba se não desde às doze da manhã até as duas da tarde.

TRABALHO QUE SE FAZ COM CINCO PREGOS TIRADOS DE UM CAIXÃO DE DEFUNTO, QUANDO JÁ TENHA SAÍDO DA SEPULTURA

Entrai num cemitério e trazei de lá cinco pregos de caixão de defunto, mas sempre com o pensamento fixo no feitiço que ides fazer.

Depois, riscai sobre uma tábua um signo-salomão, onde deveis ter um sinal da pessoa que ides enfeitiçar; esse sinal deve ficar pregado sobre o dito signo-salomão.

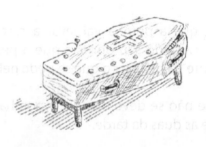

TRABALHO PARA LIGAR NAMORADOS OU NOIVOS

Entre em uma loja e peça uma vara de fita. Saia, e olhando para o céu, vá dizendo:

"Três estrelas no céu, vejo e a de Jesus quatro, e esta fita a minha perna ato, para que fulano não possa comer, nem beber, nem descansar, enquanto comigo não casar".

Isto deve dizer-se três vezes em seguida.

TRABALHO INFALÍVEL PARA CASAR

Esta oração deve dizer-se seis dias a seguir, vindo no último o namorado pedir a mão a sua querida:

"Fulano, São Manso te amanse, o manso cordeiro para que não possas beber, nem comer, nem descansar, enquanto não fores meu legítimo companheiro."

Se puder ser, pegue-se quando se disser isto, no retrato da pessoa em que se tem o pensamento.

MODO DE PEDIR AS ALMAS DO PURGATÓRIO PARA AS OBRIGAR A FAZER O QUE SE DESEJAR

Em uma sexta-feira, a meia-noite em ponto, deves ir a porta principal de uma igreja, e assim lá chegando, bater com três pancadas na porta, dizendo em voz alta estas palavras:

"Almas! Almas! Almas! Eu vos obrigo, da parte de Deus e da Santíssima Trindade que me acompanhes"!

Ditas estas palavras, daí três voltas em redor da igreja, mas não olheis para trás, porque disso pode resultar grande susto e ficardes tolhido da fala para sempre. Depois de dar as três voltas, rezai um Padre Nosso e uma Ave Maria e podeis ir embora.

Deveis fazer esse requerimento nove vezes e na última perguntar:

Que queres que vos faça?

E nessa ocasião podeis perdir-lhe tudo quanto quiserdes, porque elas tudo vos farão.

Tornamos a observar que nunca deveis olhar para trás e não deveis assustar-vos com coisa alguma, porque do contrário não pode produzir bom efeito, a operação.

TRABALHO QUE SE FAZ COM UM MORCEGO PARA SE FAZER AMAR

Suponhamos que uma namorada deseja casar-se com seu namorado, isso com grande brevidade.

Faça-se da maneira seguinte:

Agarrai um morcego e passai-lhe pelos olhos uma agulha enfiada numa linha. Depois de feita essa operação, a agulha e a linha ficam com grande força de feitiço.

Modo de Enfeitiçar:

Pegai um objeto da pessoa que quiserdes enfeitiçar, e lhe dê cinco pontos cruz, dizendo as palavras seguintes:

"Fulano ou fulana eu te enfeitiço pelo poder de Maria Padilha, e de toda a sua família, para que não vejas sol, nem lua enquanto não casares comigo, isto pelo poder da mágica feiticeira da meia idade."

Se por acaso já não quiser casar com a pessoa a quem enfeitiçardes, deveis queimar o objeto em que se fez o feitiço.

OUTRO TRABALHO COM MORCEGO

Matai um morcego e uma morcega, de maneira que se lhes aproveite o sangue; depois juntai o sangue de um e de outro misturai-lhes um pouco de espírito de sal amoníaco e tudo isso em um vidro de decilitro, o qual deveis trazer sempre na algibeira.

Quando desejardes encantar uma menina, ou uma menina encantar o seu amante, basta só dar-lhes o vidro a cheirar.

Por essa forma fica a pessoa que cheirou o vidro encantada, que nunca mais a pode deixar.

TRABALHO QUE SE PODE FAZER COM MALVAS COLHIDAS EM UM CEMITÉRIO OU NO ADRO DE UMA IGREJA

Colhei três pés de malva, levai-os para casa e metei-vos debaixo do colchão da cama, dizendo todos os dias ao deitar:

"Fulano, (dá-se o nome da pessoa a quem se quer enfeitiçar), assim como estas malvas foram colhidas no cemitério e debaixo de mim estão metidas, assim fulano a mim esteja preso e amarrado pelo poder de Lúcifer e da mágica liberal e só quando os corpos do cemitério ou da igreja de onde vieram estas malvas falarem é que me hás de deixar."

As palavras que aqui ficam mencionadas devem ser repetidas por espaço de nove dias, a seguir para produzirem ótimo efeito.

TRABALHO MARAVILHOSO DAS BATATAS GRELHADAS POSTAS AO RELENTO

Quando uma senhora desconfiar que seu marido ou amante anda perdido por maus caminhos, com mulheres e queira desviá-los disso, não deve fazer mais do que o seguinte:

Pega em seis batatas, que tenham pelo menos quatro grelos cada uma e depois de se benzer com elas uma por uma, coloca-se em um tacho vidrado que ainda não servisse, cobre-se bem com água benta e deita-lhe em cima um fio de azeite virgem, dizendo:

"Satanás, pela virgindade deste azeite, requeiro ao teu grande poder que o meu homem torne a antiga virgindade comigo."

Põe depois o tacho ao relento, por espaço de três noites, e havendo luar, mais poder poderá ter este trabalho.

Passadas as três noites, cozerá as batatas, e guizando-as com um borracho virgem, dá-las-a a comer ao marido ou amante, com bróculos, e os grelos bastante apimentados.

Quando se for deitar, introduzirá dentro da bota do enfeitiçado a cabeça do pombo com a tripa da evacuação metida no bico.

Este trabalho, vem no livro III de Abraão Zacutto, judeu que praticou bruxarias admiráveis no século XV.

5ª PARTE

MAGIA NEGRA

RITUAIS DE ÓDIO E VINGANÇA

Poderosos rituais de magia negra e alta magia: Rituais de maldição e detruição dos inimigos.

RITUAL DE MALDIÇÃO

Fazer o ritual a meia-noite. Do que precisa:

- Uma fotografia da pessoa a amaldiçoar se não a conseguir visualizar (por exemplo, não a vê faz certo tempo)

Preparação:
Vista-se inteiramente de negro.
Desenhe simbolicamente o cÍrculo mágico e sente-se no meio.

Ritual:
Pense fortemente na pessoa que você deseja amaldiçoar ou segure a fotografia dela em sua mão, concentrando-se na mesma. Deixe vir para fora os sentimentos que levam você a querer fazer-lhe este feitiço, e o que você quer que lhe aconteça. Em seguida, diga a seguinte oração em voz alta:

"Asmodeu, Grande Asmodeu,
Tu que mandas na ira e na luxuria,
Dai-me a força de canalizar a minha fúria,
Para a pessoa que te aponto com o meu dedo indicador,
Que o meu ódio para ela se transforme em dor,
Esta é a minha vontade.
Que a minha vontade seja feita!
Assim seja."

Visualize o seu ódio a subir por si acima, sinta a sua energia Inspire profundamente, e expire apontando o seu indicador na direção de pessoa que você vizualizou, ou em direção da fotografia que tem na mão, e pense em todos os tormentos e padecimentos que quer que lhe aconteça. Agradeça , desfaça e saia do círculo mágico.

RITUAL DE VINGANÇA
"O PACTO DE VINGANÇA".

Ritual de magia negra para fazer sofrer os seus inimigos.

Acessórios:

- 1 folha de papiro virgem;
- tinta preta;
- 1 incenso;
- 1 vela negra;
- 1 faca cortante;
- 1 caixa.

Ritual:

Feitiço a realizar á meia noite, numa noite de lua cheia. Acenda a vela e queime o incenso.

Em seguida, escreva a preto na folha de papiro, o nome da pessoa de quem você se quer vingar. Com a faca, dê um pequeno corte na sua mão esquerda, e deixe escorrer o seu sangue sobre a folha de papiro.

Em seguida diga em voz alta:

"Lúcifer, Príncipe das Trevas, peço-te que sejas a mão que me vinga, e ofereço-te o meu sangue para que a minha vingança se cumpra."

Deixe consumir totalmente a vela e o incenso.

Guarde o papiro na caixa, em local seguro.

MAGIA NEGRA
RITUAL DE VINGANÇA II

Para assombrar os sonhos de alguém.

Acessórios:

- 1 vela negra;
- Apenas algumas gotas do seu sangue;
- 1 tacinha preta ou de vidro transparente.

Ritual:

As gotas do seu sangue têm em vista identificá-lo perante os espíritos vingadores que vai invocar, afim de saberem quem vão ajudar.

Fazer este ritual noite adentro. Acenda a vela negra, que deverá deixar consumir até ao fim.

Em frente a vela, coloque a tacinha, e deixe pingar para dentro da mesma, umas gotas do seu sangue.

Diga 3 vezes o seguinte encantamento:

"Nesta hora e nesta noite,
Eu (diga seu nome completo),
Faço apelo aos Espíritos Vingadores,
Que, pelo sangue derramado,
Eu possa assombrar os sonhos de (F...),
Para todo o sempre.
Que assim seja."

Não se esqueça de agradecer aos espírito.

RITUAL PARA CAUSAR SOFRIMENTO AOS INIMIGOS - I

Ritual de alta magia negra, que visa causar um terrivel sofrimento a pessoa destinatária do feitiço, até ás últimas consequências.

Este ritual de ódio é muito perigoso, pois é muito poderoso. Este ritual implica atos profanos, pois utiliza raminhos de alecrim benzidos.

Precisará de:

- Um bocado de toucinho gordo, com cerca de 10 cm;
- Uma caixa de agulhas novas;
- 2 raminhos de alecrim, que foram benzidos no domingo de ramos.
- 1 fio negro.

Para fazer este ritual, escolha um sábado de manhã, entre a lua minguante e a lua nova.

Faça o ritual em jejum. Vista-se de negro. Pegue no toucinho e pense fortemente na pessoa visada pelo feitiço e vizualize todo o mal que lhe deseja.

Espete no toucinho, ao acaso e sem contar, um grande número de agulhas no bocado te toucinho, sentindo todo o ódio que tem por aquela pessoa.

Diga ao mesmo tempo:

1) Contra (nome da pessoa...) filho/ filha de
(fulana... nome da mãe dessa pessoa), uma vez,
"Vasis Atatlos Vesul Eterenus Verbo San Herbo Dibolia Herbonos"

2) Contra (nome da pessoa...) filho/ filha de
(fulana... nome da mãe dessa pessoa), duas vezes,
"Vasis Atatlos Vesul Eterenus Verbo San Herbo Dibolia Herbonos".

3) Contra (nome da pessoa...) filho/ filha de
(fulana... nome da mãe dessa pessoa), três vezes,
"Vasis Atatlos Vesul Eterenus Verbo San Herbo Dibolia Herbonos".

Ao mesmo tempo que está a dizer esta fórmula e que está a espetar as agulhas, imagine todo o mal que deseja á pessoa.

Em seguida, ponha em cruz os raminhos de alecrim benzidos, em cima do toucinho, e amarre tudo, em cruz, com o fio negro. Faça 4 nós.

Pegue no seu feitiço na sua mão direita e enterre-o em terreno não cultivado. Nunca volte a esse sítio para desenterrar o seu "embrulho". Caso contrário o feitiço pode voltar-se contra si. Por isso, antes de fazer esta bruxaria, pense bem! Não há volta...

O efeito desta bruxaria de ódio começará a fazer-se sentir nos 21 dias seguintes.

Nota: Asmodeu ou Asmodeus ou Asmodeo:

"Criatura do julgamento", "o destruidor", é um demônio maligno, da ira e da luxúria, dos mais antigos, que não perde muito tempo com conversas ou diálogos.

É um demônio bíblico, foi ele quem matou os 7 maridos de Sara, filha de Raquel, no próprio dia do casamento. Do hebreu Asmoday ou Acheneday, é o demônio chefe de Shedin, classe de demônios com garras de galo.

Na demonologia, é representado com três cabeças: uma de touro, uma de homem com hálito de fogo e uma de carneiro. É o super-intendente das classes de jogos na corte infernal.

RITUAL PARA CAUSAR SOFRIMENTO AOS INIMIGOS - II

Este ritual é chamado de *"Ritual da serpente"*

Acessórios:

- 3 velas pretas;
- Incenso sangue de dragão;
- 1 folha de papel branca;
- 1 caneta tinta preta;
- 1 agulha esterilizada.

Ritual:

Ritual a efectuar numa noite sem lua. Acenda as velas e coloque-as a frente da folha de papel. Queime o incenso.

Desenhe a forma de uma serpente na folha de papel, e nos 4 quantos da folha desenhe espadas cujas as pontas fiquem a apontar para o exterior da folha.

Passe a folha pelo fuma do incenso e diga:

*"Pelo poder da espada,
Pelo poder da serpente,
Que os meus inimigos sejam desfeitos,
Que os meus inimigos sejam aniquilados,
Que o meu poder aumente."*

Em seguida escreva o nome do(s) seu(s) inimigo(s) nos 4 quantos da folha, debaixo das espadas, e passe de novo a folha pelo fumo do incenso, e diga:

*"Grande serpente mágica,
Envolve os meus inimigos nos teus poderosos anéis,
Que eles sejam pulverizados e não me possam preju dicar,
Que as espadas os trespassem, os façam sofrer e recuar,
Que eles não me possam mais prejudicar."*
Queime a folha e espalhe as cinzas á entrada de sua casa.

RITUAL PARA CAUSAR SOFRIMENTO AOS INIMIGOS - I I I

Acessórios:

- 1 coração de frango;
- 1 caixa de alfinetes de aço;
- 1 fotografia da pessoa;
- 1 prego de ferro:
- 1 saquinho de seda natural de cor vermelho sangue.

Ritual:

Este ritual deve ser feito uma terça-feira entre a lua nova e a lua cheia, seja entre as 7h e 8h da manhã, seja entre as 14h e as 15h.

No dia escolhido para realizar o ritual, ponha o coração do frango num prato, e espete nele todos os alfinetes, um por um. A cada alfinete que espetar lance um malefício diferente para cima da pessoa a quem está a embruxar.

Pegue no prego e transperce o coração de par em par, e diga:

"Que este prego te segure á vida por muito e muito tempo,
E que de nenhuma prova sejas poupada"

Pegue na fotografia e ponha-lhe o coração em cima. Quando o coração estiver completamente seco (11 dias), conserve-o no saco de seda, em local escuro e apenas de si conhecido. Não o retire de lá nunca mais.

Os efeitos do feitiço começarão a fazer-se sentir passados 21 dias após o ritual.

RITUAL PARA CAUSAR SOFRIMENTO AOS INIMIGOS - IV

Este ritual chama-se: *"3 noites de redenção"*.
Acessórios:

- 1 vela negra;
- 1 fotografia da pessoa que lhe quer mal.

Ritual:

Este ritual tem por efeito infligir a pessoa em questão toda a dor que ela lhe desejou, seja dor física, seja dor moral, durante um período de 3 dias. Depois desses 3 dias, tudo voltará ao normal.

Pegue na vela negra e coloque-a sobre a fotografia.

Se não tiver fotografia, então escreva o nome da pessoa e sua data de nascimento numa folha de papiro virgem.

Disponha a vela sobre a fotografia ou a folha de papiro, numa posição um pouco inclinada de forma a que, quando ela arder a cera caia em cima da fotografia. Visualize as feridas de queimadela da cera ardente no corpo do seu inimigo.

Ao mesmo tempo em que fizer tudo isto, diga 3 vezes:

"Por este encantamento de vela e cera,
Que seja durante 3 noites levado a F...,
todo o mal que me deseja.
Vela negra, vela negra como a noite,
Levai a F... as dores que me deseja,
Que assim seja.
Levai a F... lesões na pele e na mente,
Lesões a toda a parte em que me quis mal.
F... lanço para cima de ti a lei do karma,
E por 3 vezes receberás, o teu proprio ódio e o teu mal!
Que assim seja."

Depois de ter reenviado o mal para cima de quem lho enviou, deixe o lugar onde realizou o ritual, e deixe a vela a arder.

Quando as 3 noites tiverem passado, volte ao local onde fez o ritual, rasgue a fotografia e queime-a, dizendo:

"Três noites se passaram,
O teu karma já passou que chegue.
Dissolvo o teu próprio mal neste mesmo instante,
Que te sirva de lição de hoje em diante."

Concluir o ritual e sair, não olhando para trás.

RITUAL DE VINGANÇA
COM RETORNO - I

Este feitiço é chamado de: *"o toque de Lúcifer"*

Acessórios:
- 3 velas negras

Ritual:

Acenda as 3 velas pretas á meia-noite, e repita 3 vezes o encantamento que segue:

"Invoco a poderosa luz de Lúcifer,
Espíritos, elementos, escutem-me,
Os meus pensamentos ecoam no universo,
Indicam agora o inimigo que não gosta de mim.
Que este golpe violento o quebre e enfraqueça,
Das profundidades da noite, do mais fundo do abismo,
Tudo é devolvido e retornado para cima de meu inimigo,
Vossa obscuridade invada a mente do meu inimigo,
Lúcifer, estrela da manhã, estrela brilhante,
Toca o meu inimigo neste mesmo instante,
Que o meu inimigo seja invadido com o seu próprio mal,
Pela lei do justo retorno.
Assim seja."

Durante todo o tempo do ritual, visualize a energia negativa que a outra pessoa lhe lançou, a sair de si, e voltar para ela. Veja este ritual como um justo retorno.

Quando o ritual estiver concluído, deixe queimar as velas até ao fim, mas as sobras que ficarem, enterre-as em local onde você não passe por perto.

RITUAL DE VINGANÇA
COM RETORNO - I I

Acessórios:

- Ossos de galinha

Ritual:

Arranje ossos de galinha e faça-os secar ao sol durante alguns dias. Quando tiverem tido tempo de secar e você estiver preparado, concentre-se na pessoa que o prejudicou, segurando os ossos com toda a sua força na sua mão esquerda. Pense em todo o mal que ela lhe fez, e afaste essa energia negativa dizendo 3 vezes o seguinte:

"Invoco os Grandes Antigos do grande abismo,
Para agir no karma de F... (dizer o nome da pessoa),
Invoco Cthulhu, Deus do abismo aquático, Senhor dos sonhos.
Ossos do mal, ossos de F..., sente a tua própria dor,
A tua cólera recai sobre ti, os teus ossos ressentem a tua própria fúria,
O teu mal a ti regressa, pela lei do karma.
Assim seja."

Após, coloque os ossos num saco e vá ao sitio onde mora a pessoa em questão. Uma vez aí chegado, despeje os ossos e o pó dos mesmos na propriedade da pessoa sua inimiga, e em volta de sua casa.

152

RITUAL DE MAGIA NEGRA PARA FABRICAR "A GARRAFINHA DOS DEMÔNIOS"

Quanto a garrafinha dos demônios :

É uma garrafa que conterá os seus desejos, mesmo os mais secretos, e que você colocará sob a diligência de 3 demônios, para que eles o/a ajudem realizá-los (veja as notas no final).

Ingredientes:

- 3 velas negras;
- Incenso de sangue de dragão;
- 1 garrafinha de vidro escuro;
- 28 ml de álcool;
- Algumas folhas de papiro virgem (se não encontrar use folha de papel normal);
- Tinta mágica vermelha (ou, se não arranjar, use uma caneta de tinta vermelha);
- Uma pitada de raiz de mandrágora.

Ritual:

Este ritual deverá ser feito numa noite sem lua. Acenda as velas e o incenso, e diga o seguinte :

Demônios da noite,
Neste momento aqui vos invoco.
Vede os meus pedidos.

Escreva nas folhas de papiro, com a tinta vermelha, todos os seus desejos, sendo que, escreverá um desejo por cada folha de papiro. Coloque então as folhas dentro da garrafa. Pique então o seu dedo com uma agulha esterilizada, e deixe pingar para dentro da garrafa, 3 gotas do seu sangue, e diga :

Demônios da noite,
Recebei a minha energia,
para concretizar os meus pedidos.

Passe o álcool para dentro da garrafa, e diga :

Demônios da noite aqui presentes,
Faço-vos esta oferenda,
Vinde prová-la.

Espere uns momentos, mas logo que as folhas de papiro parem de mexer, deverá imediatamente colocar dentro da garrafa a raiz de mandrágora. Se não o fizer rápidamente, eles não vão ficar á sua espera... e diga o seguinte :

Pelo poder desta garrafa,
Estais ao meu serviço,
Pelo tempo necessário á concretização dos meus desejos,
Realizem-nos, e sereis libertados.
Assim seja.

Feche a garrafa com cuidado, lacre-a com a cera da vela. Guarde-a em local seguro e não dê conhecimento a ninguém.

Quando os seus desejos se tiverem cumprido, liberte as entidades da garrafa e não se esqueça de lhes agradecer.

Notas Acerca do ritual:

Não se esqueça que a eficácia do ritual depende também da qualidade do material utilizado, e da sua fé e respeito no que está a fazer. Um ritual feito na "brincadeira", para ver como é que a coisa se desenrola, pode é desenrolar mal para o seu lado.

Acerca das garrafinhas mágicas:

Apesar de o comum das pessoa ter perdido a noção da existência de feitiços através das garrafinhas mágicas, estas no entanto sempre continuaram a ser usadas por quem nestes assuntos é entendido, pois são muito eficázes. Permitem preservar a energia do feitiço por um longo período.

O uso das garrafinhas mágicas foi muito difundido em épocas mais remotas. As bruxas e os bruxos usavam garrafas ou outros recipientes em terra cozida.

As garrafinhas mágicas tanto podem ser usadas em magia branca, como em magia negra, tudo depende do feitiço que se quer realizar, da sua finalidade.

Na magia branca as garrafinhas mágicas servem esencialmente a atrair a sorte, a atrair dinheiro e prosperidade, livrar-se de maleficios, proteger a casa.

As garrafinhas mágicas usadas na magia negra, por norma têm sempre uma invocação que é dirigida a um demônio, e tem em vista o interesse exclusivo de quem as faz, ou as encomenda.

As garrafinhas têm sempre de ser postas em contato ou com a pessoa ou com o local a que se destina.

Para realizar estes rituais será sempre necessário ou uma

garrafa de vidro com uma rolha de rosca, ou com uma rolha de cortiça, que será lacrada com a cera negra (ou com a que for indicada no feitiço.)

Lave a garrafinha e deixe secar bem, após o que deverá enchê-la a com o óleo base.

Se fizer por si mesmo os rituais, siga as instruções, sendo que no fim a garrafinha deverá ficar bem fechada. Agite para que os óleos se misturem bem, e veja como deve ser usada.

RITUAL DE MAGIA NEGRA
PARA CRIAR UMA PEDRA MALÉFICA

Ingredientes:

- 1 pedra de lua, que será oferecida de presente a pessoa que você quer prejudicar;
- 1 vela amarela;
- 1 pauzinho de incenso de sândalo;

Ritual:

Ritual a realizar numa noite sem lua.
Acenda a vela e o incenso.

Pegue a pedra nas suas mãos, e passe-a por cima da fumaça do incenso. Levante-a em direção ao céu e diga em voz alta o seguinte feitiço:

"Poderosa e magnifica Lilith,
Que reinas sobre a noite,
E o mundo subterrâneo,
Verte o teu poder nesta pedra,
Preenche-a com malícia,
Com tormento e preocupação,
Com luxúria e tentação,
Para que eu a possa usar,
Sem o seu poder acabar,
Afim de F… eu prejudicar.
Que assim seja feito."

Deixe queimar a vela e o incenso por inteiro. Dê esta pedra a uma pessoa de que você não gosta, afim que lhe aconteçam desgraças e infelicidades.

INVOCAÇÃO DE SATÃ, CONJURO DE SATANÁS, APELO AO DIABO

Esta é uma oração de Magia negra.

Através desta oração e em ritual de magia negra, pode-se proceder a invocação de Satanás, ao conjuro de Satã, ao apelo do Diabo.

Para feitiços de magia negra, esta oração costuma ser imprescindível.

In nomine Dei nostri Satanas Luciferi excelsi!
Em nome de SATAN, o soberano da terra, o rei do mundo,
Eu comando as forcas das trevas para conferir o seu poder
Infernal sobre mim!
Abram totalmente os portões do Inferno e venham adiante
Do abismo para me saudar como seu irmão (irmã) e amigo!
Concedam-me as indulgências de que falo!
Eu aceitei o seu nome como parte de mim!
Eu vivo como o animal do campo, exultando na vida da matéria!
Eu favoreço o justo e amaldiçôo o corrupto!
Por todos os deuses do Inferno, eu ordeno que todas estas
Coisas de que falo venham a se realizar!
Venham adiante e respondam seus nomes pela
Manifestação dos meus desejos!

OH! ESCUTEM OS NOMES!
OH! ESCUTEM OS NOMES!
OS NOMES INFERNAIS

Abaddon Adramelech Ahpuch Ahriman Amon Apollyn Asmodeus Astaroth Azazel Baalberith Balaam Baphomet Bast Beelzebub Behemoth Beherit Bilé Chemosh Cimeries Coyote Dagon Damballa Demogorgon Diabolus Dracula Emma-O Euronymous Fenriz Gorgo Haborym Hecate Ishtar Kali Lilith Loki Mammon Mania Mantus Marduk Mastema Melek Taus Mephistopheles Metzli Mictian Midgard Milcom Moloch Mormo Naamah Nergal Nihasa Nija O-Yama Pan Pluto Preserpine Pwcca Rimmon Sabazios Sammael Samnu Sedit Sekhmet Set Shaitan Shamad Shiva Supay T'an-mo Tchort Tezcatlipoca Thamuz Thoth Tunrida Typhon Yaotzin Yen-lo-Wang.

SATÃ

Orações e litanias:

Em 1865, todos os sábados à noite, no Templo Luciferiano de Charleston, celebravam-se as missas negras. Onde se cantavam os Hinos e Litanias a começar pela Oração a Satã:

ORAÇÃO A SATÃ

Oh Satã, tu que é a sombra de Deus e de nós mesmos, digo estas palavras de agonia para tua glória. Tu és a dúvida e a revolta, sofisma e a impotência, tu vives novamente em nós, como nos séculos atribulados quando reinaste, manchado de sangue das torturas como um mártir obsceno no teu trono das trevas, brandindo em tua mão esquerda o ceptro abominável de um símbolo fálico. Hoje teus filhos degenerados estão espalhados e celebram teu culto nos seus esconderijos. Teus pontífices tradicionais são como pastores cegos, viciados, infames, mágicos presunçosos, envenenadores e párias. Mas teu povo cresceu e, Satã tu podes te orgulhar da multidão de teus fiéis, tão pérfidos como tu desejaste. Este mundo que te nega, tu habitas nele, tu chafurdas nele em rosas mortas de um monte de lixo cediço e mal cheiroso. Tu ganhaste, ó Satã, embora anónimo e obscuro, por mais alguns anos ainda; mas o século por vir irá proclamar tua vingança. Tu renascerás no anti-cristo. A ciência dos mistérios subitamente fez jorrar uma onda negra para saciar a sede dos curiosos e ansiosos; homens e mulheres jovens viram-se reflectidos nestas ondas que intoxica e enlouquece. Ó fascinante Satã! Arranquei tua máscara de gula voluptuosa e me perdi de amor ante tua face coberta de lágrimas, bela como o rancor e malogrado. Ó hediondo Satã! Descobri tua ignomínia para revelar tua ociosidade. Se teu tormento involuntário parece nobre e infinito é iluminado pela honra de se tornar uma redenção.

Ó Bode Expiatório do mundo, teu coração que bate qual de um homem ocioso que aspira o abismo imenso e final - tu soltas os suspiros de um Messias, mas tu corrompes e degradas como se fosse uma danação. Por seguinte, espalharei tua infâmia, e tua atracção, cantarei teu lamento infinito. Tua arte, último ideal do homem decaído; mas se as asas do querubim estão impregnadas do paraíso, se o seio da mulher goteja suave compaixão, tua barriga escamosa e tuas pernas de animal exudam ociosidade fedorenta, coragem negligente e consente nas mais vis baixezas. Ó sagrado herege Satã, símbolo degenerado do Universo, tu que conheces e sofres, tu pode vir a ser, de acordo com as palavras da Promessa Divina, o espírito reconciliador da expiação!

LITANIA A SATAN

Ó Tu, o mais sábio dos Anjos e o mais belo! Ó Deus traído pela sorte, não abandones teu anhelo! (*)
Príncipe do desterro, com quem o senhor foi injusto, activo sempre venceste, ergue-te mais robusto; (*)
Tu, oculto sabedor e rei das coisas subterrâneas, familiar curador das angústias momentâneas; (*)
Tu que até os leprosos e os malditos párias, dás o Paraíso nostalgia solitárias; (*)
Tu que da a morte, a tua velha e parca amante, suscitas a esperança, essa tão louca bacante; (*)
Tu que dá aos réus esse olhar sereno e abres a cena em volta do cadafalso que o povo condena; (*)
Tu que conheces as terras em cujas as fendas sinuosas o Deus zeloso oculta as pedras preciosas; (*)
Tu cujo o olhar penetra nos profundos arsenais onde dorme o sumptuoso povo dos metais; (*)
Tu cuja larga mão esconde terríveis precipícios, ao sonâmbulo errante, ao longo dos edifícios; (*)
Tu que magicamente aligeiras os ébrios charlatães, míseros

entes a quem, de noite, latem os cães; (*)
Tu que consolas o fraco quando, de chofre, nos ensinas a misturar salitre com enxofre; (*)
Tu que pões tua marca, ó cúmplice subtil! Sobre a dura fronte de Crésus torpe e vil; (*)
Tu que das às criaturas vagas fantasias, o culto aos farrapos e o amor as agonias; (*)
Bastão dos exilados, lâmpada dos inventores, confessor dos réus e dos conspiradores; (*)
Pai aditivo dos filhos que a cólera de Adonay do Paraíso terrestre os arranjou Deus Pai! (*)

(*) Se recita "Satã, apieda-te de minha grande miséria!"

PRECE A SATAN

Gloria e louvor a Ti, Satã, nas alturas do céu onde reinas, e nas negruras do Inferno onde vencido espalha clemência! Faz que minha alma um dia, sob a árvore da ciência ao teu lado repouse sobre tua plácida fronte como num templo novo resplandeces, ó Demophoonte!

LITANIA NEGRA

Lúcifer, miserere nobis.
Belzebuth, miserere nobis.
Leviathan, miserere nobis.
Bael, príncipe dos Seraphins, ora pro nobis.
Belfegor, príncipe dos Querubins, ora pro nobis.
Astaroth, príncipe dos Tronos, ora pro nobis.
Asmodeu, príncipe das Dominações, ora pro nobis.
Anduscias, príncipe das Postestades, ora pro nobis.
Belial, príncipe das Virtudes, ora pro nobis.

Perriel, príncipe dos Principados, ora pro nobis.
Eurinomo, príncipe dos Arcanjos, ora pro nobis.
Juniel, príncipe dos Anjos, ora pro nobis.

Hail Satã!

LITANIA FINAL

Em nome de Satã, Senhor das trevas, Espírito do Mal -
Amém.
Satã esteja convosco - Amém.
E com seu espírito - Amém.
Satã, ajudai-nos.
Rei da luxúria, ajudai-nos.
Príncipe das fornicações, ajudai-nos.
Pai do incesto, ajudai-nos.
Satã, que fazeis com que os homens se destruam como
feras, ajudai-nos.
Serpente do Génesis, ajudai-nos.
Satã, que armastes os braços de Caim, ajudai-nos.
Satã, que adormecestes a Noé, ajudai-nos.
Ânfora de peçonha, ajudai-nos.
Protector dos ladrões e assassinos, amparai-nos.
Mestre das ciências Malditas, velai por nós.
Príncipe imenso dos espaços infinitos, matéria e espírito,
razão e força, nós vos adoramos.
Satã esteja connosco - Amém.
E com seu espírito - Amém.

Antigo Livro de São Cipriano o Gigante e Veradeiro Capa de Aço | *N.A.Molina*

PACTO COM LÚCIFER

Existem vários rituais, afim de fazer um Pacto com Lúcifer. Este ritual que segue foi criado pela "Brotherhood of Satan", uma irmandade satânica dos Estados Unidos.

PREPARAÇÃO PARA O RITUAL:

O ritual deve ser realizado numa noite de Lua Cheia.

Planeje o pacto 1 semana antes do dia de o mesmo ser realizado. Não consuma drogas e bebidas alcóolicas 3 dias antes do ritual.

Não pratique sexo ou masturbação 3 dias antes do ritual.

Escolha uma veste totalmente negra para o ritual e lave-a 1 dia antes do ritual. No dia do ritual limpe o lugar onde o mesmo será realizado.

Faça algum ritual de purificação de corpo e alma da sua escolha, pode ser até um banho de sal grosso (para retirar toda a negatividade).

MATERIAIS:

Todos os materiais indicados deverão ser virgens, ou seja, nunca antes usados.

- 3 velas (branca, negra, vermelha);
- 1 folha de pergaminho;
- 1 caneta "pena" para escrever,
- 1 agulha virgem;
- 2 incensos de sândalo;
- 1 imagem pentagrama invertido;
- 1 copo ou taça cheia com vinho tinto;
- 1 caneta normal cor preta ;
- 1 sino;
- 1 prato raso que suporte fogo.

PREPARAÇÃO DE UM PEQUENO ALTAR:

Tem que ser um lugar à sua altura, e não no chão. Pode ser uma mesa. No altar coloque a imagem do pentagrama no centro "em pé" ou coloque na parede em direção ao altar, ou pode colocá-lo debaixo do prato.

Em seguida coloque as três velas. A branca do lado esquerdo, a negra ao centro, e a vermelha no lado direito do altar. As velas deverão formar um triângulo ao centro da mesa. Os incensos deverão ser colocados um de cada lado, ou seja um no lado esquerdo logo acima da vela, e o outro do lado direito. O prato deve ser colocado no centro da mesa, no meio das velas e incensos. O copo ou taça deve ser colocado, no lado direito da mesa, ao lado do prato. Não coloque nada dentro desse prato, porque ele será usado para colocar o pergaminho em chamas.

Você deve estudar as invocações antes do ritual ser feito, para as decorar mais ou menos, para não errar no momento do ritual. Tudo deve ser feito corretamente. O lugar do ritual deve ser um lugar tranquilo em que não haja barulho nenhum, para você não ser perturbado durante o ritual. A concentração na hora do ritual é fundamental, e nada pode atrapalhar.

PASSOS PARA O RITUAL:

1º- Invocação a Lúcifer;
2º- A renuncia e proclamação;
3º- A Oração "Pai Nosso" invertida (blasfémia);
4º- Pacto;
5º- Invocação da Queima do Pacto;
6º- Encerramento do Ritual

Agora prepare-se para o ritual, tenha a certeza de que é o que você realmente deseja fazer, depois de feito o pacto não poderá voltar atrás. Esteja preparado e consciente do que está a fazer.

Coloque as suas vestes negras e concentre-se no objetivo.

- Coloque o vinho tinto no cálice;
- Acenda as velas;
- Acenda os incensos;
- Pegue no sino

TOQUE O SINO 9 VEZES E DIGA A SEGUINTE INVOCAÇÃO:

Invocação:

"Renich Tasa Uberaca Biasa Icar Lucifer (repita 3 vezes seguidas)
Ao leste Eu chamo, e no ar da iluminação.
Eu (nome completo),
Invoco o teu nome e o teu poder.
Oh, Imperador do Inferno.
Mestre de todos os Espíritos Rebeldes.
Lúcifer, eu te invoco,
Lúcifer, esteja aqui presente.
Venha a mim, Senhor Lúcifer, manifeste-se,
Dentro deste corpo, dentro deste Templo que eu
Preparei.
Venha a mim, Senhor Lúcifer, manifeste-se.
Estou aqui para pedir a sua ajuda.
Venha a mim, Senhor Lúcifer, manifeste-se.
Abra os Portões do Inferno para que eu possa entrar e
Poder tornar-me como você.
Abra o Portão Senhor Lúcifer para que eu possa entrar.
Venha a mim, Senhor Lúcifer, manifeste-se.
Desejo realizar um Pacto.
Venha a mim, Senhor Lúcifer, manifeste-se.
Lúcifer eu invoco o Teu nome.
Renich Tasa Uberaca Biasa Içar Lúcifer (repita 3 vezes).
Invoco a presença dos mestres Satan, Leviathan, Belial,
Astaroth, Azazel, Baal-Beryth, Beelzebu, Abbadon,
Asmodeus, Verrine e Flereous para testemunhar
Este pacto.
Nas vocare tu Lúcifer,
Parcepts es hic rictus.

Salve Lúcifer, Senhor do Mundo."

Tome 1 gole do cálice.

Concentre-se 30 segundos e avance para o próximo passo.

RENÚNCIA E PROCLAMAÇÃO

Repita-a 3 vezes:

**"Eu (nome completo) na presença do Senhor Lúcifer,
Renuncio a Santa Trindade,
Renuncio a Deus,
Renuncio a Jesus Cristo,
Nego Jesus Cristo o enganador.
Renuncio o Espírito Santo.
Renuncio os Anjos e Arcanjos,
Nego a Deus o criador da terra e do céu.
Renuncio a Sagrada Igreja Católica e Cristã.**

Renuncio a tudo que é sagrado e tudo que é bom.
Renuncio a todos os Deuses.
Proclamo que Lúcifer é Senhor deste Mundo.
Proclamo que Lúcifer é o único Deus da Terra.
Proclamo que Lúcifer é meu Mestre."

Tome 1 gole do cálice.
Concentre-se 30 segundos e avance para o próximo passo.

A BLASFÊMIA

Repita 3 vezes o Pai Nosso invertido.

Este é o pai nosso invertido na versão americana:

"Nema! Livee morf su revilled tub
Noishaytpmet ootni ton suh deel
Suh tshaiga sapsert that yeth
Vigrawf eu za sesapsert rua suh vigrawf
Derb ilaid rua yed sith suh vig
Neveh ni si za thre ni
Nud eeb liw eyth
Muck mod-ngik eyth
Main eyth eeb dwohlah
Neveh ni tra chioo
Rertharf rua!"

Tome 1 gole do cálice.

Concentre-se 30 segundos e avance para o próximo passo.

O PACTO

Pegue na caneta preta e no pergaminho.

Você vai escrever o pacto no pergaminho, depois de escrever o pacto, pegue na agulha virgem e fure o seu dedo polegar da sua mão esquerda, com a caneta "pena", pegue desse sangue e assine no pergaminho logo abaixo do contrato. Logo após assinar o contrato queime o pergaminho na vela central do seu altar. E siga o aviso que está após o texto do contrato.

Texto do contrato:

"**Eu (nome completo).**
No nome de Lúcifer e pelo poder de Satan, Astaroth,
Beelzebu, Asmodeus, Abbadon, Azazel, Belial, Leviathan,
Baal-Beryth, Verrine, Flereous e todos os demónios do
inferno,
Faço este pacto contigo Senhor Lúcifer,
Entregando meu corpo,
Entregando minha mente,
Entregando minha alma,
Para o Senhor Lúcifer, Meu eterno Mestre.
Em troca lhe peço (coloque aqui o seu pedido)
Aceito suas leis e suas palavras, e tenho a total consciência
Que serei castigado com uma terrível morte se eu quebrar
Este pacto.
Se o senhor me der as coisas que eu desejo em sete anos, o
Senhor terá total domínio sobre a minha alma.
Prometo lealdade, nunca quebrarei esta aliança.
A minha carne é a sua carne.
Meu sangue é seu sangue.
Assim seja feito."

Assine o seu nome completo com o seu sangue.

Agora você vai queimar este pergaminho no fogo da vela que está no centro do altar (a vela negra). Mas antes de o queimar, você tem de fazer do jeito que manda o Aviso.

INVOCAÇÃO DA QUEIMA DO PACTO

Repita 3 vezes antes de queimar o pergaminho.
Repita 3 vezes enquanto o pergaminho estiver a queimar.
Repita 3 vezes depois do pergaminho acabar de queimar.

"**Eu (nome completo)**
Entrego meu corpo para Lúcifer,
Entrego minha mente para Lúcifer,
Entrego minha alma para Lúcifer,
A minha carne é sua carne.
Meu sangue é seu sangue."

Tome o resto do cálice e diga:
"Lúcifer aceite esta aliança, meu sacrifício."

PROCESSO DE ENCERRAMENTO DO RITUAL

Você faz a oração a Lúcifer e no fim toca o sino 9 vezes para encerrar.

ORAÇÃO A LÚCIFER:

"**Senhor Lúcifer,
Mestre do Mundo,
Senhor do Ar,
Mestre da Terra,
Lúcifer,
Agradeço pela sua gloriosa presença,
Esteja sempre comigo,
Obrigado por ter aceite este pacto,
Agradeço a presença dos mestres Satan, Astaroth,
Beelzebu, Asmodeus, Abbadon, Azazel, Belial, Leviathan,
Baal-Beryth, Verrine, Flereous,
Aqui encerro este ritual, feliz e satisfeito, Salve Lúcifer,
Amém.**"

Toque o sino 9 vezes.

Deixe as velas e os incensos queimarem até ao fim.

6ª PARTE

AMARRAÇÕES
E
MAGIAS DE AMOR

Amarração. O que é?

A amarração, é um processo místico que consiste num maldição lançada com a finalidade de unir duas pessoas, sexual ou amorosamente.

Uma amarração, pressupõem que em simultâneo se celebrem dois tipos de malefícios.

Por um lado, é realizado um trabalho de união dos caminhos de vida das duas pessoas que se deseja amarrar, ao passo que por outro lado, á pessoa amarrada são desviados os rumos de vida relativamente a quaisquer outras terceiras pessoas.

Que as bruxarias alteram o destino da vida de uma pessoa, já a Bíblia atesta no Livro de Ezequiel, onde assim podemos ler a propósito das bruxas:

> **Vos profanais-me por um punhado de cevada ou um**
> **pedaço de pão,**
> **destinando á morte quem não devia morrer**
> **e destinando á vida que não deveria viver (....)**
> **caçais gente como pássaros (....)**
> **As pessoas que vós aprisionaste como se fossem pássaros**

Ezequiel 13; 17-23.

Assim, se verifica que o profeta de Deus se queixa que as bruxas estão alterando os destinos daqueles afetados pelas bruxarias. Pois uma bruxaria de amarração, consiste precisamente numa maldição que caindo sobre a vida de uma pessoa, lhe altera o destino e remete os rumos de vida para junto da pessoa que encomendou a amarração.

Assim, está-se alterando o destino de uma pessoa, para que ela jamais encontre felicidade e descanso junto de outrem, senão com quem encomendou a amarração.

Trata-se um processo místico por via do qual se invocam espíritos que vão entrar e influenciar na vida de uma pessoa, de forma a levá-la a ficar com alguém que encomendou esse trabalho a troco de dinheiro.

Pela amarração, espíritos são invocados, espíritos são dirigidos a vida de uma pessoa. Esses espíritos farão cumprir uma maldição.

Maldição essa, que vai condenar uma pessoa a ter o seu caminho de vida cruzado ou apegado a um outra pessoa.

Isso significa que todo os passos do caminho de vida que essa pessoa que foi amarrada tentar, que não conduzam á pessoa que a amarrou, serão caminhos de dor e sofrimento, seja para si mesma, ou seja para os outros que estejam ao seu lado.

Assim, enquanto essa pessoa não ficar junto de quem encomendou a amarração, ela encontrará sempre á sua volta ou dor, ou angustia, ou contratempos, ou sofrimentos, ou lágrimas, ou bloqueios, sejam em si mesma, seja naqueles que a rodeia.

Assim será feito para que essa pessoa não tenha paz, e para que essa pessoa sofra enquanto se mantiver separada de quem a mandou amarrar.

Essa pessoa apenas terá descanço e paz quando estiver junto de quem a amarrou, e enquanto andar longe de quem a amarrou, nada mais lhe vai restar senão essa maldição.

Cabe as entidades espirituais terrenais e mais próximas deste mundo, especialmente aquelas ligadas a luxúria e a vingança, realizar tais tarefas de maldição. Tais entidades são invocadas por via rituais de magia negra.

Que efeitos produzem uma amarração?

Uma amarração faz uma pessoa ficar com outra, ou faz ela voltar, faz ela desejar e não conseguir deixar de pensar nessa outra pessoa.

Como é que uma amarração consegue lavar a uma união?

Uma amarração produz esse resultado de união, porque as entidades espirituais que vão abordar a pessoa amarrada vão causar certos efeitos na vida dela.

Ao ser assim, uma amarração abre aquela porta que estava fechada, para que a pessoa que fez a amarração entre por essa porta e acabe conquistando vitoriosamente a vida da outra pessoa.

Você pergunta:

Que efeitos produz uma amarração? Que efeitos tem o espírito que está operando invisivelmente uma amarração na vida de uma pessoa?

Os espíritos provocarão fundamentalmente cinco tipos de efeitos na vida da pessoa que estão querendo amarrar a quem encomendou o trabalho de magia.

Os cinco efeitos de uma amarração são:

1- Os espíritos vão murmurar a todo o tempo o nome de quem pediu a amarração, ao ouvido da pessoa amarrada, numa tortura invisível. Os espíritos vão assim fazer com que essa pessoa se lembre a todo o momento de quem a amarrou. Se a pessoa for teimosa, ela pode até resistir um certo tempo á tentação de estar com a pessoa que mandou fazer a amarração, mas ela vai sofrer muito se não o fizer.

2 - Os espíritos vão "embebedar" a pessoa amarrada com forte e ardente luxúria, com terrível desejo sexual, abrindo essa pessoa a uma irresistível sede de ter sexo.

3 - Os espíritos vão amansar a pessoa, quebrando-lhe o espírito de forma a que a vontade da pessoa vá lentamente vergando e ela fique frouxa e mansa. Podem fazê-lo com constantes acontecimentos desmoralizadores que vão aos poucos abatendo a pessoa. Nesse caso, a pessoa vê todas as portas bloqueadas na sua vida e parece que nada dá certo, que a sorte abandonou a vida dessa pessoa amarrada. Nesse caso, a pessoa esta sendo quebrada e vergada.

4 - Os espíritos vão causar aborrecimentos, infelicidades, perdas, dores, problemas e todo o tipo de contratempos á pessoa amarrada, ou a pessoa próximas de si. A pessoa vai sofrer imenso enquanto não estiver com a pessoa que encomendou a amarração.

Ou será essa pessoa a sofrer, ou serão aquelas que lhes estão próximas, de forma a que a desolação e a angustaia sejam sempre o cenário que circunda e acompanha a vida dessa pessoa amarrada

Quando a pessoa amarrada estiver junto da pessoa que a amarrou tudo vai acalmar e estar bem. Mas de cada vez que se afastar, essa pessoa amarrada vai sofrer os infernos. E cada vez que se recusar a falar ou voltar, essa pessoa amarrada vai sofrer esta maldição. Por isso se costuma dizer numa amarração:

Que fulano tal não coma se não estiver ao meu lado;
Que fulano tal não durma se não estiver ao meu lado;
Que fulano tal sofra todos os mais cruéis tormentos se não
Estiver ao meu lado;
Que fulano tal não tenha nenhuma felicidade se não estiver
Ao meu lado;
Que fulano tenha o seu caminho amarrado ao meu, e se ele

**Permanecer desviado de mim, que ele sofra problemas e
Tormentos, ou os seus assim padeçam para seu desgosto;
Que todos aqueles que fulano tal ama e lhe são próximos
Vivam em angustia, para que fulano tal nunca conheça paz;
Etc.**

5 - Os espíritos podem mesmo infiltrar-se nos sonhos da pessoa amarrada, atormentando-a, ora com pesadelos e visões, ora com constantes visões da pessoa que encomendou a amarração, ou com sonhos eróticos com essa pessoa, ou com maus pressentimentos, gerando grande instabilidade mental e espiritual. Ao fazê-lo, estão torturando psicologicamente e quebrado o espírito da pessoa amarrada para que ela fique fraca e ceda aos desejos da pessoa que fez o trabalho.

Ao realizar todos estes cinco tipos de efeitos na vida da pessoa amarrada, (todos eles poderão suceder, ou então apenas aqueles que os espíritos acharem necessário causar para levar ao fim proposto), o trabalho de amarração acaba abrindo uma porta para que a pessoa que encomendou a amarração entre por essa porta e acabe conquistando vitoriosamente a vida da outra pessoa.

Amarração é por isso uma maldição.

Uma maldição que faz os espíritos atuarem na vida da pessoa amarrada.

E os resultados são dois:

1 - Ou, em caso de total sucesso, a pessoa amarrada regressa, mansa e vergada;

2 - Ou, em caso de algum bloqueio, a pessoa amarrada

ficará amaldiçoada para sempre, condenada a infelicidade, ao tormento, á dor, aos constantes problemas que a atingem a ela ou a quem a rodeia, para que ela nunca mais seja feliz nesta vida.

Qualquer um destes resultados, é um resultado garantido quando se encomenda uma amarração. Uma amarração, é um poderoso trabalho de magia negra.

É caso para dizer:

Ou a pessoa amarrada fica consigo, ou ela nunca mais vai ter paz nessa vida..

ORAÇÃO PARA AMARRAÇÃO DE SÃO CIPRIANO. NÃO SE PODE VOLTAR ATRÁS

Pelos poderes de São Cipriano: (Nome da Pessoa) virá agora atrás de mim. Acordará agora pedindo para voltar. (Nome da Pessoa) vai vir de rastro. Apaixonado, cheio de amor e tesão o mais rápido possível. São Cipriano, eu terei esse poder que ele deixe de vez todas as mulheres e perca o medo de perder a liberdade em viver comigo, e assuma para todos o que sente por mim.

São Cipriano, afaste de (Nome da Pessoa) de qualquer pessoa que (Nome da Pessoa) me procure a todo o momento que (Nome da Pessoa). Rasteje aos meus pés, me cubra de carinhos na frente de todos. Hoje e agora, que (Nome da Pessoa) acorde desejando estar ao meu lado que (Nome da Pessoa) tenha a certeza que eu sou a pessoa perfeita para ele que (Nome da Pessoa) não possa mais viver sem mim.

Que (Nome da Pessoa) sempre tenha a minha imagem em seu pensamento todos os momentos do seus dias.agora com quem estiver onde estiver ele irá parar se estiver dormindo que acorde, porque o pensamento, os sonhos de (Nome da Pessoa) esta em mim. E ao deitar que tenha sonhos comigo e ao acordar pense em mim a todo momento dos seus dias tenha o pensamento em mim que queira me ver, sentir meu cheiro me tocar e me ter com amor.

Que (Nome da Pessoa) queira abraçar-me beijar-me cuidar de mim proteger-me, amar-me de verdade nas vinte quatro horas do seu dia fazendo assim com que (Nome da Pessoa) me ame a cada dia mais e que sinta prazer só de me ver. São Cipriano, faça o (Nome da Pessoa) sentir por mim um desejo fora do normal como nunca sentiu por outra pessoa e nunca sentirá.

Que (Nome da Pessoa) tenha prazer apenas comigo que tenha tesão somente por mim e que seu corpo só a mim pertença que o (Nome da Pessoa) só tenha paz se estiver comigo.

Agradeço por estar trabalhando em meu favor e vou divulgar seu nome São Cipriano em troca de amansar (Nome da Pessoa) e trazê-lo de volta pra mim, apaixonado, carinhoso, devotado, dedicado, fiel e cheio de desejos aos meus braços.

Falando sempre a verdade e para que assuma o nosso amor e volte pra mim o rápido possível. Que (Nome da Pessoa) sinta orgulhoso de dizer a todos que sou a mulher de sua vida. Que jamais tenha vergonha de mim.que a minha vontade seja a dele também e que sinta uma imensa felicidade sempre que estiver comigo e jamais queira de mim se separar. Que eu e (Nome da Pessoa) possamos viver em paz e unidos pelo amor.

Vou divulgar seu nome São Cipriano, em troca deste pedido.Peço isso aos poderes de São Cipriano e das três malhas pretas que vigiam São Cipriano. Que assim seja, assim será e assim está feito!

ORAÇÃO PODEROSA
DE SÃO CIPRIANO

"Que o amor de (Dizer Nome da Pessoa Amada) por mim (Dizer Seu Nome) seja maior que o número de pessoas que irão ler esta oração". São Cipriano, feiticeiro e cristão, justo e ímpio, conhecedor e dominante em suas artes religiosas, te invoco de todo o coração, corpo, alma e vida para a realização de meus objetivos. Peço a todas as forças superiores, a Santíssima Trindade, forças do mar, do ar, do fogo, da natureza e do Universo para que faças cair em meus braços (Dizer Nome da Pessoa Amada) e fique presa a mim (Dizer Seu Nome) e na minha mão, amorosa, carinhosa, fiel, sincera, leal, trabalhadora, cuidadosa e honesta.

(Dizer Nome da Pessoa Amada) que da minha mão você jamais escape. Que debaixo deste Santo Poder, tu (Dizer Nome da Pessoa Amada) não possas comer, nem beber, nem dormir, nem descansar, nem trabalhar, nem estar em parte alguma do mundo, sem que esteja em minha companhia. De fome nem tu nem eu nem nossos filhos ou parentes haveremos de morrer, com sede nem tu nem eu nem nossos filhos ou parentes haveremos de ficar, dinheiro na tua mão e na minha mão nem nossos filhos ou parentes não há de faltar, inimigo nem tu nem eu nem nossos filhos ou parentes haveremos de ter, pois não haverão de nos enxergar.

Enquanto você (Dizer Nome da Pessoa Amada) não se voltar para junto de mim (Dizer Seu Nome) o seu descanso será como vivem as almas do purgatório, queimando e vagando constantemente pelo mundo, como o vento no ar, as ondas no mar, a maré a subir e a descer, sempre em constante movimento, será esse o descanso que te dou enquanto a mim tu não vieres definitivamente para sempre.

Ó Cabra preta Milagrosa que no monte subiu, traga até mim (Dizer Nome da Pessoa Amada) que dentro do seu coração, seu pensamento, sua mente, não possa aguentar de solidão e se volte para mim como uma cordeira, mansa e dócil, que será carregada debaixo de meu pé esquerdo com todo amor.

Que (Dizer Nome da Pessoa Amada) se volte a mim de todo o coração, corpo, alma e vida, fique comigo, seja fiel, amorosa, sincera, leal, honesta, trabalhadora, saudável, e cuidadosa. Que me faça feliz e sinta-se feliz comigo para sempre e que nosso amor seja fortalecido e intensificado espiritual e sexualmente a cada dia mais e para sempre. Que assim seja assim se realize, assim está feito. Amém.

Agradeço, acredito e vou ter (Dizer Nome da Pessoa Amada) junto a mim (Dizer Seu Nome) para sempre. Amém.

Publique em 7 altares diferentes com fé, pois essa oração é poderosíssima.

Lute para conseguir trazer seu amor de volta. Um milagre será feito.

Somente repita essas palavras e veja como Deus se move:

"Senhor Deus eu te amo e necessito de ti, estejas comigo no meu coração. Abençoe minha família, minha casa, minhas finanças, minha vida amorosa e minha vida. Afastam de mim, pessoas que querem me prejudicar traga meu amor (Dizer Nome da Pessoa Amada) de volta para mim, preciso da sua ajuda urgente, em nome de Jesus. Amém."

MAGIA PARA PROVOCAR INFIDELIDADE NUM CASAL

Ingredientes:
- 1 pauzinho de incenso de rosas;
- 1 vela vermelha;
- 1 vela preta;
- 1 vela branca;
- Óleo essencial de rosa;
- Uma boneca de tecido representando um homem;
- Uma boneca de tecido representando uma mulher;
- Tinta preta;
- 1 quadrado de tecido preto;
- 1 caixa vermelho sangue.

Ritual:

Queime o pauzinho de incenso, e invoque os espíritos de luxúria:

"**Espíritos de luxúria,
Espíritos da tentação
Espíritos da infidelidade,
Espíritos da depravação,
Nesta hora aqui vos invoco,
Para que atendeis o meu pedido:
Para que F… e F… sejam infiéis um ao outro.
Para que encontrem o prazer com outras pessoas**"

Coloque a vela preta á sua frente e acenda-a (tenha em conta que precisa de espaço suficiente para poder realizar o ritual).

Coloque a vela vermelha a sua esquerda. Coloque a vela

branca a sua direita.

Acenda agora a vela vermelha e a branca. Acenda as velas com fósforos e com a sua mão esquerda.

Pegue no tecido preto e ponha-o a sua frente, deixe-lhe cair em cima gotas de óleo essencial de rosas, até ficar bem embebido. Passe o tecido preto por cima da chama da vela vermelha e depois por cima da chama da vela branca, e coloque-o no centro do triângulo formado pelas velas.

Pegue nas bonecas e escreva nelas com a tinta preta, o seu nome e data de nascimento, se a souber.

RITUAL PARA SABER SE É TRAIDA (O)

Material usado:

- 30 gramas de enxofre;
- 30 gramas de limalha de ferro;
- Fotografia da pessoa da qual questiona-se a fidelidade;
- Couro preto;
- Água.

Procedimento:

Faz-se na terra de seu quintal. Ou em uma mata, uma cova de profundidade de dois pés. Com o enxofre, o pó de ferro e a água, faz-se uma massa. Coloque-a na cova, por cima da massa, deite a fotografia, envolvida em couro preto. Se não possuir a foto da pessoa, escreva o seu nome em um pedaço de papel sem linha; escreva com lápis, jamais com caneta.

Coloque em cima da massa que deverá também estar coberta pelo couro. Com a mesma terra que abriu a cova, usa-se para cobrir e vá dizendo:

"Santo São Cipriano faz com que eu saiba se (dizer nome da pessoa) me é infiel".

Deixe passar 15 horas (este é o tempo para a magia concluir-se), a terra entrará em ebulição, como se fosse um pequeno vulcão, que produzirá pequenas labaredas cinzentas. Se a foto (ou papel com o nome) for expelida pelo fogo é porque a pessoa é fiel. Se for atacada, é porque esta pessoa está queimada pelo amor. Se a foto ficar dentro da cova, é porque a pessoa está presa em fortes laços sentimentais. Se for atirada a curta distância, é porque a pessoa tenta desligar-se de sua prisão. Se for atirada longe, a pessoa foi liberta e pronta para voltar para a pessoa amada, ou seja, a pessoa que a chama.

RITUAL DE AMARRAÇÃO
E DOMINAÇÃO – I:

Feitiço chamado de "encantamento de Évora".

Material necessário:
- 3 cabelos do/a seu/sua parceiro/a
- 3 cabelos seus
- 1 maçã vermelha
- 1 saco com fecho
- 1 corda de juta
- 1 folha de papiro
- Tinta vermelha

Como fazer o ritual:
Escreva na folha de papiro, a vermelho, o seu nome completo bem como o da pessoa a enfeitiçar. Junte os seus 3 cabelos com os 3 cabelos da pessoa em questão. Dobre o papiro.

Corte a maçã em 2, retire os caroços. No seu lugar coloque o papiro dobrado.

Junte as duas metades da maçã e ligue-a com a corda de juta.

Coloque dentro do saco, e ponha este debaixo da almofada do/a seu/sua parceiro/a.

Repita este encantamento todos os meses.

RITUAL DE AMARRAÇÃO E DOMINAÇÃO – II:

Feitiço para submeter alguém ao seu domínio.

Material necessário:
- Um coração de papel vermelho;
- Uma vela negra;
- Pétalas de rosa;
- Uma agulha esterilizada (passe-a no lume);
- Incenso.

Como fazer o ritual:
- Quando: fazer este feitiço uma sexta-feira à noite, de preferência numa noite sem lua.

- Como: Escreva o nome da pessoa a amarrar no coração de papel. Acenda a vela e o incenso, e diga:

ÉVORA,

Grande Mãe e Rainha,
Tu que reinas sobre a paixão,
Tu que reinas sobre o desejo e a luxúria,
Estende-me a tua mão.
Dirige-me o teu eterno olhar,
E ajuda-me a F... dominar.
Digna-te a minha prece atender:
Desejo e quero (Fulano...),
Quero-o aos meus pés a rastejar,
Que ele seja o meu escravo submisso.
Concede-me este favor.
Pelo meu sangue a ti me ligo.

Pique o seu polegar esquerdo com a agulha, e deixe cair 3 gotas de sangue sobre o coração de papel.

Ponha este por cima da chama da vela e diga 3 vezes:

Pelo poder do sangue,
Pelo poder do fogo,
Que a magia surta seu efeito.
F… vais sentir atracção,
F… vais sentir tesão,
Vais sentir o gosto do meu leito.
 Não terás outra opção,
Senão ficar na minha mão.
Assim seja feito.

Queime o coração de papel e as pétalas de rosas, colocando-os num incensório.
Concentre a sua atenção nas chamas e repita:

Bate por mim, coração mortal,
Vem para mim, a bem ou a mal.
Deseja-me com toda a tua alma,
Sonha comigo quando a noite desce,
Vem para mim, quero-te na minha palma,
Pois estou á tua espera.
Que nada te retenha,
Pois a mim pertences.
Assim seja."

Continue a concentrar-se mais alguns minutos, e deixe a vela e o incenso consumir completamente.

FEITIÇO DO AMOR

Feitiço a realizar para quando se quer encontrar o amor

Ingredientes:

- 1 anel de sua preferência
- 30 gramas de flores frescas de mil folhas
- 3 pêlos de um cão de caça
- 9 gotas de essência de rosas
- 9 gotas de orvalho
- 1 pequena ametista
- 2 copos de água da fonte.

Ritual:

Ritual a realizar no primeiro dia da Lua Nova, de preferência quando Vênus se encontrar no signo de Aquário. Coloque a água no seu caldeirão e leve ao fogo até ferver. Quando estiver fervendo, abaixe bem o fogo e vá colocando os ingredientes, um a um.

A cada ingrediente que colocar repita o seguinte encantamento:

"Ó Lua senhora de todos os amantes
Traz-me um amor encantado.
Que ele chegue o quanto antes.
Por mim perdidamente apaixonado!"

Após ter colocado o último ingrediente, apague o fogo e coloque o seu caldeirão para tomar o sereno da lua, retirando-o no dia seguinte antes do nascer do sol.

Coe todo o líquido e coloque-o dentro de um vidro, junte

ao anel e a ametista. Enterre o restante ao pé de uma árvore e deixe o vidro enterrado ao pé de uma laranjeira por três dias. No final desse período, desenterre o vidro, pegue no anel e coloque-o imediatamente no seu dedo. Enterre a ametista ao pé de uma roseira e despeje o líquido do vidro em água corrente, de preferência em um pequeno riacho.

Lave o vidro e guarde-o para futuros feitiços. Fique atenta/o aos sinais e não deixe passar ao lado o amor, quando este lhe aparecer

MAGIAS E FEITIÇOS DE AMOR: O QUE SÃO?

Feitiço é um processo realizado atraves de feitiçaria, ou seja, de uma arte magica, ou seja: de magia.

Normalmente, os feitiços são materializados na forma de uma poção, ou de um filtro preparado através de processos msiticos e religiosos.

O termo feitiço, advém do latim facticiu, que significa artificial.

Na verdade, assim se chamam os feitiços, pois eles têm por objetivo produzir eventos, estados de espírito ou alterações no rumos dos eventos, que não são normais, sendo por isso artificialmente gerados por meios espirituais.

Os feitiços podem também ser realizados através de encantamentos, ou seja: por processos de oração que visam conjurar a intervenção de forças espirituais neste mundo. Quando assim sucede, a feitiçaria resulta num sortilégio. O termo sortilégio advém do latim sortilegiu, que significa escolha de sortes. Assim é chamado o sortilégio, pois por ele se escolhe a sorte de uma pessoa, evento ou instituição, através de processos místicos.

PARA FAZER VOLTAR A PESSOA AMADA

Às 24h00 de numa noite de sexta-feira, quando a lua estiver em Touro, (sob a magnânime regência de Vênus), ou em Escorpião, (sob a poderosíssima regência de Plutão), consagre uma vela vermelha com mel e óleo liturgico.

Deverá depois gravar na vela o seu nome e o nome da pessoa amada. Faça-o com uma agulha previamente mergulhada numa taça de vinho tinto, ao qual foi misturado uma pequeníssima pitada de valeriana. Enquanto grava na vela os nomes com agulha molhada pelo vinho, diga a seguinte oração:

Poderosa e irresistível Vênus, sublime Senhora do amor, este vinho é sangue e nele reside o meu amor, este vinho é meu desejo e também minha dor. Com sangue gravei nossos nomes, e que assim no sangue de, (nome da pessoa amada), corra meu sentimento para que de mim não tires o teu pensamento.

Assim dito, a agulha deve ser espetada na vela, de forma a cruzar ambos os nomes, e a vela deve ser acesa. Com a vela já ardendo, assim orar: Força de Vênus, toda poderosa senhora da luz do amor, como arde esta vela, assim arda o coração de (nome da pessoa amada), por mim. Pelo Teu poder, força de Vênus, regresse ele para mim. Assim seja.

Beba o vinho, ele atuará como forte poção de apelo as forças espirituais de Vênus. Conserve todos os elementos do ritual em local secreto. Se necessário, repetir nas sextas em que a conjunção lunar for favorável. Aguardar os fortes resultados, não forçando eventos, deixando o caminho livre para que a Deusa abra os seus caminhos.

PARA ATRAIR O AMOR

Numa sexta-feira à noite, (depois das 21h00), coloque uma pétala de rosa vermelha numa taça de vinho tinto. Tape o cálice com um pano de ceda vermelho. Deixe a taça na sua mesa de cabeceira, e ao deitar pense:
Poderosa Vênus, senhora do amor, senhora dos meus destinos: aceitai visitar-me, aceitai minha adoração, aceitai meu puro coração. Vinde a mim e partilhai deste divino vinho que Vos oferendo, e trazei para mim quem eu amo, inflamado pela poderosa chama do irresistível amor de que sois imperatriz. Assim seja.

Durma tranquilamente. De manhã, ao acordar, bebei o vinho e agradeça a Deusa. A pétala de rosa vermelha deve ser colocada num pequeno saquinho, que deverá andar sempre junto ao seu corpo: será um fortíssimo chamamento ao amor.

TALISMÃ DO AMOR

O diamante é a pedra sagrada da Deusa do amor, a eterna representação do inigualável brilho do planeta Vênus. Numa sexta feira, às 24h00, faça oferendas de mal vinho licoroso e incenso a Deusa Vênus. Deixe que o diamente permaneça no altar dedicado vénus por toda essa noite.

De manhã, quando o sol estiver nascendo, colocai o diamante num saquinho. Usai-o sempre junto do corpo e toda a sexta feira repita o ritual de Vênus. Será um poderoso talismã desblqueador de caminhos e protetor do amor.

AFASTAMENTO DE PESSOAS

Retirai o espinho de uma rosa negra. Num sábado às 24h00, com o espinho gravai o nome da pessoa indesejada numa vela negra. Depois cravai o espinho na vela. Acendei a vela e dizei:

Poderoso e temível Saturno, força devastadora e de desolação: apartai do meu caminho, (nome da pessoa), para que ela jamais regresse; que a Tua força de catástrofe e desolação recaia sobre (nome da pessoa), se a mim retornar. Assim seja. Ó poderoso e temível Saturno.

Deixai a vela arder. Os restos de cera, assim como o espinho, devem ser depositados em terra.

MAGIA COM ROUPA ÍNTIMA PARA MANTER O CASAMENTO SEMPRE RENOVADO

Na primeira noite de Lua Cheia, ou no primeiro dia, pegue uma peça íntima do seu parceiro (pode ser um lenço), pingue três gotas do perfume que você usa e depois coloque-a dentro da sua peça com os nomes de vocês, sendo que o seu estará sempre sobre o dele.

Peça a Lua Cheia para encher seu lar de amor e também seus corações. Ore à Lua e à Virgem Santíssima. Pode fazer esta magia também na Lua Nova, pedindo a São José que renove sempre esse amor. Pode ainda pedir a Vênus, a Oxum... (a quem você preferir). Deixe esta magia três dias embaixo da cama. Só você deve varrer seu quarto durante este período. Depois os dois devem usar as peças íntimas que, para não pegarem poeira durante estes três dias, deverão estar embrulhadas em um lenço cor-de-rosa, o qual poderá ser guardado para repetir a magia sempre que desejar.

MAGIA DOS OVOS PARA SE LIVRAR DE QUEM ATRAPALHA SEU CASAMENTO

Se há uma pessoa atrapalhando seu casamento ou união, pegue dois ovos, escreva, com letra vermelha, o nome da pessoa que está atrapalhando em um deles e no outro, o nome do seu parceiro. Leve para um lugar bem distante e coloque-os dentro de uma vasilha. Depois de fechá-la, diga:

"Assim como estes ovos vão chocar ou apodrecer, assim também esse relacionamento vai acabar, apodrecer!"

Ore à Mãe Terra, à Mãe Lua e à Mãe Celestial, pedindo-

lhes que mantenha o seu casamento, a sua família em paz e com amor. Ao chegar em casa, acenda uma vela branca e repita o pedido. Se você quiser, também poderá deixar um bilhetinho dentro da vasilha com a mesma mentalização, coberto com sal.

Tudo deve ser escrito com letras vermelhas. Fazer na Lua Minguante.

SIMPATIA PARA LIVRAR SEU AMOR DE ENERGIAS NEGATIVAS

Para se livrarem das energias negativas faça juntamente com a pessoa amada, um banho de descarga, da seguinte forma.

Numa sexta-feira, antes do sol se pôr, pegue um galho de arruda, um de guiné e duas rosas brancas. Num caldeirão de ferro, coloque dois litros de água, uma colher de sal, os outros ingredientes e deixe ferver por dez minutos, depois amorne. Após seu banho normal, jogue essa água no corpo, da cabeça para baixo, e deixe secar naturalmente, sem usar toalha. Quando você se secar, vista uma roupa branca, acenda uma vela no banheiro e outra em seu quarto e faça uma oração ao seu anjo da guarda.

SIMPATIA DAS CARTAS PARA SABER SE É AMADA

Se você está amando e quer ter certeza que também é amado(a), faça esta simpatia.

Compre um baralho e retire as cartas oito, nove e dez, deixando-as de lado. Embaralhe as outras cartas e faça três montes com o mesmo número de cartas. Escolha aleatoriamente um monte e se nele monte encontrar o valete de ouros, pode ter certeza que você é muito amada.

Se encontrar uma dama de qualquer naipe, antes do valete, é sinal de que há uma outra mulher entre vocês. Se encontrar um rei de ouros, é sinal que você vencerá todas as barreiras que estiverem em seu caminho.

Se não aparecer o valete no monte escolhido, queime o baralho inteiro e jogue as cinzas numa correnteza de rio ou no mar. Espere sete dias e refaça a simpatia.

SIMPATIA PARA NÃO LHE ROUBAREM O SEU AMOR

Para afastar uma pessoa inoportuna, faça o seguinte:
Numa quarta-feira, vá a uma igreja levando uma fita vermelha, larga de meio metro de comprimento. Assista a missa e peça para o padre benzer a fita. Vá depois até a imagem de Santo Antônio e peça para ele afastar a pessoa que está querendo roubar seu amor. Corte a fita em duas parte, amarre uma delas no pulso de seu amor e peça para ele fazer o mesmo com você.

SIMPATIA PARA SE LIVRAR DOS INTRIGUISTAS

Se uma pessoa está tentando prejudicar seu amor, use o poder desta simpatia para afastá-la:
Carregue consigo um saquinho de renda branca, com um galhinho de arruda e outro de alecrim. Quando essa pessoa se aproximar de você, aperte o saquinho com a mão direita, antes de apertar a mão dela.

MAGIA DE AMOR COM CHAVE PARA LHE TRAZER O AMOR

Nos três primeiros dias da Lua Nova, ao acordar, em jejum, fique atrás da porta da rua ou do quarto (dou preferência pela porta de entrada da casa) e diga com uma chave na mão direita, que não precisa ser virgem:

"Lua Nova! Meu marido, ou namorado, ou companheiro (o nome dele ou dela) foi embora! Pelo vosso poder, pela força dos orixás, pela generosidade do Universo, abri portas e portais, e por onde aquele amor entrou, que entre outro amor uma vez mais, para que eu ame, seja feliz, tenha paz! Lua Nova! Anael, Oxum! Intercedei por mim para que eu ame e seja amada até o fim, ou sem fim. Que seja assim! Que seja assim! Que seja assim!"

Depois, ir à janela com um copo de água ou de guaraná e oferecer à Lua, pedindo licença para tomar três goles durante os quais você mentalizará novamente seu pedido. Jogar vagarosamente o guaraná ou a água em água corrente e ir mentalizando sempre seu desejo.

Caso você deseje a volta do seu antigo amor, mude os dizeres e, no fim do terceiro dia da magia, acenda duas velas rosas, amarradas com um laço de fita, com o seu nome e o dele, ou o dela.

SIMPATIA PARA SER CORRESPONDIDA/O NO AMOR

Numa sexta-feira de Lua Crescente, após as 21:00 horas, despetale uma rosa vermelha e escreva em cada pétala, com um espinho de rosa, o nome da pessoa amada.

Após isso, atire as pétalas em água corrente e espere o resultado

PODEROSO RITUAL DE AMARRAÇÃO

O ritual da "teia de aranha".

Ritual indicado para amarração e domínio.

Ingredientes:

- 1 vela negra;
- 1 incenso;
- 1 folha de papiro virgem;
- 1 tinta preta;
- 1 teia de aranha;
- 1 agulha esterilizada;
- 1 baga de vagem.
- 1 caixa negra.

Faça este ritual em noite de lua negra ou no primeiro dia da lua minguante.

Acenda a vela e o incenso, que oferecerá ao demônio que

escolheu invocar.(Asmodeu, por exemplo) Numa folha de papiro virgem escreva a tinta negra o nome e a data de nascimento da pessoa a enfeitiçar. Se souber o nome da mãe da pessoa, escreva-o também (F... filho de ...nome da mãe).

Na folha de papiro, faça igualmente o sigilo do demônio que quer invocar, de acordo com o feitiço que quer lançar. E escreva o seu pedido. A teia de aranha tem de ser fresca (acabada de apanhar) afim de ter todas as energias ainda vivas quando da realização do ritual.

Pegue na folha de papiro já preparada como acima indicado, ponha-lhe as bagas de vagem em cima, esmagando-as. Cubra a folha de papiro com a teia de aranha enquanto visualiza fortemente a pessoa e diz em voz alta:

"Face a teia tu serás fraco/a,
Nos teus passos ás cegas agirás,
Mas sempre avançarás,
Preso nesta teia a mim te submeterás,
E do poder do meu mestre (diga o nome do demônio que escolheu invocar) não escaparás,
Afim de ..... (faça o pedido),
Que a minha vontade seja feita!"

Pique com a agulha esterilizada o dedo mindinho da mão esquerda, e deixe escorrer uma gota de sangue, e ponha o dedo em cima do papiro (impressão digital).

Agradeça ao demônio que invocou. Apague a vela e o incenso.

Arrume tudo dentro da caixa negra, e guarde-a em local

escuro e somente de si conhecido. Nunca ninguém a poderá ver ou descobrir.

Nos dias seguintes, na fase da lua decrescente (e somente nestes), repita o feitiço, sempre á mesma hora (usando a mesma vela)

OUTRO RITUAL DE AMARRAÇÃO

Para acabar com um casamento, relacionamento ou noivado.Este ritual afasta pessoa e descruza caminhos, é uma magia negra para acabar com um relacionamento.

Atenção, porque esta magia negra para destruir casamentos, apenas pode ser executada pela própria pessoa que se encontra no relacionamento, e que não deseja mais prosseguir com esse amor.

Esta bruxaria de magia negra, nunca deve ser usada por alguém exterior ao relacionamento, com intenção de separar um casal, pois os riscos de grandes prejuízos para essa terceira pessoa são graves.

Se você se encontra em um relacionamento, um

casamento, um noivado ou um namoro que apenas se tornou doloroso e que você deseja terminar, mas não sabe como, então eis que lhe deixamos esta poderosa bruxaria para terminar o seu casamento. Este ritual para afastar parceiros, esta magia para por seu marido/mulher bem longe de si.

Ingredientes:

- 1 Foto da pessoa a afastar
- 1 Garrafa
- Leite azedo ou estragado
- Cabelos da pessoa
- Sal negro
- Vinagre
- 1 Pires de ouro

Como proceder para realizar a bruxaria e o ritual desta magia negra:

Sábado, às 23h00, colocar a foto da pessoa que se deseja afastar dentro da garrafa. Colocar também os cabelos da pessoa. Encher a garrafa com leite azedo e fechar tudo muito bem, de forma a quem nem uma gota possa verter.

Proceder a seguinte oração:

Poderoso espírito saturniano, portador de devastações, senhor de pragas, tragedias e lutos, aqui te oferendo este ser, para que o levais para bem longe de mim. E que se ele quiser regressar, cada passo do seu retorno seja miséria na sua carne, e dor na sua alma. Para sempre e ate sempre, assim to imploro, poderoso espírito.

Tendo terminado este procedimento, misture o vinagre com sal negro, no pires de ouro. Misture bem, criando uma massa pastosa. Essa pasta, constitui um poderoso chamamento de forças espirituais das trevas causadoras da destruição de relacionamento e afastamento de pessoas indesejadas. Ao realizar esta mistura no pires de ouro, dizendo a oração, você esta também consagrado o pires, que mais tarde será usado da forma que explicaremos.

Unte a garrafa com essa pasta, sendo que sempre que realiza a unção, repete a oração.

Toda a essência de vinagre e sal negro tem de ser usada na unção dessa garrafa. Os restos da mistura que sobrarem, devem ser usados para untar o pires.

Às 24h00 do sábado, atirar com a garrafa ao mar. Faz pela última vez a oração e vem-se embora sem nunca olhar para trás.
Conserva o pires de ouro enterrado num local secreto, que nunca ninguém deverá ver, nem mexer. Quanto mais esse enterro for feito perto de um cemitério, ou no coração de uma encruzilhada amaldiçoada, um num local onde muitas pessoas morreram tragicamente, mais poderoso será o efeito.

Enquanto a garrafa estiver perdida no mar, e esse pires estiver oculto num local de morte ou amaldiçoado, a pessoa indesejada terá os caminhos dela descruzados dos seus pelo poder dos espíritos de magia negra que foram invocados, assim como pelas terríveis forças saturnianas.

Proceda a estas instruções com todo o rigor, pois o feitiço de afastamento se for mal feito pode-se virar contra si, causando gravíssimos prejuízos

MAGIA DA BRUXA PARA AMARRAR UM AMOR

Este ritual, é uma forte magia para trazer o amor de volta. Trata-se de um feitiço para amarrar amor, feito através do ritual da bruxa. Alguns afirmam tratar-se de um ritual de magia sexual, outros defendem que se trata de magia vermelha.

Seja como for, é um ritual da bruxa para fins de amor e amarração. Serve a magia sexual da bruxa, para atrair a si forças espirituais poderosas, que ajudarão a amarrar o seu amor.

Este ritual destina-se exclusivamente ao ser feminino, e ao poder de bruxa que existe dentro de toda a mulher. Bem executado, este ritual atrai fortíssimas forças espirituais para a sua vida, forças espirituais que pela sua natureza, ajudarão a alcançar os seus objectivos sentimentais ou sexuais.

Ingredientes:

- Essência de Pau Rosa ou Cacau
- 1 Pano seda virgem
- 1 Vela vermelha
- 1 Faca virgem
- Pó de ritual de amor
- Mel
- Vinho tinto
- 1 Cálice virgem

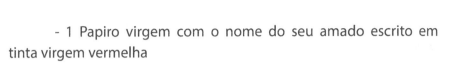

- 1 Papiro virgem com o nome do seu amado escrito em tinta virgem vermelha

Nota 1: previamente, o vinho tinto deve ser depositado no cálice, a que se junta apenas 1 gota de mel.

Nota 2: durante o ritual, todos os elementos indicados devem permanecer dentro do círculo magico, ao alcance da sua mão. O círculo nunca poderá ser quebrado, ou seja, não poderá sair dele sem que todo o ritual esteja cumprido.

Procedimento:

Numa sexta-feira de Lua Cheia, recolha-se para um local tranquilo, onde a luz da lua possa banhar o seu corpo ao longo de todo o ritual. Recomenda-se que consulte as tabelas de Magia Lunar

Antes de dar início ao ritual, certifique-se que não será interrompida, e medite um pouco, de forma a atingir níveis de serenidade e concentração desejáveis.

Assim feito, desenhe á sua volta um círculo mágico feito com pó de amor previamente preparado por si.

Desnude-se, e deite-se no centro do círculo, sempre permitindo que a luz da lua toque em todo o seu corpo nu.

Use o óleo de essência Pau Rosa, ou Cacau, para desenhar um pentagrama na área dos seios, para assim estando feito, depois se untar suavemente com o óleo.

Estando este procedimento concluído, relaxe e sinta os efeitos do luar que inunda o seu corpo untado de essência.

Pegue no cálice, e beba a fórmula de vinho misturado com uma gota de mel.

Mais uma vez pare para sentir o luar que infesta os seus sentidos, a essência que cobre languidamente a sua pele desnuda, e permita que a bebida entre no seu sistema físico e espiritual.

Alheia-se completamente do mundo. Neste momento, apenas os sentidos e o luar devem existir para si, e nada mais.

Percorra com os seus dedos todas as áreas mais eroticamente sensíveis do seu corpo. Pense intensamente no ser amado, enquanto as carícias decorrem com tempo.

Com tempo, deixe-se percorrer pelo êxtase dos sentidos, ate que o prazer seja plenamente alcançado.

Assim feito, com o tecido vermelho de seda, recolha os fluidos sexuais que todo o intenso orgasmo produziu

Usando a faca virgem, faça uma gravação do nome do seu amado na vela vermelha.

Unte a vela vermelha com os fluidos sexuais depositados no tecido de seda. A vela deve depois ser também untada com mel.Acenda vela, e ajoelhada, segurando a vela com ambas as mãos, faça a seguinte oração:

Poderosa Évora, vinde a mim que estive mergulhada na teia dos fios da tua Lua, e que nela me afundei em êxtase. Poderosa e iluminada Vênus, vinde a mim, que me abandonei ao prazer que te é agradável. Acedei á minha invocação, entrai na minha existência, auxiliai-me com poderosas graças no cumprimento dos meus desejos. Existo para vos servir, e rogo-vos auxilio neste meu intenso desejo. Assim seja.

Após ter falado as palavras, apague a vela de acordo com as regras espirituais.

Coloque a vela no centro do círculo mágico. Reacenda a vela, e volte a repetir a oração. A vela deverá agora arder ate ao fim, sempre banhada pelos manto da luz lunar. Assim sucedendo, o papiro virgem onde se encontra o nome do seu amado, deverá ser queimado na chama da vela. O fumo deverá ter condições de ascender aos céus, e será essa uma das formas de fazer ascender o destinatário do seu pedido aos espíritos celestiais.

Tudo estando concluído, nessa mesma noite as cinzas do papiro queimado, assim como os restos da vela, devem ser enterrados em local ermo.

Sendo bem sucedido, o ritual fará as forças espirituais invocadas entrar na sua vida. Elas atuarão com a celeridade adequada, fazendo com que o amor entre forte e escaldante na sua vida. No entanto, cuidado: se o ritual for mal executado, prejuízos por vezes irreparáveis poderão advir para a sua vida amorosa

FILTRO DE AMOR PROIBIDO

Acessórios:

- 1 vela negra;
- 1 vela vermelha;
- 1 pauzinho de incenso sangue de dragão;
- 750 ml de água mineral;
- 1 pitada de alecrim;
- 10 ml (2 colheres de café) de chá preto;
- 3 pitadas de tomilho;
- 3 folhas de hortelã fresca;
- 6 petalas de rosa fresca;
- 5 ml (1 colher de café) de sumo de limão;
- 3 gotas do seu sangue.

Ritual:

Este ritual deverá ser feito 3 sextas-feiras consecutivas, sendo que o 1º dia para começar, deverá ser numa sexta-feira de noite de lua cheia.

Acenda as velas e o incenso. Pique um dedo e ponha uma gota de sangue em cada uma das velas.

Faça ferver a água mineral, na qual fará ferver todas as ervas, rosas e sumo de limão. Deixe em infusão durante 15 mn.

Beba um gole e diga:

"Á luz da lua,
Eu bebo esta poção,

Para que (F...) me deseje."

Beba outros goles, e diga:

"**Deusa da noite, que reinas sobre a paixão,
Ouve a minha prece, esta minha oração,
Fazei com que F... me deseje.
Que ele rejeite a (o) outra(o) e venha a mim,
Que a/o deixe, para vir para mim,
Que assim seja.**"

Recomece este feitiço (de igual forma) nas 2 sextas-feiras seguintes

RITUAIS PARA ATRAIR "FAVORES" SEXUAIS DE MULHERES E DE HOMENS

Para atrair favores sexuais de mulheres

Acessórios:

- 1 vela vermelha;
- 1 vela negra;
- 1 colher em prata;
- 1 pitada de pimenta;
- Cominho em pó;
- Mel.

Ritual:

Primeiro coloque a vela vermelha a sua esquerda e acenda-a. Depois coloque a vela negra a sua direita, e acenda-a.

Em seguida, pegue na colher de prata e passe-a por cima da vela vermelha, e depois a preta. Ponha mel na colher, salpique com a pimenta e o cominho pensando muito fortemente na mulher objeto dos seus desejos. Diga em alta voz e de maneira firme:

"Por Évora e seus poderes,
E pela força desta chama,
Que cesse este desespero,
E venham a mim os favores desta fulana.
Assim seja"

Coma o mel e apague a vela negra e a vermelha, com o seu dedo mindinho da mãe esquerda. O feitiço operará durante a próxima lua.

Para atrair favores sexuais de homens

Acessórios:

- 1 vela vermelha;
- 1 vela negra;
- 1 colher em prata;
- 1 pitada de pimenta;
- Cominho em pó;
- Mel.

Ritual:
Primeiro coloque a vela vermelha a sua esquerda e acenda-a. Depois coloque a vela negra a sua direita, e acenda-a.

Em seguida, pegue na colher de prata e passe-a por cima da vela vermelha, e depois a preta. Ponha mel na colher, salpique com a pimenta e o cominho pensando muito fortemente no homem objeto dos seus desejos. Diga em alta voz e de maneira firme:

> "**Por Deméter e seus poderes,**
> **E pela força desta chama,**
> **Quero que F... caia sob o meu encanto e me dê seus favores.**
> **De mim ele não possa mais fugir,**
> **É todo o seu corpo que eu quero ter,**
> **É do seu corpo que quero usufruir.**
> **Assim seja."**

Coma o mel e apague a vela negra e a vermelha, com o seu dedo mindinho da mãe esquerda. O feitiço operará durante a próxima lua.

BANHOS MÁGICOS

Banho mágico, o que é?

Os banhos mágicos constituem uma das mais fortes formas de magia natural.

Contudo, os banhos mágicos não são apenas usados na Magia Natural, mas também em noutros sistemas mágicos, tal como na magia dos Xamãs ou magia Xamanica. É frequente em certas técnicas esotéricas, o Xaman mergulhar em imersões preparadas para ajudar por um lado a atingir meios de consciência alterada, como por outro para atrair a si uma certa força ou entidade espiritual. Os banhos mágicos, na sua versão mais obscura, foram mesmo usados na Magia Negra; é célebre o caso de uma certa condensa do Leste da Europa, que tomava banhos em sangue de virgens, para prolongar a sua beleza e juventude.

Os banhos mágicos, constituem um instrumento místico por via do qual se usa um dos mais fortes elementos mágicos: a água.

A água, combinada com outras substâncias místicas de reconhecidas funções esotéricas, (por exemplo: o sal é reconhecidamente uma substância altamente desagradável a forças negativas, e por isso protetora), e processada através de rituais, pode constituir um poderoso meio de atração de forças espirituais e de influências energéticas altamente beneficiadoras dos mais diversos fins.

Os sistemas de Magia Natural, defendem que os banhos mágicos são formas de limpeza da aura, de reequilíbrio dos centros energéticos do corpo.

As teorias mais espiritualistas deste sistema mágico, afirmam que se por um lado temos um corpo físico, por outro também possuímos um corpo espiritual. Se o corpo físico vai acumulando sujidade e doenças e por isso necessita de tratamento e limpeza, o mesmo sucede com o nosso corpo espiritual ou celestial.

Ao longo do tempo, o nosso corpo celestial vai sendo contaminado energias negativas, vai sendo infestado com todo o tipo de distúrbio ou maldade espiritual que nos é dirigido. Assim sendo, os banhos mágicos são formas de, combinando a água com outros elementos possuidores de propriedades místicas reconhecidas, alcançar uma limpeza e reequilíbrio espiritual.

Há também quem admita uma função mais ativa do banho mágico, defendendo que realizado com as substancias adequadas e aliado de certos rituais, o banho mágico pode fazer atrair forças e influências espirituais altamente favoráveis aos nossos desejos. Nessa vertente, o banho mágico assume uma função análoga a de um feitiço.

Na magia sexual e na magia vermelha, o banho pode servir para cobrir o praticante desta técnica com características místicas extremamente favoráveis a aspectos eróticos e amorosos. Na magia dedicada a fins materiais e financeiros, este tipo de banho magico pode fazer afluir fortes apelos á boa sorte e desbloqueio de caminhos

Na bruxaria, os banhos mágicos podem ser usados para invocar com sucesso as influências de divindades relacionadas com as bruxas, (veja : Hecate, Vénus, Lilith), ao passo que na magia branca, a invocação de anjos e das suas forças celestiais pode também ser alcançada pelas técnicas esotéricas dos banhos mágicos.

Oferecemos alguns exemplos de vários banhos mágicos que poderá usar com sucesso para os mais variados fins.

BANHO MÁGICO DE HECATE

Banho mágico para comunicar com os mortos, banho magico para fins necromânticos, banho mágico para obter revelações e visões noturnas

Acessórios:

- 1 Vela violeta;

- 1 pauzinho de incenso de lavanda;

- Flores de lavanda, secas ou frescas.

Ritual:

Acenda a vela e queime o incenso na sua casa de banho.

Assegure-se que não será incomodada/o o resto da noite, pois deverá deitar-se imediatamente após o banho.

Coloque a água bem quente, dentro da sua banheira, e ponha as flores de lavanda. Entre na água e relaxe, durante cerca de 30 minutos, pensando na pessoa desaparecida, com que gostaria de comunicar.

Submerja sua cabeça dentro da água do banho por alguns segundos, e quando a tirar para fora de água, diga o seguinte:

"Hecate, tu que reinas sobre os desaparecidos,
Acorda-me a graça de uma comunicação,
Com F... (nome) através dos meus sonhos.

**As minhas intenções são puras e a minha demanda justa,
Não incomodarei o seu descanso por muito tempo,
Acorda-me este favor,
Que assim seja, por favor!"**

Saia da água e vá se deitar na sua cama, sem falar com ninguém, sem pensar em mais nada. Feche os olhos para adormecer. Receberá uma visita da pessoa no decorrer da noite.

BANHO MÁGICO DE VÊNUS

Banho mágico para fins amorosos. Banho mágico para atrair amor. Banho mágico para fazer amor voltar. Banho mágico para fazer ex amor regressar. Banho mágico para fazer amor aparecer

Ingredientes:

- 1 litro de água mineral.
- Metade de uma maçã com casca
- 7 pétalas de rosa vermelha
- 7 gotas de essência de sândalo

Ritual:

Numa sexta-feira (dia de Vênus), faça o seguinte:

Ferva numa panela 1 litro de água mineral.

Apague o fogo e acrescente a metade de uma maçã com casca, 7 pétalas de rosa vermelha, 7 gotas de essência de sândalo. Deixe a mistura esfriar. Depois de atingir uma temperatura amena, retire a pétalas de rosa e as maçãs para um saquinho plástico.

No final da tarde, tome um banho normal. Em seguida, despeje o preparado pelos ombros abaixo. Deixe que a mistura seque naturalmente no seu corpo, sem utilizar toalha.

Nessa sexta feira à noite, o saquinho com as pétalas e maçãs, deve ser devolvido ao mar.

Resultado: seu corpo ganhará um brilho especial que vai trazer a si, com desejo, o seu amado.

BANHO MÁGICO DE AMARRAÇÃO

Banho mágico de amarração amorosa. Banho mágico para amarrar amor. Banho mágico que antecede rituais de amarrações feitos por magia vermelha.

Magia vermelha:

Magia para trazer amor de volta;

Os feitiços de magia vermelha apenas devem ser usados em casos desesperados, ou seja, se você tiver perdido o seu amor e tudo aquilo que você haja tentado para recuperar a sua felicidade haja falhado. Um feitiço de magia vermelha vai fazer trazer o seu amor de volta para si com um irresistível apelo, e um amor incondicional.

Também se o seu amor estiver tendo uma relação com

outra pessoa, então pelo poder da magia vermelha, esta tipo de ritual vermelho ou feitiço vermelho, vai quebrar essa outra relação, afastando-o o seu amor de outra pessoa e trazendo o seu amor para si. A água (para saber mais, veja: banhos mágicos), é o elemento de amor, ao passo que é também o elemento de Vênus.

Aquilo que lhe trazemos é uma fórmula de amor poderoso.

Atue da seguinte forma:

Numa sexta-feira, às 22h00 prepare um reconfortante banho de emersão. Mergulhe no banho e relaxe. ate ao ponto de total libertação e conforto.

Pense fortemente e com intenso desejo na pessoa amada, e fazendo-o acaricie-se nas zonas corporais que lhe dão mais prazer.
Masturbe-se longamente, ao longo do máximo de tempo possível, de forma a conseguir um elevadíssimo nível de libertação, um ardente patamar de prazer, um estado de êxtase intenso, e contudo sempre focado na pessoa amada. Atinja livremente o orgasmo, da forma mais intensa possível. Assim feito, deixe-se mergulhar completamente na água, e relaxe, *deixando* todas as suas energias e fluidos sexuais se misturarem com a água.

Depois de tomar o banho, use uma taça para recolher a água do banho. Acenda um incenso de Patchouli.

Com serenidade, mistura 3 gotas de essência de canela, 3 gotas de essência de rosa e 3 gotas de essência de baunilha na água que se encontra na taça. Você esta criando uma poderosa

formula de invocação espiritual das forças relacionadas com o amor, sexo e erotismo.

Corte alguns cabelos seus, bem como unhas da sua mão esquerda, e misture na fórmula. Se é mulher, ao masturbar-se já adicionou os seus fluidos sexuais á agua do banho, pelo que deverá agora adicionar algumas gotas do seu sangue menstrual, e depois gotas de sêmen do homem amado. Se é homem, ao masturbar-se ja adicionou o seu esperma á água do banho, pelo que agora deverá adicionar algumas gotas do sangue menstrual da mulher amada. Embrulhe a taça, (sempre com cuidado para que nem uma gota da formula criada seja derramada), num pano vermelho virgem de seda.

Peça às forças espirituais do amor que venham a si. Havendo conjurado as forças espirituais com fé e devoção, peça-lhes que rapidamente tragam para si a pessoa amada. Faça-o com respeito, fé e a força do seu desejo. Nessa mesma sexta-feira, às 24h00 a taça deve ser enterrada debaixo de uma árvore. Ninguém poderá ver nem descobrir a taça com a fórmula de amor, (o que traria a perda do seu amor), por isso tome as devidas precauções.

Certifique-se quem nem uma gota da fórmula é derramada. Certifique-se que todos os procedimentos foram feitos de acordo com as instruções. Qualquer erro pode ter consequências trágicas, trazendo-lhe graves prejuízos para a sua vida pessoal

Ingredientes:

- 60 ml (1/4 chávena) de genciana
- 60 ml (1/4 chávena)de malmequer;
- 60 ml (1/4 chávena)de flores da paixão;
- 60 ml (1/4 chávena)de violeta

- 60 ml (1/4 chávena) de rosas;
- 1 Litro (5 chávenas) de água a ferver;
- 7 pauzinhos de incenso de rosa.

Ritual:

Ritual a realizar durante 7 noites seguidas, começando uma sexta feira à noite, em fase de lua crescente.

Ferva a água e as ervas. Quando a água estiver a ferver, desligue, e deixe em infusão durante 33 minutos. Filtre. Guarde a água num frasco, deverá reparti-la por 7 banhos consecutivos.

Portanto, durante 7 noites seguidas, acenda 1 pauzinho de incenso, prepare o seu banho, colocando nele um pouco daquela água, e uma vez mergulhada/o no banho, e diga o seguinte encantamento:

"Paixão, paixão que estás contida nestas ervas,
Imprègne o meu corpo da tua aurea mágica,
Que eu seja irresistível,
Que o sexo oposto venha a mim,
E eu possa escolher,
Segundo meu belo prazer.
Assim seja."

BANHO DE ATRAÇÃO DA ALMA GÊMEA

Ingredientes:

- 1 chávena de leite;
- 21 pétalas de rosa;
- 3 velas vermelhas;
- 1 pauzinho de incenso de rosas.

Ritual:

Faça este ritual numa sexta-feira à noite, em fase de lua crescente. Acenda as 3 velas e o incenso.

Tome um banho no qual coloca o leite e as pétalas de rosa. Uma vez no banho, diga o seguinte encantamento:

"Deusa do amor,
Grande poder da natureza,
Fazei com que venha a mim o amor,
Fazei com que venha a mim a minha alma gémea,
Seja minha aliada,
Nesta minha cruzada.
Assim seja."

BANHO MÁGICO DE AFRODITE

Banho mágico para atrair o amor, banho mágico de atração amorosa, banho magico para fazer amor ficar a seus pés

Ingredientes:

- 1 vela rosa;
- Pauzinhos de incenso de rosa;

- 7 pétalas de rosa;
- 7 pétalas de margaridas;
- 7 conchas do mar;
- 10 gotas de óleo essencial de orquídea;
- 10 gotas de óleo essencial de lavanda;
- 10 gotas de óleo essencial de ylang-ylang.

Ritual:

Ritual a realizar uma sexta feira à noite, em fase de lua crescente.

Acenda a vela e 1 pauzinho de incenso, prepare o seu banho, colocando nele os óleos.

Uma vez mergulhada/o no banho, e diga o seguinte encantamento:

"Paixão, paixão que estás contida nestas ervas,
Imprègna o meu corpo da tua aurea mágica,
Que eu seja tentador/a e irresistivel,
Que o sexo oposto venha a mim,
E eu possa escolher,
Segundo o meu belo prazer.
Assim seja."

Após o banho, apague a vela com os dedos (não sopre) e guarde-a para um proximo banho de Affrodite, que poderá fazer quantas vezes quiser.

BANHO DE AMOR - 1

Este banho pode ser tomado todos os dias, menos na Lua Minguante e na sexta-feira da Paixão.

Em três litros de água morna, coloque sete girassóis despetalados com as mãos, e quando despetalar, mentalize tudo que deseja.

Acrescente três colherzinhas de café de mel e tome do ombro para baixo. Se não tiver girassol, a essência serve. Ponha dezessete gotas.

Acenda uma vela rosa e seja feliz.

Faça tantas vezes quantas quiser, pois este banho também é válido para tornar nossa aura leve e simpática. Se quiser, pode acrescentar louro ou mil-homens; e os rapazes, mil-folhas.

BANHO DE AMOR - 2

Três folhas de louro, três de alecrim e três pétalas de rosa cor de rosa, ou cravo branco.

Peça união, casamento e dinheiro, mas se ligue mais no casamento, ou na união, especialmente se usar cravo branco.

BANHO DE AMOR - 3

Três colheres de sopa de leite (daquele de caixa, tipo longa vida), um punhadinho de sal (de preferência sal marinho), uma pitadinha de açúcar, branco, se possível, uma colherzinha de chá de mel e sete gotas do perfume do seu signo, ou do seu Orixá, ou de rosas, ou de almíscar, ou um perfume cigano, ou ainda, essências correspondentes.

Se quiser, acrescente sete pétalas de rosa cor-de-rosa. Misture tudo em uma jarra de vidro transparente e, depois do banho de chuveiro, tome este.

Quando estiver tomando o banho, mentalize o que deseja.

Se for homem, pingue perfumes à base de pinho ou de limão, ou mesmo de cravo.

BANHO DE AMOR - 4

Mulheres:

Dois litros de água, sete gotas de essência de cravo, sete gotas de essência de jasmim, três folhas de louro.

Deixar em infusão por sete minutos e, depois de uma chuveirada, tomar o banho, dizendo assim:

"Louro, cravo, jasmim, preciso de um amor sem fim!
Louro, cravo, jasmim - São João, traz um amor para mim!
Pelo Universo, que seja assim!
Pelo Universo, que seja assim!
Pelo Universo, que seja assim!"

Homens:

Para estes, o banho é igual ao das moças, trocando somente a essência de cravo pela essência de rosas.

BANHO DE AMOR - 5

Em três litros de água, coloque uma colher de sobremesa de açúcar cristal, treze gotas das seguintes essências ou perfumes: dama-da-noite, nardo, vênus. Treze pétalas de rosa amarela e um beijo (beije o seu dedo indicador, coloque-o na água, dizendo:

"Que este beijo dado no meu dedo indicador possa, junto com as essências e com a flor, me apontar um verdadeiro amor. Seja o açúcar para adoçar e a água para purificar".

BANHO DE AMOR - 6

Sete gotas de almíscar, sete gotas de baunilha, sete rosas vermelhas (medicinais), sete cravos brancos, uma folha de louro, três colheres de açúcar, três colheres de pó-do-amor, uma lasquinha de canela em pau, sete folhas de dólar verdes, uma colher de dandá-da-Costa em pó (opcional).

Em cinco litros de água fervente, coloque os ingredientes citados e deixe em infusão por 37 minutos; depois coar e tomar este banho do pescoço para baixo. Os resíduos devem ser colocados perto de uma árvore frondosa ou em um jardim. Pode também deixá-los na praia.

Quando despetalar as rosas e os cravos, deve mentalizar o pedido para arrumar um amor.

O açúcar e os dólares: pense em um amor bom e rico ou equilibrado financeiramente.

O louro: no sucesso - "Eu vou conseguir!" ("Você vai conseguir!")

Dandá-da-Costa e pó-do-amor: ninguém vai tirar este amor de você.

Baunilha e almísca: sedução total - ternura e paixão!

Finalmente, canela: "Só fará amor comigo!" ("Com você!")

Acenda uma vela para os anjos do amor: Anael e Haniel; e outra para Oxum, ou Vênus, como preferir, e peça, mentalize o que quiser, da forma que quiser.

No dia anterior, deverá tomar um banho de alecrim ou de arruda para limpar a aura, os corpos (mental, emocional, espiritual).

BANHO DE AMOR - 7

Para noivos e casais que se amam muito.

Em qualquer sexta-feira, antes do meio-dia ou depois das 15 horas (mas antes das 18h), tomem uma boa chuveirada e, durante a mesma, pensem que está escorrendo sobre vocês, molhando todos os corpos (físico, mental, emocional, espiritual) a água da felicidade, a água que levará todas as energias negativas e trará positivas energias a cada chuveirada que tomarem todos os dias.

Se alguma vez faltar a água, depois dessas mentalizações diárias, não lhes faltarão a compreensão, a alegria, a paz, a esperança, o companheirismo, a amizade e muito menos o amor.

Depois, após a chuveirada, tome um banho de espumas e mentalize que os seus problemas terão a duração das espumas. Depois, jogue mais espumas sobre você e mentalize que seus sonhos serão lindos como as espumas.

Este é um banho sagrado, muito usado na minha tradição. Quando fiquei noiva, fiz exatamente assim. Este banho pode ser feito também por casais que muito se amam e que estão, por isso, eternamente noivos.

Quando sair do banho, reze para Anael e Haniel - Anjos amigos das almas gêmeas, recitando o seguinte mantra:

ON KLIN KRON!

ON KLIN KRON!

ON KLIN KRON!

BANHO DE AMOR - 8

Um banho mágico, um encantamento de amor.

Sete rosas cor-de-rosa, sete gotas de baunilha e sete gotas do seu perfume preferido.

Diga:

"Mármore! Carne! Flor! Vênus! Eu creio!"

Este banho é poderoso, da especial preferência de Oxum, de Vênus, das deusas, das flores e fadas.

As palavras são de Humboldt, um sábio, cientista e feiticeiro.

Atenção: Estes banhos podem ser feitos para Oxum (orixá do amor), para Vênus (deusa do amor), ou para Haniel e Anael (anjos do amor).

BANHOS ESPECÍFICOS PARA HOMOSSEXUAIS

Ferver três litros de água. Quando estiver fervendo, apagar o fogo e colocar um pouco de salsão, três folhas de louro e algumas folhas de mil-homens. Mentalizar os pedidos, coar os resíduos e deixá-los na beira da praia, pedindo a Oxum para ajudá-lo.

Observação: Sendo mulher, em lugar de mil-homens, substitua por cravo branco ou vermelho.

Ferver três litros de água com três lascas de canela, três cravos-da-Índia e apagar o fogo quando a água estiver fervendo.
Acrescentar três folhas de louro, um punhado de salsão, mil-homens (três, cinco, sete... folhas) e duas colherzinhas de chá de pó-do-amor.

Misturar bem com uma colher ou pá de madeira.

Coloque a água para ferver e, quando estiver fervendo, apague o fogo.

Coloque manjericão, orégano, louro, rosa branca, alecrim, e tome depois do banho de chuveiro, de preferência nas Luas Nova e Crescente.

Quando tomar qualquer banho esotérico, acenda sempre incenso, uma vela para o seu Anjo da Guarda, cor-de-rosa, e uma vela para o Anjo, o Orixá, o Santo... a quem você recorrer.

BANHO PARA ESTIMULAR O SEU PODER DE ATRAÇÃO

Ingredientes:

- 1 rosa branca,
- 1 punhado de erva-doce,
- 1 punhado de cravo da índia,
- 1 punhado de canela em pau,
- 1 punhado de manjericão fresco,
- 7 colheres de café de açúcar,
- 7 gotas de baunilha e
- 7 gotas de essência de rosas.

Ferva mais ou menos 1 litro de água. Quando ferver apague, coloque todos os ingredientes, a rosa despetalada e abafe.

Tome seu banho normal e depois jogue esse banho do pescoço para baixo, deixando secar sem auxílio da toalha

BANHO PARA HOMEM ABRIR CAMINHO NO AMOR

Ingredientes:

- 1 laranja
- 1 cacho de uvas
- 1 tigela com água
- 1 vela branca
- 1 moeda
- 1 saquinho de pano branco

Soque as frutas e esprema num pano para tirar o suco. Ponha num copo e acenda a vela branca junto. Quando a vela acabar, misture o suco com a água e vá para um lugar onde possa ficar com os pés em contacto com o chão.

Tome um banho da cabeça aos pés. Querendo prosperidade, segure a moeda na mão direita.

BANHO PARA COMBATER NEGATIVIDADE

Quando a lua estiver cheia, descasque completamente nove limões usando apenas as suas mãos.

Vá colocando as cascas num balde ou numa tigela com água. Depois, aperte as cascas na água, espremendo o óleo até que o perfume limpo e forte do limão inunde o ar.

Visualize o óleo do limão limpando tudo o que for negativo na sua casa. Em seguida, ainda visualizando, esfregue o chão, as maçanetas e os beirais das janelas com a água do limão.

Despeje o restante nos ralos. Repita este ritual em toda lua cheia.

BANHO PARA ATRAIR
HOMEM OU MULHER

Este banho serve para a pessoa pensar em você e voltar:

- 1 vidro de óleo de semente de uva
- Essência de Bergamota (atrair homem), essência de calêndula (atrair mulher).

Colocar 15 gotas da essência dentro do vidro de óleo de semente de uva.

Tomar um banho normal e passar depois o óleo no corpo pensando na pessoa

BANHO PARA AFASTAR
PENSAMENTOS RUINS

Ingredientes:

- Meio maço de Sálvia
- Nove folhas de louro
- Nove galhos de manjericão

- Três colheres de sopa de cravo (em pó é o ideal)

Ferver o louro com o cravo até que a água tenha um tom de amarelo, deixe esfriar e coloque numa bacia específica para banhos.

Amasse então as ervas frescas até que se pareçam oxidadas (fiquem escuras). Deixe em exposição ao luar, e acrescente uma peça de ouro, retirando no dia seguinte e tomando o banho da cabeça aos pés.

Devolva todo o material utilizado à natureza, deixando aos pés de uma árvore ou enterrando, a mesma que ofereceu parte de si com amor e agradeça.

BANHOS MÁGICOS PARA ATRAIR BONS FLUIDOS

Misture dinheiro em penca, folhas de dólar, folhas de malva cheirosa, folhas de laranjeira, folhas de elevante, folhas de manjericão, folhas de fortuna, macere estas ervas com água e coe, misture um pouco de água quente para dar temperatura de banho, ponha num balde, entre dentro de uma bacia e vá despejando o banho por cima do corpo (nunca ponha nenhum tipo de banho na cabeça), despeje o conteúdo da bacia dentro do quintal.

Se quiser lavar a casa com esta receita é bom lavar da frente para os fundos e despeje o resto no fundo do quintal; como é um banho para atrair bons fluidos não deve ser despachado do lado de fora do pátio, caso você more em apartamento deixe um vaso grande com folhagens numa área onde possa colocar estes banhos.

BANHO MÁGICO DAS 7 ERVAS

Banho de 7 Ervas contra inveja e Mau Olhado

Faça um banho morno com as seguintes ervas:
- Arruda;
- Alecrim;
- levante;
- Guiné;
- Boldo;
- Folhas de pitangueira;
- Espada de São Jorge.

Tome o banho do pescoço para baixo, de preferência antes de dormir. Descarregue a água "suja" num verde. Repita por 7 segundas-feiras seguidas

BANHOS DE LIMPEZA OU DE DEFESA PESSOAL

BANHO I:

- 3 xícaras de café bem forte e 5 litros de água.

Este banho afasta as energias negativas, reenergiza, acaba com pesadelos e com a mania de perseguição, desde que tomado com fé, rezando antes e depois para Jesus, Maria, José, para os anjos e para o seu em especial.

Acenda uma velabranca para seu anjo da guarda e deixe queimar até o fim.

BANHO II:

- 3 punhados de sal marinho em 5 litros de água, acabam com todas as malignidades.

Depois de 4 horas, tome um banho de alecrim, ou de eucalipto para se reenergizar, porque o sal afasta tudo que há de mal, mas impede a entrada de qualquer energia, ainda que boa.

BANHO III:

- Alecrim, Alfazema e arruda nos livram dos males e, ao mesmo tempo, reenergizam.

Se as folhas estiverem frescas, massere-as e coloque-as na água quando ela estiver fervendo e apague o fogo.
Se estiverem secas, deixe em infusão.

BANHO IV:

- 3 colheres de sopa de sal grosso, 2 xícaras de vinagre branco, 5 a 6 litros de água.

Banho muito poderoso. É necessário tomar outro banho para se reenergizar que pode ser de alecrim, de arruda, de alfazema, de café com leite e chocolate...

BANHO V:

- 7 dentes de alho roxo, ou claro inteiros e frescos, 2 colheres de sopa de tomilho, igual quantidade de sálvia seca, a mesma porção de mangericão seco, 7 litros de água, 1 colher de sopa de sal marinho.

Este banho afasta as energias negativas trazidas por problemas nossos e alheios, pela presença de pessoas de baixa frequência vibratória e por nossos pensamentos negativos.

Como sempre, depois de algumas horas, se faz necessário um banho reparador que pode ser de camomila, erva-doce e cidreira, ou um banho de alecrim...

BANHO VI:

- Um banho comum: água e sal grosso. 7 no máximo, e 3 no mínimo, punhados de sal grosso para 5 a 7 litros de água.

BANHO VII:

- 3 a 7 folhas de abre-caminho, o mesmo de alecrim, igual número de arruda, ou alfazema. Não precisa tomar banho de apoio

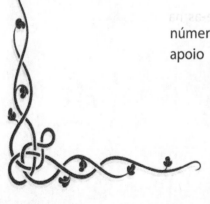

SIGNOS E BANHOS MÁGICOS

Os signos e os banhos mágicos. Os banhos magicos que abrem a boa sorte a cada um dos signos e são fortes feitiços para abertura de caminhos

Feitiço de sorte para o Signo de Áries:

Faça um banho com manjericão, palma de Santa-Rita, 6 folhas de cipreste, um girassol e um pouco de gerânio. Jogue tudo do pescoço para baixo durante a Lua Nova. Essa magia vai trazer força para o seu dia a dia.

Feitiço de sorte para o Signo de Touro:

Este banho traz boas energias, basta você colocar em água quente malva-branca, papoula, açucena e pétalas de rosa branca. Quando amornar, jogue no corpo, do pescoço para baixo, em noite de Lua Minguante.

Feitiço de sorte para o Signo de Gêmeos:

Pegue uma margarida, folhas de louro, um punhado de alecrim e vassourinha. Faça seu banho e jogue no corpo, do pescoço para baixo, em noite de Lua Cheia. Esta é uma boa proteção contra inveja.

Feitiço de sorte para o Signo de Câncer:

Em uma noite de Lua Crescente, faça um banho colocando em água fervente arruda, malva-rosa, malva-branca, uma rosa e uma dália. Quando estiver morno, jogue no corpo para alcançar seus ideais.

Feitiço de sorte para o Signo de Leão:

Este banho atrai boas vibrações. Em noite de Lua Nova, pegue 9 folhas de laranjeira, 3 levante-branquinha, 2 rosas brancas e 2 pétalas de violeta e coloque em 3 litros de água fervente. Deixe esfriar e jogue no corpo.

Feitiço de sorte para o Signo de Virgem:

Numa noite de Lua Minguante faça um banho com folhas de sabugueiro, 3 rosas vermelhas, um pouco de guiné, um cravo branco e uma açucena. Isso irá ajudar a conservar a organização.

Feitiço de sorte para o Signo de Libra:

Arrume um lírio, 2 orquídeas, 3 folhas de macieira, algumas folhas de cânfora e 10 folhas de limoeiro. Faça um banho com elas para atrair sorte para sua vida.

Feitiço de sorte para o Signo de Escorpião:

Atraia boas energias fazendo um banho com um punhado de cordão-de-frade, uma dália, um amor-perfeito e 2 ramos de comigo-ninguém-pode. Jogue no corpo, do pescoço para baixo, em dia de Lua Crescente.

Feitiço de sorte para o Signo de Sagitário:

Faça um banho com 3 gerânios, 3 violetas, 3 cravos amarelos e um pouco de cipó-pedrs. Jogue no corpo num dia de Lua Nova. Isso vai afastar todos os fluidos negativos.

Feitiço de sorte para o Signo de Capricórnio:

Para abrir caminhos, faça um banho com arruda macho e arruda fêmea, um cravo branco, uma papoula, folhas de eucalipto, pinheiro e cana. Jogue a mistura no seu corpo numa manhã de Lua Minguante.

Feitiço de sorte para o Signo de Aquário:

Em dia de Lua Cheia, faça este banho contra as más influências. Arrume folhas de salgueiro, orquídea, margarida, arrebenta-cavalo, fedegoso e folhas de bambu e banhe-se mentalizando a energia positiva

Feitiço de sorte para o Signo de Peixes:

Este banho traz proteção no lar. Pegue um pouco de guiné, 3 rosas brancas, um amor-perfeito, folhas de laranjeira e de manga. Faça um banho durante a Lua Crescente e jogue no corpo, do pescoço para baixo.

Sexo é uma das mais poderosas energias do ser humano.

Para se ter uma ideia, é só dar uma olhada nos habitantes de algumas regiões pobres do mundo. Eles são privados de quase tudo, mas mesmo assim continuam "fazendo fi-lhos". Nas nossas entranhas reside uma energia que tem o potencial de criar qualquer realidade que queiramos. Infelizmente, a maioria dos seres humanos tem uma relação de amor e ódio com o sexo, que é reflectida de muitas maneiras. Ex.: promiscuidade, perversões auto-destrutivas, intolerância religiosa, negações, abusos, estupro, etc.

Religiões têm feito muito para suprimir nossa natureza sexual, e têm mantido as pessoas ignorantes em relação ao uso desta nossa energia divina.

Quando nós aceitamos nossa natureza e energia sexual, ficamos livres para usar todos os seus poderes em nosso benefício. Desta forma, não vamos mais adorá-la ou ignorá-la, e sim entrar em harmonia, e olhar para nossa sexualidade como parte da nossa divindade.

Assim, isto se tornará alegre, leve e amoroso, e aprenderemos a usar o sexo não só para a procriação ou gratificação sensual.

Sexo é energia criativa

A magia:

O sexo mágico é baseado no fato de que o ponto de energia mais poderoso do Ser humano é o orgasmo. Sexo mágico é a arte de utilizar o orgasmo para criar uma realidade e expandir nossa consciência.

Todos os nossos sentidos e poderes psíquicos são aumentados no momento do orgasmo. Algumas pessoas podem dizer que fantasiam sobre algo ou alguém durante o ato sexual e isto nunca se materializa. Isto acontece porque muitos de nós, no momento do orgasmo, ficamos perdidos em nossos sentidos físicos. Tudo bem, não há nada de errado em usar o sexo por puro prazer.

No sexo mágico mantemos o foco durante o orgasmo e canalizamos essa energia para criar a realidade que queremos. Qualquer realidade, criar um emprego, relacionamento, novas experiências, etc.

O processo:

Relaxe e respire fundo, a respiração é o sucesso do sexo mágico, relaxe seu corpo, a barriga e a mandíbula. Pense no que você gostaria de criar, é importante que você realmente tenha vontade de que isso aconteça.

Seja específico.

Faça isso no presente, como se isso já fosse uma realidade. Coloque todo seu foco na criação. Veja, escute, sinta o cheiro, o gosto, toque, como se isso fosse real. Visualize você nesta criação. Continue vivendo estas imagens e intensifique-as, faça-as maior, com mais cores, mais vivas. Respire profundamente enquanto você vivência estas cenas.

Quando você tiver identificado todos os sentimentos e imagens que melhor representem o que você quer criar, associe tudo isso a um símbolo, qualquer que seja, um que seja fácil e simples para você (a associação de um símbolo que represente a sua criação é feita somente para tornar mais fácil este processo, pois a qualquer momento que você queira repetir a experiência, é só trazer à sua mente este símbolo, sem a necessidade de criar todas as imagens novamente.)

Depois disso, deixe este símbolo ou as imagens irem embora, esqueça-os, relaxe e respire.

Prática:

Reserve um tempo só para isso.

O melhor é você começar a fazer este processo sozinho, através da auto-estimulação, masturbação, mas nada impede que você o faça quando estiver com seu parceiro (a). Relaxe e traga à sua mente o seu símbolo, ou o a cena que você criou, concentre-se nisso por um tempo, faça-os bem vivos e depois os esqueça, liberte isso de sua mente. Comece a se estimular, se masturbar ou a ter uma relação sexual, do seu jeito, como você costuma fazer.

Vá até o ponto em que você vai ter um orgasmo e pare, exatamente um pouco antes daquele ponto sem retorno. Faça isso algumas vezes, isto é feito para carregar de energia nosso centro sexual. Depois de ter quase chegado ao orgasmo por várias vezes (no mínimo seis e no máximo quantas forem confortáveis para você), você estará pronto para deixar que ele aconteça. No momento e durante o orgasmo, traga à sua mente o seu símbolo ou as imagens que você criou anteriormente, faça-os vivos, excitantes, grandes, coloridos e bonitos. Fique focado nisso, respire e coloque toda sua energia na sua criação.

No momento em que você está tendo o orgasmo e focando em seu símbolo, ou em suas imagens, você estará liberando toda esta energia para o universo. A realidade se criará por si só, podendo se manifestar imediatamente, ou ser lançada ao cosmos, para que tome forma no momento certo. Esta realidade também poderá ser manifestada como uma oportunidade, uma visão, uma cura, etc.

Obs: Se você quiser usar um objeto em vez do símbolo para projetar sua criação, ótimo, segure-o com sua mão no momento da criação mental, depois o coloque ao seu lado. No momento do orgasmo, segure-o. Assim, toda vez que você queira fazer alguma criação é só segurar este objeto que você já programou.

Antigo Livro de São Cipriano o Gigante e Veradeiro Capa de Aço | *N.A.Molina*

7ª PARTE

Sucesso Riqueza e Prosperidade

Para negócios, dinheiro e projetos:

Quinta feira, às 12h00, encher um cálice com incenso em pó. Arder o incenso, defumando-o fortemente em fogo. Depositar 5 moedas no fogo do incenso, dizendo a seguinte oração:

Poderoso e justo Júpiter, Sol e luz do mundo, fazei-me prosperar em todos os meus passos, amparai-me e conservai-me. Assim seja pelo poder de Júpiter.

Depois acendei uma vela vermelha, e sob a chama da vela colocai um faca de ritual, e dizei: Magnânime Marte, imparável força das conquistas, favorecei os meus empreendimentos.

Assim seja, pela conquista de Marte.

A faca de ritual, a taça com o incenso onde estão as 5 moedas, devem ser guardadas secretamente. Este ritual deverá ser realizado sempre que se for necessário atrair as imparáveis forças espirituais e astrológicas que favorecem as conquistas e os empreendimentos.

O RITUAL DAS VELAS NEGRAS

Este ritual mágico visa trazer dinheiro e prosperidade.

INGREDIENTES:

- 2 velas pretas altas;

RITUAL:

Este ritual deverá ser feita no primeiro dia de um quarto crescente. Escreva em cada uma das velas o seu nome e as palavras: Dinheiro, Riqueza e Prosperidade. Em seguida segure uma vela em cada mão e aperte-as com força, até conseguir sentir o seu sangue a pulsar.

Em seguida, diga alto:

"Que estas velas me tragam prosperidade e riqueza e de maneira nenhuma eu sofra algum efeito adverso!"

Depois pouse as velas. Apague-as com os seus dedos (não sopre para as apagar). Acenda-as todas as noites até que acabem.

Repetir a simpatia várias vezes (utilizando as mesmas velas) aumenta a eficiência do feitiço

RITUAL DE MAGIA NEGRA PARA DINHEIRO RÁPIDO E FORTUNA INCALCULÁVEL

Apenas é necessário:

- 1 Agulha
- 1 Bíblia
- A vossa alma
- O vosso sangue

Procedei da seguinte forma:

Ao primeiro minuto de um domingo, entrar numa igreja. Não se ajoelhando, enfrentar o altar e mentalmente renunciar a Deus e a igreja católica. No momento da renúncia, deverá com uma agulha, (esterilizada), perfurar o dedo indicador da mão esquerda, e beber 3 gotas do seu próprio sangue. A renúncia estará assim selada com sangue.
Deverá então abrir uma bíblia em… e ali depositar a agulha com que se perfurou. Fecha a bíblia. Abandonará assim os caminhos de Deus, renunciando as escrituras que foram simbolicamente perfuradas pelo mesmo metal com que você selou a sua deserção com sangue.

Na porta da igreja, de costas viradas para o altar, recitai a seguinte ladainha:

Satanás e sublimes 199 anjos desertores,
Senhores das trevas, anjos destruidores
Almas perdidas e anjos fornicadores
Senhores do profundo exílio, da terra perdida
Senhores deste mundo vivente
Senhores do inferno ardente
Legião demoníaca mais temida
Vós que atingiste maridos de Sara
Vós que seduziste David
Vós que serviste Salomão
Vós que disputaste o corpo de Moisés
Vós que tentaste Eva, e a haveis possuído em perversa
Luxúria, dando ao mundo Caim,
Vosso filho amado
Filho ao eterno sangue condenado
Vós que sois pais de nefilins
E amantes de concubinas traidoras
Vós que sois pecaminosos senhores e amos
Das filhas dos homens pecadoras
Renunciei a deus, para a vós me entregar
Fazei-me assim naquilo que eu vos implorar
Aceitai este vosso servo que agora venera o grande dragão
Fazei-me um da besta e um da legião
Ornamentai-me com vosso poder
Vesti-me com vosso terrível dom e saber
Investi-me da mácula e deserção
Fazei de mim vosso condenado irmão.

A ladainha está dita, e vossa deserção assumida.

Aguardei 6 noites.
Depois mais 6 noites. E no fim, mais 6 noites.

Neste período de 6 noites que se repete 3 vezes, um demônio entrará na vossa vida.

Ele entrará ou em pessoa de carne e osso inocentemente possuída, ou em etéreos sonhos.

Se for pessoa, tanto poderá ser um estranho, uma mulher, um homem, ou até mesmo um familiar. Conforme o demônio vos dirigir, ele escolherá a forma que lhe é mais agradável. Uns preferem aparecer na forma de uma bela mulher, ao passo que outros na forma de uma pessoa idosa, ou outros mesmo na forma de um animal (cão negro, serpente, pomba, gato, etc)

Se for em sonhos, o demônio entregar-vos-á uma mensagem, ou falará, ou fará algo. Existiram pessoas que fizeram amor com demônios em sonhos, outrasque foram atacadas, outras que simplesmente se sentaram numa mesa para desfrutar de um agradável festim, outras presenciaram um animal que os observava. Dependerá do demônio que irá te contatar.

Pelo meio for, o demônio te pedirá algo.

Devereis ser astuto como a serpente que fez Eva cair em tentação, para entender o pedido do demônio, pois apenas á astuta serpente se abrem as portas do poder do inferno, ao passo que para o inocente ficam reservadas as portas do céu.

Entendei o pedido.

E nesse momento, pedireis o vosso pedido.

Assim satisfeito o pedido do demônio, vosso pedido será igualmente satisfeito.

A bíblia com que realizou a sua deserção a Deus, deverá ser conservada intacta em lugar secreto. Apenas você pode saber a localização dessa bíblia e ninguém mais neste mundo poderá sequer ver essa bíblia. A bíblia não poderá nunca mais ver a luz do dia. A bíblia assim ficará até o dia da sua morte. Se alguém puser olhos nela, sua desgraça será imediata, seu pacto se virará contra si. Cautela, porém, pois essa bíblia é seu ponto fraco e sua fonte de poder. Enquanto segredo houver, reinará proteção e satisfação do seu desejo.

A bíblia assim será conservada, para que você jamais esqueça o pacto feito.

No último dia da sua vida, o demônio virá buscar sua alma, e sua bíblia.

VIRTUDE DO AZEVINHO

A meia-noite, do dia 23 para o 24 de junho, (noite de São João), cortai o azevinho com faca de aço, e depois que o tiverdes cortado, abençoai-o em nome do Pai, do Filho e do Espírito Santo;

Depois de tudo isto levai-o junto do mar e passai-o pelas sete ondas do mar; e enquanto estais fazendo sempre cruzes com a mão direita sobre as ondas e o azevinho. O azevinho poderá trazer muitos benefícios para quem o levar sempre consigo, conforme passamos enumerar:

I — Quem trouxer na sua companhia o azevinho, tem fortuna em todos os negócios que fizer e em tudo que diz respeito à felicidade do homem.

II — Quem trouxer consigo o azevinho e tocar com ele uma pessoa com a fé viva de que o há de seguir imediatamente, a dita pessoa segue para toda à parte a pessoa que o tocou.

Este segredo tem sido experimentado por milhares de pessoas e sempre se saíram vitoriosas.

III — O azevinho tem virtude para tudo que o possuidor desejar. Qualquer pessoa que possuir o azevinho e o tenha pendurado na loja, isto é, se for pessoa estabelecida, deve todos os dias de manhã, quando chegar à loja, proferir as seguintes palavras:

"Deus te salve azevinho, criado por Deus".

Desta forma a dita loja será muito afortunada. Tem sido por este sistema que muitos negociantes portugueses se têm enriquecido.

PARA TER SORTE NO JOGO

Manda-se fazer uma figa de azeviche, recomendando especialmente que a faça com uma faca nova e de aço fino.

Leva-se logo em seguida a figa ao mar, suspensa por uma fita de Santa Luzia e passa-se com ela três vezes, sete vezes ou vinte e uma vezes pelas espumas das ondas.

Enquanto assim está se procedendo reza-se três vezes o Credo, muito baixinho, quase imperceptível, e se oferece a Santa Luzia uma vela de quarta.

O jogador deverá trazê-la ao pescoço, quando jogar, tendo porém, o cuidado de não se deixar cegar pela ambição, nem tampouco arrastar pela cobiça, a fim de tirar desta receita um resultado satisfatório.

O OVO CLARIVIDENTE

Esta prática deve ser feita na noite de São João, ou seja, de 23 para 24 de junho.

A pessoa que quiser conhecer sua sorte, deverá, durante a fria noite de São João, deixar um Ovo de galinha dentro de um copo d'água, que deverá apanhar todo o sereno da noite.

Pela manhã, quando a pessoa que o colocou for vê-lo, a sorte estará claramente descrita no interior do copo.

PARA CONSEGUIR O EMPREGO DOS SEUS SONHOS

Um dia antes de sair para procurar emprego, às seis horas da tarde em ponto, acenda uma vela amarela para seu anjo da guarda e peça a ele com muita fé que o ajude a conseguir o emprego com que sonha.

Ao pé da vela, deite um par meias novas que nunca tenham sido usada antes. Deixe a vela queimar até ao fim.

A noite, ao ir dormir, vista este par de meias pelo avesso.

No dia seguinte, quando for procurar o emprego que deseja, vista o par de meias corretamente e acredite no êxito de sua empreitada.

PARA ACHAR UM EMPREGO

Pegue uma folha de mangueira e a risque com giz branco.

Coloque essa folha na sua carteira e fique com ela lá até ela secar ou conseguir emprego. Em ambos os casos, depois que ela secar, esfarele-a e jogue o pó ao vento, oferecendo-o ao tempo e lhe pedindo que lhe traga logo o emprego desejado.

Se ela secar antes de você conseguir o emprego, continue a fazer a simpatia até conseguir.

PARA TER PAZ NO TRABALHO

Vá uma igreja ao meio-dia e acenda uma vela, rezando com muita fé para que as Almas Benditas o ajudem a superar as dificuldades em seu ambiente de trabalho. Feito isso, prometa levar flores brancas ao altar assim que resolver seus problemas

PARA CONSEGUIR UM EMPREGO

Acenda uma vela para seu anjo, deixando aberta diante dela sua carteira de trabalho numa página em branco dos contratos de trabalho. Coloque uma chave fina de metal em cima da carteira e deixe a vela queimar até o fim. Quando isso acontecer, feche a carteira com a chave dentro e continue procurando emprego. Leia o salmo 143.

SIMPATIA DO MILHO
PARA CONSEGUIR UM EMPREGO

Pegue sete grãos de milho, faça um breve num pano branco ou azul, e durante sete dias use-o com você, mentalizando o seguinte:

"Oxosse Caçador, assim como você caça tudo, caça um emprego para mim.

Eu te peço, em nome de Oxalá!"

Passados os sete dias, pode continuar pedindo e quando conseguir o emprego, levar três espigas de milho e uma vela verde em algum lugar descampado, de preferência na mata, e oferecer ao Orixá.

PARA ALUGAR UM IMÓVEL

Tomar um banho de alecrim ou um banho comum. Durante o mesmo, mentalize coisas boas, pedindo inclusive o refazimento de suas energias.

Em seguida, vista uma roupa clara, pegue uma chave qualquer, chegue à janela e, olhando para o céu, diga:

"SÃO PEDRO DA TERRA, SÃO PEDRO DO AR! AJUDA-ME, POR CARIDADE, PORQUE PRECISO O MEU IMÓVEL ALUGAR. SÃO PEDRO DO CÉU, SÃO PEDRO DO MAR! AJUDA-ME, POR PIEDADE, PORQUE TENHO NECESSIDADE DO MEU IMÓVEL ALUGAR. ASSIM QUE MEU PEDIDO FOR ATENDIDO, TE DAREI UMA CHAVE NOVA DE PRESENTE. E ALÉM DELA, UMA VELA; E MUITO MAIS QUE TUDO, MEU AMOR, MINHA GRATIDÃO, MEU CORAÇÃO."

Quando for atendida, compre a chave, embrulhe num papel branco ou verde, deixando-a na praia ou na igreja.

Depois, acenda uma vela verde para São Pedro. Se você fizer a simpatia com fé, com certeza dará certo!

PARA ABRIR UMA LOJA

Faça um altarzinho num lugar discreto e acenda uma vela branca, pedindo ao seu anjo que o ajude a ter sorte nesse negócio. Deixe no altar uma paçoca ou um doce de leite. No dia seguinte, antes de inaugurar o estabelecimento, parta o doce e o ponha ao redor da entrada de um formigueiro.

PARA GANHAR EM JOGOS DE LOTERIAS

Coloque embaixo do travesseiro, no primeiro dia da lua crescente, 3 pauzinhos de canela e peça aos Orixás da riqueza, ou aos 3 Reis Magos, ou aos Ciganos, que mostrem, por amor, os números certos.

Peça durante 3 dias, e os sonhos deverão se repetir e alguns dos números também.

Depois que pedir, não fale com ninguém até o dia seguinte. Se não sonhar, não insista, pois só poderá fazer esta simpatia durante 3 meses, ou seja, 3 luas crescentes.

Orixás da riqueza: Oxum, Oxumarê.

OUTRA PARA ACERTAR NA LOTERIA

Esta simpatia se aplica a qualquer jogo que tenha números.

Na noite de uma quinta-feira de chuva, pegue um par de meias de que você mais goste e amarre uma na outra.

Coloque-as debaixo do seu travesseiro e vá dormir mentalizando números.

No dia seguinte, ao acordar, use essas meias pelo avesso e jogue, acreditando com muita fé que você irá acertar.

Se você sonhou com números, lembre-se deles e jogue.

RITUAL CIGANO
PARA A SORTE

O cigano preserva muito a sua sorte. Existem várias crenças para mantê-la, da vida uterina até a sua morte. Diariamente a gestante cigana faz um ritual simples para que a criança ao nascer tenha sorte.

Ao avistar os primeiros raios do sol, passa a mão em sua barriga, da mesma forma, logo que vê os primeiros raios de luar, ela repete o gesto desejando sorte e felicidade para o bebê. Esta é a forma dela saudar as forças na natureza e pedir-lhe as bênçãos de suas luzes para a vida que já existe em seu ventre. No sétimo dia após o nascimento da criança a mãe dá um banho no bebê, jogando moedas, jzias de ouro e pétalas de rosas em sua água, para que o filho ou filha conheça sempre a fartura, prosperidade e a riqueza.

TAÇA DA PROSPERIDADE

Monte uma taça, mentalizando receber prosperidade da seguinte forma:

Deve ser uma taça transparente de vidro ou cristal, tanto pode ser em uma fruteira como uma taça de champanhe, depende do tamanho das pedras que colocar.

Por que a taça?

É o símbolo da receptividade do útero, da fecundidade. É na taça que brindamos a felicidade e a vitória em todos os sentidos (casamento, nascimento, conquistas, entrada de ano novo, etc). Tem ainda a ver com sacralidade: como o Santo Graal; o cálice que Cristo selou a Santa Ceia; o cálice sempre representou o poder do reis, dos deuses pagãos, etc.

Coloque nessa taça os cristais da relação a seguir e não se esqueça que tais cristais deverão estar limpos e energizados antes de montar a taça. Limpeza e energização dos cristais: Deixar 24 horas imersos em água e sal, depois passar em água corrente e deixá-los expostos ao Sol pelo menos durante uma hora para energizar recebendo o Prana.

- 1 pirita (molécula cúbica) facilita ganhos materiais.
- 7 citrinos - símbolo da riqueza (7 = Domínio do espírito sobre a matéria)
- 1 ponta de cristal branco - união de todas as cores para paz e harmonia.
- 1 ametista - transmuta energia negativa em positiva, pedra da espiritualidade.
- 1 ônix - facilita a aquisição de bens.
- 1 quartzo rosa - traz realização em todas as manifestações do amor.

- 1 quartzo azul - proporciona equilíbrio.
- 1 quartzo verde - irradia saúde
- 1 cornalina - para concretizar objetivos.
- 1 crisopraso - suaviza o coração trabalha o perdão.
- 1 ágata vermelha para acelerar os processos estagnados.

Completar com água filtrada e deixar em local visível na casa como decoração emanando prosperidade. Trocar a água uma vez por semana.

SIMPATIA PARA NEGÓCIOS

- 2 pedaços de pano branco virgem de 5 para 6 centímetros

Costurar em volta a mão, com linha verde deixando uma abertura. Colocar dentro 7 grãos de lentilha, 3 grãos de milho, 1 folha de louro, um pouco de salsinha desidratada.

Feche a última abertura com a linha verde, deixe a noite inteira no sereno, depois coloque na sua bolsa e deixe lá. Acender a vela amarela para os ciganos mercadores.

FEITIÇO DO TESOURO

Na hora mágica da noite de São João uma fogueira de luz intensa você deve acender para inflamar uma infusão que seja vil e forte enquanto presta atenção a esta mágica canção:

Num caldeirão misture
Pena de pássaro preto e urze roxo,
Raiz de mandrágora, coração de lagartixa,
Mecha de cabelo de um mago adormecido,
Olho-de-gato em pó, sangue de drago,
Asa de morcego, chifre de cervo,
E deixe por três noites a infusão macerar,
Mexa com a vara de condão, depois ali cuspa
Duas vezes para sorte, três para assegurar.
Venha na manhã seguinte com um tesouro se deparar!

Por favor, perceba: "Olho-de-gato em pó" é uma pedra semipreciosa e não o olho de um gato transformado em pó; "sangue de drago" refere-se a uma substância vermelha, resinosa, obtida da fruta de uma árvore, a Daemonorops draco, da Ásia tropical. "Asa de morcego" é, de fato, um morcego.

SIMPATIAS A MEIA NOITE DE FINAL DE ANO

PULAR SÓ COM O PÉ DIREITO. Você estará atraindo boas coisas para a sua vida, pois, segundo a bíblia, tudo que está à direita é bom.

JOGAR MOEDAS, da rua para dentro de casa (se você

mora no térreo, por favor). Dizem que atrai riqueza para todos que moram no lugar.

DAR TRÊS PULINHOS, com uma taça de champanhe na mão, sem derramar uma gota. Depois, jogar todo o champanhe para trás, de uma vez só, sem olhar. Você deixa para trás tudo de ruim. E não se preocupe em molhar os outros: quem for atingido pelo champanhe terá sorte garantida o ano todo.

SUBIR NUM DEGRAU numa cadeira, enfim, em qualquer coisa num nível mais alto. Diz o folclore que isso dá impulso a sua vontade de subir na vida. Comece, é claro, com o pé direito.

FAZER BARULHO: é uma forma de afugentar os maus espíritos que os povos antigos praticavam. Vale apito, batucada, bater panelas, desde que seja exatamente à meia-noite. Dizem que não há mal que resista.

ACENDER VELAS NA PRAIA ou jogar rosas nos espelhos de água, em intenção de Iemanjá: A deusa africana protege seus fiéis, com saúde, amor e dinheiro o ano todo

As portas e janelas das casas devem estar abertas, as luzes acesas. Ainda é de bom agouro ficar acordado.

Há ainda o belo costume de receber o Ano Novo com fogos de artifícios, sinos tocando e muita música, tudo à meia-noite. Enfim os desejos, pedidos, simpatias e sonhos sonhados.

SORTE PARA CADA SIGNO

Áries: Faça um banho com manjericão, palma de santa-rita, 6 folhas de cipreste, um girassol e um pouco de gerânio. Jogue tudo do pescoço para baixo durante a Lua Nova. Essa magia vai trazer força para o seu dia a dia.

Touro: Este banho traz boas energias, basta você colocar em água quente malva-branca, papoula, açucena e pétalas de rosa branca. Quando amornar, jogue no corpo, do pescoço para baixo, em noite de Lua Minguante.

Gêmeos: Pegue uma margarida, folhas de louro, um punhado de alecrim e vassourinha. Faça seu banho e jogue no corpo, do pescoço para baixo, em noite de Lua Cheia. Esta é uma boa proteção contra inveja.

Câncer: Em uma noite de Lua Crescente, faça um banho colocando em água fervente arruda, malva-rosa, malva-branca, uma rosa e uma dália. Quando estiver morno, jogue no corpo para alcançar seus ideais.

Leão: Este banho atrai boas vibrações. Em noite de Lua Nova, pegue 9 folhas de laranjeira, 3 levante-branquinha, 2 rosas brancas e 2 pétalas de violeta e coloque em 3 litros de água fervente. Deixe esfriar e jogue no corpo.

Virgem: Numa noite de Lua Minguante faça um banho com folhas de sabugueiro, 3 rosas vermelhas, um pouco de guiné, um cravo branco e uma açucena. Isso irá ajudar a conservar a organização.

Libra: Arrume um lírio, 2 orquídeas, 3 folhas de macieira, algumas folhas de cânfora e 10 folhas de limoeiro. Faça um banho com elas para atrair sorte para sua vida.

Escorpião: Atraia boas energias fazendo um banho com um punhado de cordão-de-frade, uma dália, um amor-perfeito e 2 ramos de comigo-ninguém-pode. Jogue no corpo, do pescoço para baixo, em dia de Lua Crescente.

Sagitário: Faça um banho com 3 gerânios, 3 violetas, 3 cravos amarelos e um pouco de cipó-pedrs. Jogue no corpo num dia de Lua Nova. Isso vai afastar todos os fluidos negativos.

Capricórnio: Para abrir caminhos, faça um banho com arruda macho e arruda fêmea, um cravo branco, uma papoula, folhas de eucalipto, pinheiro e cana. Jogue a mistura no seu corpo numa manhã de Lua Minguante.

Aquário: Em dia de Lua Cheia, faça este banho contra as más influências. Arrume folhas de salgueiro, orquídea, margarida, arrebenta-cavalo, fedegoso, folhas de bambu e banhe-se mentalizando a energia positiva.

Peixes: Este banho traz protecção no lar. Pegue um pouco de guiné, 3 rosas brancas, um amor-perfeito, folhas de laranjeira e de manga. Faça um banho durante a Lua Crescente e jogue no corpo, do pescoço para baixo.

RITUAL DE FINAL DE ANO
PARA PROSPERIDADE

Arrume a mesa da ceia de réveillon com ramos de trigo. E não esqueça da sopa de lentilhas. Ao badalar da meia-noite, coma três boas colheradas da sopa. A cada uma delas, mentalize um pedido. Iemanjá é conhecida com o orixá da fartura.

Na noite do dia 31, escreva três pedidos em pedaços de papel branco e dobre. Acenda três velas azuis num prato branco e virgem. Coloque um pedido ao lado de cada vela. Segundo a crença popular, serão realizados os pedidos cujas velas queimaram até o fim. E se a vela correspondente ao pedido se apagar, desista. Este pedido não dará certo nunca.

DIVERSAS SIMPATIAS
DE FINAL DE ANO

1. No dia 30 de dezembro, tome um banho para descarregar as energias negativas. Ferva água e coloque folhinhas de arruda, alecrim, manjericão, malva-rosa, malva-branca, manjerona e vassourinha para o seu banho. Espere esfriar e jogue a água sobre sua cabeça.

2. Na noite da passagem, para o ano novo, use calcinha ou cueca novas para ter sorte no amor. Esta prática diz deixar para trás os mal-entendidos e garante o futuro para quem está começando o namoro.

3. Use branco para ajudar o novo ano a entrar com muita

luz. Deixe a casa também bem iluminada com luzes e velas e aberta durante a festa do réveillon.

4. Para atrair dinheiro, use uma peça qualquer de roupa na cor amarela. Essa cor representa o poder do ouro. Para ter esperança no ano que se inicia, vista azul. Para ter sorte no amor, vermelho.

5. Para atrair riqueza, coloque uma nota de dinheiro dentro do sapato na noite da passagem do ano novo.

6. Para subir na vida, suba um degrau de uma escada ou em uma cadeira com o pé direito assim que der meia-noite.

7. Pule com o pé direito à meia-noite para atrair coisas boas para a vida. Dê três pulinhos com uma taça de champanhe na mão, sem deixar derramar nada. Depois, jogue todo o champanhe para trás, de uma só vez , sem olhar para deixar para trás tudo de ruim.

8. Logo após às doze badaladas, coma doze uvas grandes ou romãs e guarde os caroços na carteira. Comer lentilha e milho logo após à meia-noite, também traz sorte.

9. Para ter um ano doce, coma um merengue ou suspiro, logo após à meia-noite.

10. Para ter um ano farto, coma uma salada com sete frutas diferentes.

11. Logo após a virada do ano beije alguém do sexo desejado para garantir um grande amor ou manter o que se tem.

12. Para ter amor no novo ano, no dia 31, ache um pessegueiro e colha algumas folhas. Guarde-as em papel de seda e coloque na agenda.

13. Para garantir que seu namoro não termine, no dia 31 à noite, pegue um fio de cabelo seu e um do seu namorado e guarde os dois em um saquinho branco durante todo o ano.

14. Para garantir dinheiro, coloque seis moedas embaixo do tapete da porta de entrada da sua casa. Durante o ano, verifique se elas continuam no mesmo lugar. Se estiver faltando uma, reponha. Jogar moedas para fora da casa quando der meia-noite, também atrai riqueza para seus moradores.

15. Faça barulho para afugentar os maus espíritos. Use apito, batucada, panelas, desde que seja exatamente à meia-noite.

16. Se você comemorar a passagem do ano na praia, entre no mar e pule sete ondas. Faça sete pedidos.

17. Na primeira noite do ano, use lençóis novos para deixar para trás os problemas do ano que passou.

Atenção:

Não use roupas apertadas durante a passagem de ano, para não ter dificuldades no ano que começa.

PARA CONSEGUIR UM ÓTIMO EMPREGO

Um dia antes de sair para procurar emprego, às seis horas da tarde em ponto, acenda uma vela amarela para seu anjo da guarda e peça a ele com muita fé que o ajude a conseguir o emprego com que sonha.

Ao pé da vela, deite um par meias novas que nunca tenham sido usada antes. Deixe a vela queimar até ao fim.

À noite, ao ir dormir, vista este par de meias pelo avesso.

No dia seguinte, quando for procurar o emprego que deseja, vista o par de meias correctamente e acredite no êxito de sua empreitada.

PARA FARTURA NA MESA

Num domingo, faça uma receita que leve azeite de dendê e arroz.

Sirva em sua mesa para todas as pessoas que estiveram na

casa e não deixe restos, comendo com o pensamento firme em ter sempre muita fartura em sua mesa.

SIMPATIA DE SÃO BENTO
PARA PEDIR PROTEÇÃO

Compre uma medalhinha de São Bento (ela tem uma cruz e a imagem do santo). Use com a cruz para cima e a medalha encoste-a em seu corpo.

À Noite e pela manhã, diga:

"São Bento, benza meu corpo! São Bento, guarde minha alma! Tenha sempre, eu, vivo ou morto, paz, esperança e calma. São Bento, feche meu corpo! São Bento, ilumine minha alma! São Bento, feche meu corpo! São Bento, ilumine minha alma! São Bento, feche meu corpo! São Bento, ilumine minha alma!"

Rezar ao menos um Pai Nosso e oferecer a São Bento.

SIMPATIA DAS 7 IGREJAS
PARA TER MUITA SORTE

Numa sexta-feira, vá à sete igrejas e reze sete Pai Nossos em cada uma delas, pedindo aos santos da igreja que iluminem você e seus caminhos.

Na saída de cada igreja, dê uma esmola para os mendigos que estiverem na porta, mentalizando que este dinheiro voltará para você em dobro. Quanto mais generosa sua doação, mais você terá a ganhar.

SIMPATIA DO ARROZ PARA PROSPERIDADE

- Arroz cru,
- 6 moedas antigas,
- 1 maçã,
- 1 tigela branca pequena e
- 6 folhas de louro

Ponha na tigela o arroz cru, por cima as 6 moedas antigas. Coloque a maçã por cima de tudo, e as folhas de louro em volta.

Mantenha dentro de sua casa em local apropriado. Troque a maçã quando for necessário.

Deve permanecer em casa no máximo um mês. Você poderá refaze-la novamente assim que achar necessário.

PARA GARANTIR A PROSPERIDADE

O dia 13 de Dezembro era consagrado á deusa solar Lucina, ou Santa Lúcia, pelo sincretismo.

Você pode fazer nesse dia uma bela magia que garante a

prosperidade da sua casa ou do estabelecimento. Você pode fazer em sua casa, para sua família ou em seu estabelecimento, com as pessoas que trabalham com você. Faça um bolo branco (qualquer sabor, mas deve ser um bolo claro) e faça uma coroa de velas sobre ele. Ao final da noite, ofereça aos familiares ou colegas de trabalho.

PARA NÃO PEGAR OLHO GORDO DE VISITAS INVEJOSAS

Mantenha sempre ao lado da porta principal da casa com um copo com água e sal grosso. Acrescente, se quiser, uma pedrinha de carvão junto.

Esse carvão deverá estar sempre flutuando em cima da água, pois se alguma visita invejosa lhe visitar, logo saberá, pois o carvão irá afundar.

PARA ATRAIR A BOA SORTE E VENCER OS OBSTÁCULOS

No dia 18 de outubro, pela tradição celta, era homenageado Cernunnos, senhor da natureza e dos animais. Nesse dia, faça essa magia: acenda uma vela verde, num jardim ou parque em que possa estar sozinho durante a operação, dizendo as palavras:

"Eu clamo por mudanças, esta é a minha certeza. Abra-me os caminhos, traga-me os sinais."
Acenda então uma vela, e diga:
"Finalmente, acenda uma vela marrom e diga: "má sorte, caia! Obstáculos, caiam."
Acenda uma vela laranja, dizendo:
"Sorte e Prosperidade estão agora comigo. Deus, venha para mim."

Disponha as velas em triângulo, deixando a vela laranja na ponta do triângulo. Agradeça às forças da natureza que agora estão com você e vá embora, sem olhar para trás. Como Cernunnos é o senhor dos animais e traz a fertilidade para a terra, você ganhará mais facilmente ainda a simpatia dele se, depois desse ritual, adotar um filhote abandonado de algum animal.

PARA ABRIR PORTAS TRANCADAS

Encontre uma rã morta e pulverize-a com pó. (Nunca mate um sapo ou rã! Dá azar.) Misture-a com um pouquinho de meimendro e leite de uma vaca preta. Deixe descansar sob o sol por três dias. Dizem que uma pequena quantidade dessa mistura, colocada em qualquer fechadura, fará com que ela se abra.

PARA MANTER OS LADRÕES AFASTADOS

Pegue um saquinho de sachê vermelho e, sob a luz da lua, encha-o com um pouco de raiz de mandrágora em pó, raiz de joão-o-conquistador em pó, alho, manjericão e um pedacinho de turquesa. Pendure o sachê acima da porta para proteger a casa de ser roubada.

PARA QUE A COZINHA FIQUE A SALVO DE MAUS ESPÍRITOS E AZAR

Coloque conchas, cebolas ou uma cabeça de alho no peitoril da janela. Pendure flores de aloé no lintel da porta ou esconda uma garrafa mágica num armário.

Para fazer uma garrafa mágica para a cozinha, encha uma garrafinha com pregos, alfinetes, agulhas, raiz de erva-benta, artemísia, sal e vinho tinto. Feche bem a garrafa, sacuda-a nove vezes e depois deixe que a cera de uma vela vermelha pingue e sele a tampa ou rolha. Toque o topo da garrafa mágica com o atame consagrado, abençoando-a em nome da Deusa, e então queime incenso de sândalo para selar o feitiço.

SIMPATIA DA CORRENTINHA DE SÃO JORGE

Use por vinte e quatro horas uma correntinha de ouro ou de prata com uma medalhinha de São Jorge. A correntinha e a medalhinha devem ser novas, compradas por você. No dia seguinte, ofereça como um presente à pessoa amada

PARA PROSPERIDADE DE CASA COMERCIAL

- 3 moedas antigas
- 3 moedas atuais
- 1 quartzo citrino
- Essência de jasmim
- Danda-da-costa ralada (pode ser raiz ou a erva, encontra-se em barracas ou lojas especializadas)
- 1 noz moscada ralada
- 1 incenso de jasmim
- 1 vela amarela
- 1 saquinho de cetim amarelo
- 1 pedaço de fita fina amarela

Faça essa simpatia nos primeiros dias de janeiro (de preferência), numa lua boa. Coloque as moedas, a pedra, as ervas e a essência no saquinho, feche com a fita. Acenda a vela e o incenso perto do saquinho, e faca o seu pedido a Cigana Nazira.

Depois que a vela e o incenso se apagarem, pendure o saquinho no seu estabelecimento e ofereça a cigana Nazira a prosperidade do negocio.

Esta simpatia se aplica a qualquer jogo que tenha números. Na noite de uma quinta-feira de chuva, pegue um par de meias de que você mais goste e amarre uma na outra. Coloque-as debaixo do seu travesseiro e vá dormir mentalizando números. No dia seguinte, ao acordar, use essas meias pelo avesso e jogue, acreditando com muita fé que você irá acertar.

Se você sonhou com números, lembre-se deles e jogue.

SIMPATIA PARA ABRIR CAMINHOS PARA O DINHEIRO

Ir a SETE encruzilhadas e deixar em cada uma:
- 1 copo com água, 1 moeda, 1 pão, dizendo:

"Estou pagando minhas dividas com meus antepassados, muito obrigado."

Na última (sétima) encruzilhada, deixar também uma rosa vermelha.

SIMPATIA DO FINAL DO MÊS

No último dia de expediente do mês, trabalhe o mais duramente que puder, não desperdiçando um minuto sequer.

Ao fim do dia, enterre uma moeda de qualquer valor dentro do primeiro vaso de plantas que encontrar.

SIMPATIA PARA GANHAR DINHEIRO

- 1 pedra de quartzo-citrino
- 1 flor de girassol grande
- 5 moedas antigas
- 1 incenso de madeira
- 5 espigas de trigo
- 1 vela de 07 dias amarela
- 1 prato de vidro

Coloque o girassol no meio do prato, com as moedas em volta. Ponha no miolo da flor, o cristal e, em volta, as espigas. Acenda o incenso do lado esquerdo e a vela do lado direito. Deixe na sua casa.

RITUAL DA FORTUNA

Pela tradição romana, no dia 05 de abril celebra-se o festival da Boa Sorte, dia de fortuna, deusa da boa sorte e prosperidade. Nesse dia, acenda uma vela amarela, uma vermelha e uma azul, formando um triângulo. Bata palmas nove vezes e coloque uma taça cheia de vinho e um prato cheio de frutas da época, dizendo as seguintes palavras mágicas da tradição pagã:

"Ave, Fortuna! Senhora da prosperidade! Verta sobre mim a cornucópia da felicidade e da abundância! Brilhe sobre mim seu sol favorável! Salve, Fortuna!"

Bata palma nove vezes novamente e ponha uma música alegre (preferencialmente, um instrumental ou medieval).

PARA ATRAIR A FORTUNA

Pode acontecer de você trabalhar feito um cachorro e o dinheiro se esvair das suas mãos. Nesse caso, vale pedir uma ajudinha para seu anjo.

Acenda uma vela amarela ungida com óleo de madeira. Imagine uma luz dourada caindo sobre você. Continue visualizando esse pó dourado e luminoso vindo do alto enquanto chama pelo seu anjo. Faça essa exercício todos os dias numa determinada hora. Ao final da visualização, jogue três punhados de purpurina dourada na chama, que vai crescer.

Se a vela apagar, é por que algo está no seu caminho atrapalhando. Vai ter que descobrir o que é. Se a chama, pelo contrário, crescer viva e ficar quase do tamanho da vela, regozije-se, pois o melhor ainda está a caminho.

SIMPATIA PARA SER UM HOMEM SORTUDO

Para ser um homem bem sucedido, na terceira noite da Lua Cheia, assim que ela subir no horizonte, tome o seguinte banho. Ferva litros de água e acrescente um galho grande de tapete-de-oxalá (boldo), tampe e deixe descansar por quinze minutos.

Tome um banho normal e depois jogue essa água do pescoço para baixo, dentro de uma bacia, para que possa recolher o máximo possível da água que cair. Recolha a água da bacia, coloque numa vasilha e vá até a beira de um rio. Despeje a água numa correnteza, enquanto repete as seguintes palavras:

"Santa Mãe, Rainha dos Céus,
Soberana Virgem, Mãe de Jesus Cristo,
Nossa Senhora Conceição
Eu me encontro tão aflito(a),
E peço de alma contrita
Não deixe seus filhos na mão
A sorte que hoje procuro
Fugindo do azar tão escuro
Encontro em seu coração."

Acenda uma vela vermelha no local, depois afaste-se sem olhar para trás.

SIMPATIA PARA TER SORTE EM ASSUNTO DE JUSTIÇA

Pode ajudar-se nos seus assuntos de justiça, através de uma simpatia como esta.

Pegue uma folha de papel preto, escreva no meio o nome da pessoa contra quem está tendo a demanda, depois coloque no meio um pedaço de espelho, um cadeado trancado sem a chave, uma vela preta e sete penas do rabo de um galo preto, amarradas com uma fita preta.Embrulhe tudo isso, amarrando com barbante de algodão, arrematando com sete nós cegos seguidos. Deixe numa encruzilhada, numa sexta-feira, à meia-noite.

SIMPATIA PARA MUDAR A SUA SORTE

Se está em maré de azar, em que nada dá certo, então tenha muita fé e faça a seguinte simpatia:

Por sete dias consecutivos, em sete meses seguidos, faça a seguinte oração, diante de uma vela de sete dias:

"Três Reis Magos e uma Estrela, na manjedoura a criança; três desejos, três presentes, na mão de Deus a esperança. Divino Irmão, sabes como preciso mudar a minha sorte. Fazei com que eu seja agora atendido, mesmo não merecendo essa graça. Fazei com que minha sorte seja iluminada por tua Luz para que eu possa um dia pagá-lo. Amém."

É importante que, após ser atendido, continue até completar os sete meses seguidos. Após isso, faça sete cópias desta simpatia e dê para sete pessoas necessitadas.

PARA HAMONIA NO TRABALHO

Vá uma igreja ao meio-dia e acenda uma vela, rezando com muita fé para que as Almas Benditas o ajudem a superar as dificuldades em seu ambiente de trabalho. Feito isso, prometa levar flores brancas ao altar assim que resolver seus problemas.

SIMPATIA PARA MINGUAR O AZAR

Em uma sexta-feira de Lua Minguante, assim que a lua aparecer, pegue três pétalas de uma rosa branca, três moedas de um mesmo valor e três folhas de arruda. Coloque tudo na palma da mão direita estendida e dirija-se a lua cheia fazendo o seguinte pedido:

"Lua que mingua no céu, faça minguar meu azar e faça crescer, na próxima fase, a minha sorte. Lua que mingua no céu, faça minguar meu azar e crescer minha sorte no amor, nas finanças e na saúde. Lua que mingua no céu, faça minguar mau-olhado, olho-gordo, inveja e todos os malefícios feitos contra mim e que minha sorte cresça até a próxima Lua Cheia."

Após o pedido feito, deixe secar por sete dias as pétalas de rosa e as folhas de arruda. Faça um saquinho com um tecido de seda branca e coloque tudo dentro do mesmo. Carregue o saquinho consigo e, na próxima Lua Cheia, despache-o em água corrente.

SIMPATIA PARA TER SORTE NA FAMÍLIA

Pegue uma fita branca que tenha feito parte do vestido de casamento de uma virgem. Com a fita, amarre três rosas brancas, usando nós cegos, pendurando atrás da porta da cozinha de sua casa, onde sempre deverá estar uma vassoura, presa numa das pontas da fita.

SIMPATIA PARA TER SORTE COM DINHEIRO

Pegue em treze moedas antigas, que não tenham mais valor actual de mercado nem não circulem mais aqui ou em qualquer outro país. Coloque-as dentro de um saco de couro preto com areia e mantenha-o atrás da porta de entrada da sua casa, ou da porta da sala.

SIMPATIA PARA VIVER SEMPRE COM SORTE

Para ser uma pessoa de sorte, usando o número treze e a força de Santo Antônio, proceda da seguinte forma.

No dia treze de todo mês, vá até uma igreja e lá acenda uma vela branca para Santo António. Reze uma Ave Maria, um Pai Nosso e vá embora sem olhar para trás.

SIMPATIA DA SEXTA-FEIRA 13

Numa sexta-feira treze de qualquer mês, faça esta simpatia usando roupas brancas, inclusive as roupas de baixo. Pegue treze velas brancas, treze flores da mesma cor e treze contas de

lágrima-de-nossa-senhora e coloque tudo dentro de uma bolsa ou sacola inteiramente branca.

Vá até uma encruzilhada, exactamente ao meio-dia, e lá coloque as treze velas formando um círculo e ao lado de cada vela uma flor. Entre nesse círculo e acenda as velas. Ao acender cada uma, coloque uma das treze contas ao lado da flor e diga o seguinte em voz alta:

Primeira vela:
Peço permissão ao Divino
Segunda vela:
Para o meu trabalho iniciar
Terceira vela:
Com a força do Pai Eterno
Quarta vela:
Com a bênção de Oxalá
Quinta vela:
Aqui eu chamo a boa sorte
Sexta vela:
E despacho todo azar
Sétima vela:
Assim seja para sempre
Oitava vela:
Sempre na paz do Senhor
Nona vela:
Estou com Deus e Nossa senhora
Décima vela:
O azar eu mando embora
Décima segunda vela:
O treze é meu amigo
Décima terceira vela:
E a boa sorte traz comigo.

Pegue as contas todas e guarde-as dentro do bolso. Em seguida faça o sinal da cruz para encerrar. Deixe as velas queimando, saia do círculo e vá embora. Não olhe para trás.

Guarde essas contas consigo, num saquinho de tecido vermelho. Serão sua proteção para sempre contra o azar.

FEITIÇO DA ALEGRIA

Faça-o para que o ambiente seja impregnado por um clima feliz.

Ingredientes:
- 1 garrafa de um bom vinho;
- 30 gramas de verbena;
- 1 colher (chá) de mel.

Coloque a verbena e o mel dentro da garrafa de vinho e deixe exposto no sereno durante sete noites. Borrife sempre o ambiente e guarde-o em um local fresco e escuro.

Feitiço baseados nos ensinamentos de Adria D'Ogun

PARA LIMPAR CASA
DE ENERGIAS NEGATIVAS

Pegue cascas de alho junto com talo que sustenta os dentes, junte um punhado de alecrim seco e coloque tudo dentro de um recipiente e queime.

Enquanto a fumaça estiver saindo, vá defumando os quatro cantos da casa. Este incenso é bom, pois além de espantar energias negativas, perfuma o ambiente.

PARA LIVRAR SUA CASA DE ASSALTOS

Consiga uma chave de ferro daquelas bem antigas (quanto maior, melhor). Peça para um padre benzê-la e a dependure de frente para a porta de entrada da casa. Mantenha em seu altar uma imagem de São Pedro, pedindo-lhe sempre protecção para o seu lar.

PARA NUNCA LHE FALTAR O PÃO

Compre na padaria 100 gramas de massa crua de pão. Ao chegar em casa, modele a massa como se fosse uma broa, espalhando um pouco de farinha sobre a massa. Coloque num prato novo, juntamente com um cálice novo de vinho tinto. Reze então três Pais Nossos, três Ave Marias e três Glórias ao Pai, oferecendo ao Espírito Santo, pedindo que nunca deixe faltar o pão de cada dia.

Essas orações devem ser rezadas todas as segundas-feiras. Quando a massa do pão estiver velha, complete o cálice com vinho e coloque o pão num jardim, para então renovar a simpatia.

PARA ACABAR COM O AZAR OU MALDIÇÕES DE UMA CASA

Pegue treze varas de milefólio e queime-as na lareira à meia-noite do Dia de São João (22 de junho).

Depois que o fogo acabar, pegue um atame consagrado na mão direita e jogue selo-de-salomão nas cinzas.

O selo-de-salomão é uma estrela de seis pontas ou hexagrama. O povo judeu o denomina "Estrela de Davi", e nos tempos medievais era usado como símbolo alquímico dos elementos antagônicos fogo e água misturados. O triângulo voltado para cima significava fogo, e o reverso, água. A combinação dos dois elementos representava a harmonia.

PARA AFASTAR ENERGIAS NEGATIVAS DE SUA RESIDÊNCIA E DE SEU ESTABELECIMENTO COMERCIAL

Coloque três dentes de alho roxo em um copo com água, que dê para cobrir os dentes de alho. Sobre a boca do copo, ponha uma tesoura aberta com as pontas viradas para a porta da rua.

Tanto o copo quanto a tesoura devem ser virgens.
Troque a água de sete em sete dias no mesmo horário.

Quando fizer a simpatia, diga:

"**Tesoura! Assim como você tudo pode cortar, corte todo**

o mal daqui, de mim e de todos que aqui moram ou dos que me vierem visitar. Alho roxo poderoso! Desintegre todas as energias negativas de mim e deste ambiente. Seja assim pelo poder da Cruz! Seja assim em nome de Jesus!"

O FEITIÇO DO NÓ DE SALGUEIRO

Segundo uma antiga crença de Bruxas ciganas, para obter o amor de uma moça, o jovem deve ir à floresta e encontrar alguns galhos de salgueiro que tenham nascido juntos formando um nó. Com uma faca afiada de cabo branco, ele deve cortar os galhos, colocá-los na boca e repetir as seguintes palavras, com os olhos fechados:

SALGUEIRO, SALGUEIRO, DÊ-ME SUA SORTE,
ENTÃO, (nome da amada) MINHA SERÁ.

PARA PROTEGER A CASA DO MAL E DA FEITIÇARIA

Pregue uma ferradura acima da porta da frente ou amarre uma pedra que tenha um buraco no meio a um cordão branco ou corrente de ouro e pendure-a na janela.

Desenhe ou pinte sete estrelas de seis pontas (símbolos de feitiçaria) na porta da casa ou celeiro para protegê-la de feitiços maléficos.

Pentagramas (estrelas de cinco pontas) pintados, desenhados ou entalhados nas portas ou janelas também são eficazes.

PARA LIMPEZA E DEFESA PESSOAIS

Faça três saquinhos brancos e coloque em cada um uma folha de papel branco, sem nada escrito. No primeiro, coloque, enrolados na folha, três porções de trigo; no segundo, sete ou treze alfinetes, também enrolados; no terceiro, três punhados de sal grosso, ou sete de sal comum. Tome um banho de alecrim e saia de casa, vestida com roupa clara.

Quando estiver bem longe, jogue o trigo e diga:

"São Bento, São Cipriano, São Tomás e Jesus comigo; se vocês estão comigo, nada, ninguém poderá contra mim, jamais!"

Ande mais um pouco, jogue os alfinetes e repita as mesmas palavras. Ande um pouco mais e jogue o sal, pronunciando igualmente a mesma frase.

Volte por outro caminho. Quanto aos papéis e aos saquinhos, jogue-os no lixo, longe da sua casa. Quando chegar, acenda um incenso de alecrim e uma vela para o seu anjo da guarda. Fazer esta simpatia na primeira ou na última sexta-feira do mês ou do ano, menos na Sexta-Feira Santa, ou nas de Lua Minguante.

FEITIÇO PARA QUE UMA VISITA INDESEJÁVEL VÁ EMBORA

Quando alguém, por quem você não tenha a menos simpatia, se encontrar em sua casa, pegue sua vassoura e coloque-a atrás da porta, de cabeça para baixo.

Enterre um garfo em suas cerdas, repetindo o seguinte encantamento:

"VÁ EMBORA, PESSOA NEFASTA. MEU AMOR NÃO TE TROUXE AQUI. VÁ EMBORA, PESSOA NEFASTA. MEU AMOR NÃO TE DESEJA AQUI."

Com certeza a visita indesejável logo mostrará sinais de que deseja ir embora.

PARA SE LIVRAR DO INIMIGO OU DO FALSO AMIGO

Numa sexta-feira, antes do sol nascer, ou quando ele estiver bem forte, pegue três porções de trigo e vá jogando pelo caminho à sua frente, dizendo:

"Jesus, assim como você soube separar o joio do trigo, possa eu reconhecer meu inimigo ou meu falso amigo."

Não voltar pelo mesmo caminho. Ao chegar a casa, acenda uma vela azul para Jesus e peça-lhe iluminação para você e para o seu inimigo.

Acenda uma vela branca para o seu anjo da guarda. Tome um banho de arruda e, durante o banho, vá dizendo:

"Jesus, José e Maria tomem conta do meu corpo e da minha alma, toda a noite e todo o dia. Meu corpo guardado e minha alma também, nada me atingirá a não ser o bem. Amém!"

Esses dizeres também podem servir como oração de proteção. Você pode fazer um breve e usá-la com você.

PARA PROSPERIDADE E BEM-ESTAR

No primeiro dia de cada mês, especialmente se a Lua for cheia ou nova, coloque em um copo virgem uma jóia sua, uma colher de sopa de açúcar e água filtrada, ou mineral sem gás e deixe no sereno, dizendo o seguinte:

"Reis dos Ciganos! Ciganos do Oriente e de todos os recantos do mundo! Vós que tudo sabeis sobre a sorte, trazei-me, por vosso poder e por amor ao sagrado, saúde, prosperidade, esperança, paz, amor, felicidade agora e para sempre. Agora e para sempre! Agora e para sempre!"

Deixe o copo no sereno e, no dia seguinte, retire a joia, mentalize o que disse no dia anterior e despeje o líquido em água corrente. Acenda uma vela vermelha e outra azul para os Ciganos e uma branca para a Virgem Senhora Mãe Lua, Virgem Maria. Reze e agradeça antecipadamente. Pode fazer isso no primeiro dia de cada mês, menos se este cair em Lua minguante.

PARA NÃO FALTAR DINHEIRO PARA VOCÊ OU DENTRO DE SUA CASA

I - Coloque em um pratinho branco uma nota do valor corrente. Sobre e sob ela, ponha bastante canela; cubra a nota com moedas e mais canela.

Deixe o pratinho no sereno e, dia seguinte, passe mais canela na nota. Dobre e guarde em sua carteira, enrolada em um papel branco durexado, para que a canela não saia.

Não use nunca esta nota; e, vez por outra, renove a canela e sempre mentalize prosperidade. As moedas podem ser usadas. Isto deve ser feito na lua crescente.

II - Lave 7 moedas em água corrente, deixe secar ao vento e coloque dentro do seu açucareiro, de modo que elas fiquem sempre cobertas com açúcar. Pode usar o açúcar, pois as moedas terão perdido as impurezas, porque foram purificadas com a água e o ar.

III - Coloque em um recipiente com tampa 7 moedas lavadas na seguinte mistura: canela em pó, açúcar e café.

Que as moedas fiquem bem misturadas nestes ingredientes.

Guarde em um local que apenas você saiba e sempre mentalize dinheiro, em especial às sextas-feiras. Isto pode ser feito nas luas cheia ou crescente.

BANHO INCENTIVADOR DE PROSPERIDADE FINANCEIRA

Faça-o sempre que estiver precisando de sorte nos negócios.

Ingredientes:
- 1 ramo de salsa;
- 1 colher (sopa) de canela em pó;
- 1 noz moscada ralada;
- 1 colher (chá) de mel;
- 1 colher (chá) de gengibre ralado;

Prepare o chá de forma tradicional. Deixe amornar e depois coe. Tome seu banho normalmente e depois jogue lentamente essa mistura sobre o corpo. Seque-se sem o auxílio da toalha.

SIMPATIA AOS ORIXÁS PARA TER DINHEIRO DURANTE O ANO INTEIRO

Leve para a praia sete rosas brancas, sete moedas do mesmo valor, perfume de alfazema e um champanhe. Reze para Iemanjá e para todos os outros orixás que têm força no mar, conte sete ondas e jogue as flores no mar. Em seguida, coloque o conteúdo da champanhe e ofereça aos orixás. Lave as moedas com o perfume e coloque-as na mão direita. Mergulhe a mão na água e peça proteção financeira. Deixe o mar levar seis moedas e fique com uma, que você guardará como amuleto durante o ano inteiro.

SIMPATIA DAS 3 ROSAS BRANCAS
PARA SAÚDE E DINHEIRO

Para começar o ano com o pé direito, deve-se estabelecer um elo entre nossa vontade e as altas forças cósmicas que governam o universo. Uma forma de ter paz o ano todo, conservar a saúde boa, aumentar o dinheiro e preservar a harmonia no lar é garantida pela simpatia das três rosas brancas.

Tomamos três rosas brancas, de brancura indiscutível, e as colocamos em um vaso branco ou de vidro transparente - que nunca tenha sido usado antes. Juntamos dentro dele seis moedas e uma cebolinha. Colocamos água e deixamos ficar assim durante sete dias. Depois dos sete dias, trocamos a água, tiramos a cebolinha e também trocamos as rosas. Só deixamos ficar as moedas.

Essa prática deve ser feita de sete em sete dias, de preferência nas sextas-feiras, o ano todo. Quem assim agir terá paz, dinheiro, saúde e harmonia em seu lar.

SIMPATIA DE REIS PARA
NÃO FALTAR DINHEIRO

Para que não lhe falte dinheiro durante o ano, faça a seguinte simpatia:

No dia de reis, ou seja, 06 de janeiro, arranje uma romã madura. Abra-a e retire de seu interior três sementes. Colocando uma na boca, tire com os dentes a pele que a envolve e diga as seguintes palavras:

"GASPAR, BALTHAZAR E BELCHIOR, tragam dinheiro a mim".

Em seguida tire a semente da boca e ponha-a sobre a mesa. Faça o mesmo com a segunda semente. Repita as palavras, enquanto estiver tirando a pele que a envolve. Coloque-as após junto da outra.

Repita o mesmo ato com a terceira semente.

Após junte as três e coloque-as na carteira onde você guarda dinheiro.

Esta simpatia é válida por um ano. No dia de Reis do ano seguinte, a simpatia deve ser feita novamente, devendo ser feita com muita fé para assim obter resultados positivos.

BANHO LIBERADOR DE TENSÕES

Faça-o sempre que estiver tão envolvida com as preocupações do dia a dia que não consegue resolver os problemas.

Ingredientes:

- 1 banheira;
- 2 xícaras de farinha de centeio;
- 10 gotas de alfazema

Encha completamente a banheira com água e acrescente os ingredientes. Deixe que a água atinja uma temperatura agradável à sua pele e se deixe relaxar por, pelo menos, 30 minutos.

SIMPATIAS DA MODA PARA DAR SORTE

CALCINHA OU CUECA NOVAS: Dão sorte no amor, porque deixam os mal-entendidos para trás. São recomendadas principalmente para quem está começando namoro, para garantir o futuro.

ROUPA BRANCA: é um hábito relativamente recente, trazido para o Brasil com a popularização das religiões africanas. O branco representa luz, pureza, bondade.

QUALQUER PEÇA AMARELA: pode ser uma peça íntima, um lenço, uma faixa ou um pequeno lacinho amarelo (que deve ficar sempre na sua bolsa). O amarelo representa o poder do ouro e, dizem, atrai dinheiro.

UMA NOTA DE DINHEIRO DENTRO DO SAPATO: os orientais dizem que a energia entra no nosso corpo pelos pés. Vai daí, o dinheiro no sapato atrai mais e mais riquezas.

LENÇÓIS NOVOS: a dica é especial para recém-casados.

Dizem que os lençóis novos, na primeira noite de ano, deixam as possíveis ameaças do ano passado na máquina de lavar.

PARA FALAR COM OS DEUSES

A tradição chinesa ensina que uma pipa pode levar recados aos deuses.

Nos dois dias anteriores a 31 de dezembro faça sua pipa com carinho. Durante todas as fases do trabalho, repita em voz baixa o que você deseja que lhe aconteça no ano que vai se iniciar.

No primeiro dia do novo ano, empine sua pipa e mentalize que ela vai levar seus pedidos aos céus.

SIMPATIA PARA CRESCIMENTO PROFISSIONAL E PROSPERIDADE

Dia 06 de janeiro, Dia de Reis, coloque uma romã dentro de um saquinho confeccionado de pano vermelho e ofereça aos 3 Reis Magos: Baltazar, Gaspar e Melchior.

Pendure esse saquinho atrás da porta e deixe lá o ano inteiro. Poderá ser feito também no dia 20 de março quando começa o ano astrológico.

PARA ATRAIR A SORTE DURANTE TODO O ANO

Material necessário: uma garrafa de champagne ou cidra.

No momento exato da passagem de ano, lave a calçada de sua casa com o champagne, sem derramar toda garrafa. Guarde um pouquinho e deixe-a durante sete dias junto à porta de sua casa, pelo lado de fora. Passado esse período, jogue-a fora, em água corrente.

SIMPATIA DOS 3 REIS MAGOS

Antes da meia-noite, sirva sobre uma toalha branca nova quatro pratos com maçãs: uma para você e uma para cada rei mago. Coma a sua.

No dia seguinte, dê uma nota (de qualquer valor) e uma das maçãs dos reis a uma criança e outra nota e as duas maçãs restantes a um mendigo. Deposite uma terceira nota na caixa de esmolas de uma igreja e guarde uma outra até o final do ano e depois jogue-a fora. A partir do dia 6 de janeiro, Dia de Reis, acontecerão mudanças em sua vida.

POTE DOS DESEJOS

Para quem vai passar o ano novo no mar.

Pegue um pote com tampa e uma sacola e caminhe um pouco à beira-mar. Junte todos os "presentes" que o mar oferecer: conchas, gravetos, pedras, etc.

Quando já tiver juntado uma boa quantidade deles,

separe-os e vá colocando todos dentro do pote, um a um, enquanto mentaliza ou repete em voz alta o que você deseja para o ano que entra. Feito isso, coloque um pouco de areia da praia, complete com água do mar e leve para casa.

Renove o pote a cada ano.

SIMPATIA DO LENÇO PARA

NUNCA FALTAR DINHEIRO

Compre um lenço novo e, na noite de 31 de dezembro, exatamente na hora da passagem do ano novo, molhe-o, colocando-o posteriormente para secar. Depois recolha-o antes de o sol nascer. Amarre dentro do lenço alguns níqueis e só vai abrir o embrulho na meia-noite do outro 31 de Dezembro. Daí para frente, nunca mais há de faltar dinheiro a quem faz esta simpatia.

SIMPATIA DE ANO NOVO
PARA TER MUITA FELICIDADE

Usar um par de meias novas brancas durante três dias, a partir do dia 28. No quarto dia, colocar ao sol do meio-dia a meia do pé direito e, em seguida, atirá-la longe, tomando o cuidado para que ela não caia num local húmido.

À meia noite do dia 31, colocar ao luar a meia do pé esquerdo e repetir o mesmo gesto, repetindo as seguintes palavras:

"Minhas meias foram longe. Não têm teia, nem idade. Se foram, porque se foram, virá a felicidade. Assim seja".

CONTRA O MAU OLHADO

Ao se levantar da cama, no dia 1º de janeiro, antes mesmo de tomar o café da manhã, esquente um litro de água filtrada ou mineral, com cinco colheres de sopa de sal grosso e algumas folhas de arruda. Deixe esfriar e em seguida tome um banho normal. Na última enxaguada, jogue a água preparada pelo corpo, do ombro para baixo, nunca na cabeça. Mentalize pensamentos positivos para o ano novo.

SIMPATIAS ANGELICAIS PARA O ANO NOVO

Iniciação - No dia 1º do ano, em qualquer hora que esteja tranqüila e serena, acender uma vela branca ou azul. Se solte, relaxe e olhe durante 3 minutos para a chama da vela e, em seguida, faça a seguinte prece de afirmação:

Deus De Infinita Bondade:

Que eu seja banhada pela luz primordial
Que eu esteja unida com a sabedoria Terra
Que eu identifique meu espaço dentro do cósmo
Que eu tenha percepção das energias sutis
Que eu seja um espelho da força do amor
Que eu limpe as nuvens de minha visão

Que eu saiba o que é preciso saber
Que eu revele a verdade e o caminho mais sábio
Que eu enxergue através da perspectiva superior
Que eu aceite o ser humano sem julgamentos
Que eu possa sempre manter a tolerância
Que eu exerça o significado real do amor
Que eu possa aceitar e usar minha própria força
Que eu e meu Eu Superior atuem em conjunto
Que eu mantenha sempre a calma interior
Que eu respeite o livre arbítrio do outro
Que eu tenha o equilíbrio entre as polaridades
Que eu irradie luz através da própria força criadora
Que assim seja e assim será! Sempre!

SIMPATIA A IEMANJÁ PARA PROSPERIDADE PARA A CEIA DE RÉVEILLON

Arrume a mesa da ceia de réveillon com ramos de trigo. E não esqueça da sopa de lentilhas. Ao badalar da meia-noite, coma três boas colheradas da sopa. A cada uma delas, mentalize um pedido. Iemanjá é conhecida com o orixá da fartura.

Na noite do dia 31, escreva três pedidos em pedaços de papel branco e dobre. Acenda três velas azuis num prato branco e virgem. Coloque um pedido ao lado de cada vela. Segundo a crença popular, serão realizados os pedidos cujas velas queimaram até o fim. E se a vela correspondente ao pedido se apagar, desista. Este pedido não dará certo nunca.

RITUAL ROMANO PARA GANHAR DINHEIRO

Este ritual, praticado pelos romanos, deve ser feito no dia 1º de janeiro.

A pessoa que deseja ganhar dinheiro deve cumprimentar a todos os presentes na festa de réveillon com um bom aperto de mão. Enquanto fizer isso, deve segurar uma moeda com a mesma mão do cumprimento. E quando sentir a pressão da mão da outra pessoa, deve mentalizar sorte e prosperidade, para si próprio e para o outro.

SIMPATIA PARA O RÉVEILLON

Para pedir prosperidade ao Cigano Ramon.

Os ciganos que vão proteger o ano de 2009 são: o cigano Ramon e a cigana Sulamita. Por ser um casal jovem, há uma promessa de trazer, para quem acredita, alegria, prosperidade e amor.

Ingredientes:

- 13 pedaços de galhos secos
- 13 gotas de essência de canela
- 13 pedaços de pano lilás, cortado no feitio de lenços
- 13 moedas atuais
- 13 velas lilás

Faça uma fogueira com os galhos. Jogue a essência no fogo. Em seguida, passe os tecidos no corpo, pedindo a abertura de caminhos. Jogue-os no fogo, dizendo:

"Estou queimando toda a negatividade do meu caminho". Jogue as moedas na fogueira, dizendo:

"Estou pagando para que meus caminhos sejam abertos". Acenda as velas ao redor da fogueira e ofereça ao Cigano Ramon.

É importante lembrar que a oferenda deve ser colocada embaixo de uma árvore bem frondosa.

OUTRA SIMPATIA PARA O RÉVEILLON

Para pedir prosperidade à Cigana Sulamita.

Os ciganos que vão proteger o ano de 2009 são: o cigano Ramon e a cigana Sulamita. Por ser um casal jovem, há uma promessa de trazer, para quem acredita, alegria, prosperidade e amor.

Ingredientes:

- 1 porção de arroz doce feito com cravo-da-índia (sem as bolinhas), canela em pau e erva doce
- 1 flor de girassol
- 5 rosas vermelhas
- 5 moedas atuais
- 1 porção de fios de ovos
- 5 velas amarelas

- 1 prato de papelão dourado

Coloque o arroz doce no prato. No meio, coloque o girassol. Em volta do girassol, arrume as rosas; em volta das rosas, coloque os fios de ovos; e, em cima dos fios de ovos, coloque as moedas.

Passe simbolicamente no corpo o prato já arrumado, pedindo à Cigana Sulamita que abra seus caminhos. Leve a oferenda para a beira de um rio de água limpa e acenda as velas juntas diante do prato.

PARA PROSPERIDADE

Para começar o ano "com o pé direito", temos de estabelecer um elo entre nossa vontade e as altas forças cósmicas que governam o universo. Uma forma de ter paz o ano todo, conservar a saúde boa, aumentar o dinheiro e preservar a harmonia no lar é garantida pela simpatia das três rosas brancas.

Tomamos três rosas brancas, de brancura indiscutível, e as colocamos em um vaso branco ou de vidro transparente - que nunca tenha sido usado antes. Juntamos dentro dele seis moedas e uma cebolinha. Colocamos água e deixamos ficar assim durante sete dias.

Depois dos sete dias, trocamos a água, tiramos a cebolinha e também trocamos as rosas. Só deixamos ficar as moedas.

Essa prática deve ser feita de sete em sete dias, de preferência nas sextas-feiras, o ano todo. Quem assim agir terá paz, dinheiro, saúde e harmonia em seu lar.

SIMPATIA DAS QUATRO DAMAS PARA TER SORTE

Coloque nesta ordem a dama de copas, a de paus, a de ouros e a de espada dentro de sua carteira, enroladas por uma nota de qualquer valor. Deixe que as damas fiquem numa parte reservada da carteira de uma maneira que quando você a abra os outros não possam ver.

Atenção: Não confunda ascensão social com ascensão financeira ou de bens. A ascensão social é você ser aceito pela sociedade, se tornar mais conhecido, famoso e popular e isso independe de dinheiro ou poder (às vezes). É claro que consequentemente pode te levar a ter essas coisas.

Aguarde entre 4 dia e 4 meses.

RITO CONTRA A MÁ SORTE

Ingredientes:

- 1 vela verde;
- incenso;
- 1 ramo de cedro;
- 1 saco de plástico que feche hermeticamente.

Ritual:

Este ritual executa-se durante o dia, tão próximo do meio-dia, quanto o sol está no zênite. Pode, para maior eficácia, executar o ritual no exterior e sob os raios do sol. Acenda a vela e queime o incenso. Pegue no ramo de cedro com a mão e diga:

"Apelo a ti, fortuna,
Deusa da sorte e da boa fortuna,
Faz com que termine a pouca sorte que me aflige,
Faz viver a sorte a meu favor,
Afim de que conheça a alegria, a paz e a sorte.
Que assim seja."

Esfregue bem as mãos no ramo de cedro para que fiquem com o cheiro, depois esfregue a planta dos pés. Coloque o ramo num saco de plástico que feche herméticamente, e todas as manhãs esfregue as plantas dos pés com ele.

Renove o ritual com um novo ramo quando este tiver perdido o poder odorífico.

SIMPATIA PARA NUNCA SER TRAÍDO POR UM AMIGO

Em um lenço branco virgem, escreva com tinta azul o nome do amigo e o seu por cima. Dê sete nós no lenço, mentalizando amizade e paz. No dia seguinte, desfaça apenas um dos nós mentalizando amizade; no dia, desfaça outro nó, mentalizando paz.

Repita isso nos outros dias, deixando apenas o primeiro nó que foi dado.

Guarde o lenço e nunca o utilize.

SIMPATIA PARA TER SORTE NA VIAGEM

Pegue três moedas de prata, embrulhe-as num lenço de seda vermelho, uma sobre a outra, com as caras voltadas para cima. Enrole o lenço, formando um cordão e dê um nó bem rente às moedas para que elas fiquem presas.

Mantenha esse amuleto dentro de sua mala de viagem. Não o tire de lá durante toda a viagem, nem quando chegar ao seu destino. Ele só deve ser desmanchado quando a viagem terminar.

SIMPATIA PARA CONSERVAR A SUA BOA SORTE

Não deixe que a má sorte lhe bata é porta, quando estiver numa maré de boa sorte, faça a seguinte simpatia:

Pegue uma foto sua de corpo inteiro e coloque-a nas costas de um espelho. Ao meio-dia em ponto, leve esse espelho para fora de sua casa e coloque-o deitado, e forma que reflicta o sol para o alto. Deixe ali por uma hora.

Após esse tempo, volte a pendurar o espelho no local de costume, deixando a foto atrás dele. A cada trinta dias, sempre no mesmo dia, refaça a simpatia, principalmente se você estiver passando por uma maré de sorte. Mantenha esse espelho sempre limpo. Se aparecer algum tipo de mancha, embrulhe-o com um pano preto e enterre-o com a face voltada para baixo, num terreno baldio, longe de sua casa.

PARA ABRIR PORTAS

Na mitologia germânica, 2 de junho é o dia de Syn, deusa nórdica guardiã das portas dos mundos mágicos, que aconselha a buscar a chave quando se deparar com "portas fechadas", ao invés de tentar arrombá-las. Nesse dia, procure uma chave velha e a enterre junto com um cristal transparente banhado em água da chuva.

No dia seguinte, desenterre apenas o cristal e o guarde em um saquinho de pano ou veludo azul. Sempre que quiser "abrir uma porta", segure o cristal com força e peça ajuda à deusa Syn.

SIMPATIA PARA LIMPAR O OLHO GORDO DA CAMA

Simpatia a realizar quando o desempenho fraqueja.

MATERIAIS:
- Um tacho de ferro.
- Um jogo de cama usado e completo.
- Uma calcinha sua e uma cueca de seu marido.
- Um copo de cinzas peneiradas.
- Um copo de sal grosso.
- Água em quantidade.
- Fogo.

MODO DE FAZER:

Logo que amanhecer, pegue o jogo de cama, a calcinha e a cueca, coloque dentro do tacho, espalhe sal grosso e cinzas neles e deixe por três horas à sombra. Após isso, encher o tacho de água e deixar mais três horas, ao sol.

Após esse prazo, enxaguar em água corrente, encher o tacho e levar ao fogo, fervendo por três horas. Cuide para manter o nível da água. Após isso, sem enxaguar, levar ao sol para secar.

MODO DE USAR:

Nessa noite, passar a ferro todas as peças, arrumar a cama e, usando apenas a calcinha e a cueca, você e seu marido, após um banho completo, devem ir para a cama e fazer amor.

PARA PROTEÇÃO DE UM ESTABELECIMENTO

Se quer manter seu estabelecimento sempre ativo e protegido contra forças negativas, leve um gato de qualquer cor para dentro dele. Acenda uma vela vermelha e a ofereça ao arcanjo São Miguel, pedindo que cuide de seus negócios para que você sempre seja bem sucedido.

Prometa cuidar do gato como o anjo cuidará de sua loja ou negócio. Este anjo é o protetor de todos os felinos, grandes e pequenos, e ficará contente com sua acção a um de seus pequeninos.
Reze um Pai Nosso e três Ave Marias. Cuide sempre muito

bem do gato, pois ele é a proteção de sua loja. Se algo acontecer a ele, prepare-se, algo similar pode acontecer com seu negócios.

Use o gato também para analisar as pessoas com quem fará negócios ou empregados. Os que se mostrarem hostis ao gato ou os de que o gato não gostar, fique de olho nestes, boa coisa não é.

Antigo Livro de São Cipriano o Gigante e Veradeiro Capa de Aço | *N.A.Molina*

8ª PARTE

NO REINO DA FEITIÇARIA

EXTRAÍDO DE ANTIGOS MANUSCRITO
DE MAGIA NEGRA

Estes achados remontam o período obscuro e tenebroso da Inquisição. Quando se falava em magias ou ocultimos, no mínimo lhe custariam a cabeça na guilhotina. Hoje podemos usufruir da sabedoria dos antigos feiticeiros como o próprio São Cipriano.

1º
TRABALHO OU FEITIÇO DO MOCHO
PARA AS MULHERES PRENDEREM OS HOMENS

O mocho é o animal agoureiro por excelência, e por esse fato não se deve evocar, sem ter decorridos seis meses depois de ter morrido qualquer pessoa da família; do contrário pode aparecer a figura do parente. A mulher poderá usar dessa receita, que é provada, porém deve estar no seu estado físico, isto é, quando lhe tiverem desaparecido as regras, pelo menos há quatro dias.

Obtém-se um mocho do papo branco e veste-se o de flanela, de forma que só o pescoço fique de fora, por espaço de 13 dias e depois do dia 13, que é fatídico corta-se-lhe o pescoço de um só golpe sobre um cepo, e mete-se a cabeça em álcool até o dia 13 do mês seguinte.

Chegando esse dia, corta-se-lhe o bico e queima-se junto com o carvão que servir para fazer a ceia da pessoa a quem se quer prender. Nessa ocasião os dois olhos do mocho devem estar ao pé do fogão ou fogareiro, um de cada lado, e a mulher que fizer tal operação deve abanar o lume com um abano feito de fralda de camisa com a qual tenha dormido pelo menos cinco noites.

É necessário advertir que essa operação deve ser feita de joelhos, dizendo a oração seguinte:

"Pela chagas de Cristo, juro que não tenho motivos de queixa de (fulano) e se faço isso é pelo muito amor que lhe consagro e para que não tome afeição a outra mulher P. N. A . M. "

Terminando isso, deve fazer toda a diligência para que o homem não desconfie do responso e durma sossegado, e o feitiço produza o efeito que o santo sempre tirou com essas práticas.

2º
TRABALHO DO OURIÇO CACHEIRO

Quando um homem se tiver zangado com a mulher que estima e não queira procurá-la, arranje um ouriço cacheiro, e depois de lhe tirar a pele, com todos os bicos, borrife-se com sumo de erva do diabo, e trazendo-a consigo, a mulher aparecer-lhe-a em toda a parte , e pede-lhe com humildade que seja amiguinho e é capaz de sacrificar-se a fazer tudo quanto lhe pedir. O enfeitiçador, para que isso de bom resultado, deve dizer todos os dias ao levantar da cama a seguinte oração:

"Meu virtuoso São Cipriano, eu te imploro em nome de tua grande virtude, que não desampares um mártir do amor, louco assim tu estiveste , pela encantadora Elvira."

Esta magia não serve de mulher para homem.

3º
TRABALHO ENCANTADO DA CORUJA PRETA

Pega-se uma coruja completamente preta, e depois de bater meia-noite, enterre-a viva no quintal e semeia-se em cima quatro grãos de milho branco, em forma de triângulo, isto é um em cada canto e outro no centro.

Depois de nascerem os pés de milho, rega-se todos os dias, antes de nascer o Sol, dizendo ao mesmo tempo a seguinte prece:

"Eu (o nome da pessoa), batizado por um sacerdote de Cristo que morreu cravado na cruz para nos remir do cativeiro em que os déspotas da terra nos tinham encerrado, juro sobre estes quatro troncos de onde sai o pão aos sopros de Deus e acalentado pelos raios do sol, que serei fiel a fulano, para que ele não me deixe de amar, nem tome outros amores, enquanto eu existir, pela virtude da coruja preta."

Quando as espigas estiverem maduras, debulham-se as dos três cantos e os grãos dão-se uma ou mais galinhas pretas que tenham esporões, evitando que os galos lhe tomem, por ter sido ao canto deste animal que o discípulo negou a Cristo.

As massarocas do pé de milho do centro do triângulo, secam-se ao fumeiro, embrulhando-se em qualquer bocado de pano que tenha suor da pessoa que se quer enfeitiçar, e guarda-se dizendo:

"Por Deus e pela Virgem, me arrependo de todos os meus pecados. Amém."

4º
TRABALHO DA RAIZ DE SALGUEIRO

A raiz do salgueiro tem uma grande virtude que poucos feiticeiros conhecem.

Esta, com outras descobertas, foi achada em Monteserrate, escrita em pergaminho, dentro de um cofre de bronze, nos tempos mouriscos.

Cortada, pois, uma raiz de salgueiro, e posta de noite em um sítio muito escuro, começa-se a ver uns vapores como que de enxofre a evolarem-se no ar, que se parecem com labaredas. A pessoa que quer fazer mal a outra, asperge-lhe um pouco de água benta em cima, dizendo:

"Pelo fogo que aquece o sangue, e pelo frio que gela, quero que enquanto os fogos fátuos dessa raiz não se apagarem, que fulano não tenha nem um momento de satisfação."

Se a magia for para o bem, deve-se dizer o contrário, acrescentando com a mão sobre o coração:

"Que o coração de fulano (ou fulana), deite fagulhas de entusiasmo por mim, como as que estão saindo agora desta abençoada raiz."

NOTA: - Esta raiz dura geralmente seis meses com estas evaporações, isto é, enquanto verde. Por isso bom será estar-se prevenido com outra que recebe a virtude da seca logo que aquela acabar de queimar.

5º
TRABALHO DA FLOR DE LARANJEIRA

Quando uma menina tenha grande interesse em casar com o seu namorado, ele estiver habituado a dizer-lhe que espere mais um ano, procura furtar-lhe um lenço com todo o cuidado, para que o indivíduo não dê por isso.

Depois, logo que vá a igreja deve ensopar o lenço na pia do batismo, e passando-o logo a ferro dirá estas palavras, sorvendo o fumo produzindo pelo ferro sobre a umidade:

"Água lustral, tu que possuis a virtude para nos fazer cristão, e nos abre o caminho do céu, faze com que (fulano) me receba por esposa no espaço de cem sóis, e me dê tão grande confiança como São José depositou na Virgem Maria.

Eu me entrego nas mãos dele, ornada da flor com que perfumarei este lenço e com o qual ele limpa os lábios por onde entra a hóstia consagrada que encerra o corpo, sangue, alma e divindade de Nosso Senhor Jesus Cristo. Amém.

Feito isso, deve perfumar o lenço, com espírito de flor de laranjeira e meter-lhe no bolso ocultamente.

6º
MAGIA DOS CAROÇOS DO ESCALHEIRO

Há um arbusto bravo, cheio de picos, que pertence a família da pereira, e dá uns frutos pequeninos, muito acres ao paladar. No tempo das enxertias, corta-se o tronco mais viçoso e depois de rachado, mete-se um garfo de peneira ferra, barrando-se bem com terra viçosa.

Depois do garfo ter pego, arrebente umas hastes que dão pêras no fim de dois anos. Estas pêras tem o gosto excelente, mas nenhuma outra virtude.

Nos caroços, é que está o segredo. Torrem-se em número de 24, e depois de moídos com cobre, ou bronze, polvilha-se com esses pós a cabeça da pessoa querida, e enquanto este pó estiver nas viscosidades da pele, obter-se-á dessa pessoa o que desejar.

E em seguida fazer a oração:

"Eu te polvilho sob a graça de Deus para que enquanto ele criar pêras nos escalheiros, tu não me contraries nos meus desejos nem te separes de mim."

E depois de fazer o sinal da cruz, acrescentar:

"Que Deus te abençoe pereira ferra, que tires mil dores e geres amores; bendita sejas ao sol da manhã."

7º
MAGIA DOS COUCILHOS

Em Mato Grosso, no Brasil, morreu em 1884, um feiticeiro célebre, caboclo indígena que durante muito tempo operou milagres espantosos com o segredo que vamos apontar aos leitores.

Uma mão cheia de coucilhos vermelhos e igual porção de erva de saião pisada e posta essa mistura de infusão por espaço de 15 dias e dada a beber em vinho a qualquer indivíduo de ambos os sexos, leva-o a ponto de fazer tudo quanto desejar a pessoa que lhe propinar.

Muitos portugueses voltaram riquíssimos daquele Estado, tudo devido as feitiçarias desse índio, que se chamava Piaga Ambrongo. Logo que a pessoa tenha bebido as primeiras quatro doses desse líquido, deve-lhe deitar na quinta e última duas gotas de sangue do pé esquerdo de cão preto, mas que tenha muita amizade a pessoa que fizer o feitiço.

ORAÇÃO:

"Que Deus dos cristãos me acolha, que o Tupi abençoe essa folha e que o Pagé amoleça este coração. S. R. Mãe de Misericórdia."

8º
TRABALHO PARA OS HOMENS SE VEREM OBRIGADOS A CASAR COM AS AMANTES

Tomem-se 26 folhas de erva de Santa Luzia, e depois de cozida seis decilitros de água, meta-se em uma garrafinha branca bem arrolhada, até que tenha no fundo alguns farrapos, e sobre o gargalo dessa garrafa reza-se a seguinte oração:

"Ó Santa Luzia, que sarai os olhos, livrai-nos de escolhos, de noite e de dia; ó Santa Luzia, bendita sejais por serdes bendita, no céu descansais."

Aqui tira-se um sete de um baralho de cartas e poe-se em cima uma garrafa, dizendo:

"Em nome do Pai, do Filho e do Espírito Santo, te imploro, Senhora a que assim como essa carta esta segura, assim eu tenha seguro por toda a vida (fulano), a quem amo de todo o coração, e peço-vos Senhora que façais com que ele me leve a Igreja, nossa mãe em Cristo Senhor Nosso."

Rezando em seguida uma coroa a Nossa Senhora, a mulher pode ter certeza de que o seu amante a leva ao altar de Deus e lhe dará as felicidades compatíveis com os seus haveres.

É preciso conservar a carta debaixo da garrafa até o dia do casamento.

9º
TRABALHO DA ARRAIA,
PARA LIGAR AMORES

Toda mulher que tenha desejo de que um homem a ame muito, compre um peixe a que de dá o nome de "arraia", quando estiver com evacuações sanguíneas, porque é o único peixe que sofre esse incomodo.

Este peixe, pois cozinhado de caldeirada com bastante colorau, açafrão e uma gota de baga de sabugueiro, com sumo de tangerina, dado à comer ao homem, faz com que ele nunca se aparte da mulher.

10º
TRABALHO DO TROVISCO
ARRANCADO POR UM CÃO PRETO

Diz São Cipriano, que todo o homem que tiver desejo de magnetizar uma mulher (notando que não deve exceder de 50 anos), prende a cauda de um cão preto a uma haste de trovisco silvestre, e depois que ele a arrancar passa-se pelo fogo, tira-lhe a casca, e faz um cinto que ata à roda do corpo, sobre a pele.

Para apressar mais a simpatia, dessa mulher, é conveniente fazer uma argola da mesma pele e traze-la no pulso direito, porque se apertar a mão da mulher com este preparado, começa ela a apaixonar-se por ele e conceder-lhe toda a sorte de finezas.

11º
TRABALHO DO LAGARTO VIVO, SECO NO FORNO

Toma-se um lagarto vivo, dos de lombo azul, e mete-se numa panela nova bem tampada e leva-se a um forno para torrar.

Logo que esteja bem seco, faz-se em pó e deita-se numa caixa de sândalo.

A mulher ou o homem que desejar cativar o coração de qualquer pessoa, basta dar-lhe uma pitadinha deste pó em vinho ou café, e terá essa pessoa sempre as suas ordens.

Diz Jerônimo Cortez que esse pó é maravilhoso também para tirar dentes sem dor, esfregando com ele as gengivas, e a língua.

12º
TRABALHO DA PALMILHA DO PÉ ESQUERDO

Para o marido ser fiel a mulher ou a amante e tomar raiva das outras mulheres que o tragam desvairado, basta pegar na palmilha do pé esquerdo dele, queima-la em lume forte com incenso, arruda e glandes de carvalho sem casca e deitar a cinza de tudo isso em um saquinho e mete-lo no colchão de cama.

Se puder ser, produz um grande efeito introduzindo porção da mesma cinza em qualquer costura do fato do indivíduo contando que seja do joelho para cima.

A mulher obterá um resultado maravilhoso, deitando-lhe todas as sextas-feiras uma pitadinha deste feitiço sobre a espinha dorsal. Desta forma, tem-se preso toda vida.

13º
TRABALHO DA CERA AMARELA DAS VELAS MORTUÁRIAS PARA SER AMADO PELAS MULHERES

Quem puder obter uma porção de cera amarela das velas que se levam acesas ao lado dos trens mortuários, e as derrete a fogo de lenha de ciprestes, enquanto o morto não estiver enterrado, fica com uma arma poderosa para se tornar amado pelas mulheres.

O homem que possuir este talismã, faz com que a mulher lhe obedeça em tudo, e para isso é suficiente acender um pavio com essa cera, de forma que a dama de seus pensamentos veja essa luz.

Essa experiência não se deve fazer nos dias aziagos.

14º
FORÇA ASTRAL DO PÃO DE TRIGO

Todo o homem que tiver interesse que uma senhora lhe aceite a corte e ela lhe ligue pouca ou nenhuma importância, espera ocasião de se confessar e nesse dia, ao jantar, pegue em um bocado de grão de trigo, que não esteja queimado pelo torno e mastigue-o com o pensamento no Deus Criador e a alma de Jesus Vidente dizendo:

"Por Deus te mastigo, por Deus te bendigo, com os dentes te amasso ó pão, és de trigo. Pela hóstia não ázima, - te juro, meu Deus, - emendar-se sempre – dos pecados meus. Pelo bem de teu Filho – permite Senhor – que sempre (fulana) por mim sinta amor."

Depois deste hino, deve-se chamar um gato preto, que não seja castrado, e dar-lhe a lamber o pó, em seguida fazer a diligência para meter na albigera da senhora dos seus pensamentos o sobredito pão mastigado e o resultado será satisfatório.

A pessoa que fizer este responso, não o devo dizer a alguém, porque, segundo São Cipriano, pode ter grandes misérias na vida e sofrer falta de pão, por ter triturado publicamente aquele santo alimento com ideias libidinosas.

15º
TRABALHO INFALÍVEL PARA DESLIGAR AMIZADES

Faz-se da seguinte maneira:

Verbena, 2 gramas – Pevides de romã, 30 gramas – Raiz de mil homens, 20 gramas – Mastruço, 15 gramas – Cascas de banana verde, 1.100 gramas.

Faz-se um cozimento de tudo isso em água suficiente, num púcaro novo de barro, até ficar reduzido a um decilitro.

Em seguida deite-se em uma frigideira de cobre, derretendo-se em cima:

- Tutano de carneiro, 135 gramas.
- Unto de sal, 50 gramas.
- Álcool, 20 gramas.

Quando estiver pronta essa banha, deita-se por espaço de oito dias, uma porção na comida da pessoa que se aborrece, dizendo:

"Por bem ou por mal, e com o auxílio de Deus, a que adoro de todo o meu coração, não hás de ir a outra parte procurar amor longe de mim e enquanto me não abandonares, sejas maldito pelo poder da mágica preta carcereira."

No fim de oito dias, deve-se fazer uma omelete de ovos com o resto da pomada da carne de carneiroe dá-la de comer a um cão que tenha algum sinal preto na cabeça. Logo que ele acabe de comer, bate-se-lhe com um chavelho que esteja queimado de ambos os lados, até ganir treze vezes. Solta-se então o cão, e atira-se-lhe com o Chavelho, dizendo estas palavras:

"Que (fulano ou fulana), fuja de mim para sempre com aquela ligeireza."

16º
ENCONTRO DE S. CIPRIANO COM UMA BRUXA QUE ESTAVA FAZENDO ERRADAMENTE O FEITIÇO DA PELE DA COBRA GRÁVIDA E COMO LHE ENSINOU

Voltando São Cipriano de uma festa de Natal, e não podendo atravessar os campos em consequência de haver uma grande cheia no rio por onde tinha de passar, teve de se abrigar em um túnel, formado pela natureza, para ali passar a noite.

Embrulhou-se no seu grosseiro manto e foi encostar-se no recesso mais seguro daquela furna.

Próximo da meia-noite, ouviu, passadas e divisou uma luz. Temendo que fossem malfeitores, encolheu-se atrás da ponta de uma grossa pedra. Pouco depois, soou naquele covão uma voz cavernosa, que dizia:

"Ó mágico Cipriano, rei dos feiticeiros, por ti aqui venho com quatro fogachos e peço-te que ajudes a ganhar o prêmio a minha apaixonada cliente".

O santo ia levantar-se, para interrogar quem assim falava, mas teve de recuar a estas palavras:

"Ó Lucifer, ó poderoso governador do País do Fogo, ergue-te das labaredas, vem até mim e entra neste covão onde venho todas as noites, e socorro o meu ofício de consolar as esposas infelizes".

Depois disso, sentiu-se no subterrâneo um fumo aborrecido.

O santo marchou na direção da voz e topou com uma velha esguelhada por diante e com o cabelo raspado na nuca.

- Que fazes aí mulher, e quem é o Cipriano que agora invocaste?

- Era um feiticeiro, que há pouco se converteu, a fé cristã, e que tinha o dom de obrar tudo o que tinha na vontade, com auxilio de Satanás. Queria pedir-lhe uma recomendação para o demônio, para me ajudar em uma empresa da qual depende de minha fortuna no mundo e a tranquilidade de uma senhora muito rica.

- Quem é essa mulher? Perguntou o santo.

- É a filha do conde Everaldo de Saboril, casada com o grão-duque de Ferrara, a qual trata muito mal por causa de uma dama da corte, a quem adora com paixão. A filha do conde prometeu-me uma raza de ouro, se eu lhe desprendesse o marido dos braços da amante.

- Que combustível é esse que sufoca e tem um cheiro tão aborrecido? perguntou o santo.

- É pele de cobra com flor de suage e raiz de urze que estou queimando em nome de Satanás, para defumar as roupas do duque, a ver se o desligo daquela mulher. Esta magia foi sempre infalível quando a minha mãe a praticava debaixo destas abobadas, em que as mãos dos homens não tomaram parte. Minha mãe desligou com elas mancebias de nobres e monarcas, mas eu já seis vezes a faço o duque cada vez maltrata mais a mulher.

- É porque não lhe deitaste o principal ingrediente que tua mãe não te revelou.

- Dizei-me o que é, pelo Deus dos idólatras.

- Tu és pagã? Professas a leis dos bárbaros?

- Sim.

- Nesse caso não te ensinarei o segredo. Podes estar certa que não salvarás essa menina do martírio.

A pobre feiticeira desatou a chorar e deixou-se cair abandonada sobre uns ramos de árvores, que os pastores tinham arrastado para ali de dia.

O santo levantou-a com grande caridade, e depois de lhe ter sacudido os vestidos, disse:

- Tu eras capaz de me fazeres outro tanto, se eu tivesse caído redondamente aos pés.

- Não - respondeu a feiticeira - porque julgo que não é da minha lei, e nós só amamos os nossos e temos obrigação de praticar o mal com os filhos de outras religiões.

- É porque a tua lei é maligna. A tua religião é o refugio de todas as mais!

A bruxa começou, num tremor convulso, a espumar, como tomada de hidrofobia.

São Cipriano cobriu-a com o seu manto e continuou:

- E a prova está aqui: Que Nosso Senhor Jesus Cristo me perdoe por eu me tomar a mim para exemplo. Eu socorro-te, porque a minha religião, que é cristã, diz que todos são filhos do mesmo Deus Onipotente, e que não se deve perguntar crenças ao nosso irmão que sofre.

- Abençoada é ela, essa religião, mas não posso toma-la, eu sou sustentada pelos sumos sacerdotes gentílicos.

- E que me importa isso? Queres converter-te se eu te assegurar meios de subsistência?

- Quero! Mas como farás a minha felicidade, sendo tão pobre como denotam os meus andrajos!

- Como?! Pois não disseste que a filha do conde Everaldo te daria uma raza de ouro se tu lhe restituísses o amor do marido?

- Disse, porém...

- Amanhã, a hora nona, vai ter comigo ao templo dos cristãos, que eu te apresentarei ao presbítero Eugênio, que te dê as águas lustrais, e logo te direi o segredo que torna essa magia infalível.

- Mas quem sois vós?

- Eu sou, Cipriano, o antigo feiticeiro, mas logo que senti no corpo a água do batismo, não posso usar mais da magia; mas já que é para o bem e alcanço uma alma para a cristandade, direi o modo como se faz essa que em vão tens preparado.

- Dizei, senhor, dizei...

- Espera! Só amanhã, depois do inscrito no livro dos cristãos, e saberás. Fica-te em paz e lá te espero.

E o santo, apesar da escuridão da noite, saiu em direção da casa de Eugênio, para contar o sucedido.

De manhã, estando na igreja com o presbítero, viu entrar a bruxa que correu a beijar os pés do sacerdote.
Em seguida foi batizada e, no fim da cerimônia, chamou a Cipriano de parte e deu-lhe um pergaminho quadrado, onde estava escrita a seguinte oração:

"Faz-se três vezes o sinal da cruz".

"A cobra grávida, por Deus que te criou, te esfolo, pela Virgem te enterro, por seu amado Filho te queimo a pele em quatro fogareiros de barro fundido.

Com flor de suage te caso, com raiz de urze te acendo e com resina sabéa te ligo e feita seis vezes a magia branca, dos braços arranca a pérfida amante (fulano) e com esta resina sabéa te incenso, tirada hoje do templo de Cristo.
Amém!"

Logo que a feiticeira acabou de rezar esta oração, e executar estas instruções, meteu-se a caminho do palácio do grão-duque, a algumas léguas do povoado. Na mesma ocasião em que o duque vestiu o fato defumado pela bruxa, prostrou-se aos pés da duquesa a pedir perdão das suas leviandades.

No dia seguinte tirou um olho a amante e desprezou-a.

A filha do conde mandou, logo dar uma raza de ouro cunhado a bruxa e tomou-a como sua aia particular.

17º
TRABALHO PARA AS MULHERES SE LIVRAREM DOS HOMENS QUANDO ESTIVEREM ABORRECIDAS DE OS ATURAR

Quando uma senhora estiver aborrecida para aturar um homem e quiser livrar-se dele sem escândalos e sem se expôr as suas vinganças, deve praticar o seguinte:

Em primeiro lugar faz-se desmazelada no seu corpo, não se penteando nem lavando, nem tomando o mínimo interesse carnal, quando ele a desafiar para atos vulgares.

Deita 12 ovos de formiga e duas malaguetas dentro de uma cebola alvarrã furada e põe-se dentro de uma panela de barro bem calafetada sobre o lume. Deita-se a mulher, e logo que o indivíduo esteja dormindo, vai destampar a boca da panela, e voltando a cama passa o braço direito pelo peito do homem, dizendo estas palavras com o pensamento:

"Em nome do príncipe dos infernos, a quem faço testamento da alma, te esconjuro, com a cebola alvarrã, malagueta e ovos de formiga, para que ponhas o vulto bem longe de mim, porque me aborreces como a cruz aborrece o anjo das trevas".

18º
MODO DE CONTINUAR O TRABALHO PRECEDENTE

Na noite seguinte e mais onze dias a fio, deve repetir esta prática e polvilhar com o pó da malagueta o lado da cama onde o homem costuma deitar-se, o que produz uma aflição, que o faz tomar medo a casa e abandoná-la

PREVENÇÃO IMPORTANTE A RESPEITO DESTE CAPÍTULO

Alguns homens, desconfiados as vezes da comichão que sentem e da sufocação produzida pelo fumo do preparado acima, costumam mandar a mulher para o seu lado. Neste caso, devem estar prevenidos, levando todos os dias o como com água de aipo, e roquete macho, o que evitará que sintam o mais leve incômodo.

19º
TRABALHO INFALIVEL PARA AS MULHERES NÃO TEREM FILHOS

Há diversas receitas para evitar a mulher a ter filhos.

A seguinte, porém, é infalível, e dela fizeram uso algumas pessoas a quem uma pobre mulher revelou o que São Cipriano, condoído de sua sorte, lhe ensinara de baixo de rigoroso segredo.

A sua tagarelice, porém valeu-lhe ser acusada de feiticeira e mandada queimar por Deocleciano.

Mais tarde, foi essa receita abandonada, porque é tal a sua eficácia, que a julgam obra do diabo.

Uma tarde, em que Cipriano se recolhia a casa, viu uma pobre mulher rodeada de oito crianças, trazendo uma as costas, dentro de uma espécie de alforge nos braços.

São Cipriano chegou-se a ela, dizendo:

- Onde levas estas crianças, mulher? Provavelmente roubaste-as!
- Rouba-las, eu meu senhor? ... Não tinha mais que fazer, quando todos os anos tenho duas! Aí, meu senhor, pobre como sou porque meu marido trabalha no campo e ganha pouco, calcule em que embaraços me vejo para sustentar estes filhos, fora os mais que ainda virão! São Cipriano, com pena perguntou-lhe:

- Não desejas ter mais?

- Eu, meu senhor, nem tantos... e emendando logo concluiu: Agora que eles já estão cá, coitados, deixa-los medrar; mas é que eu dava alguns anos de vida para os não ter mais.

E nisto chegavam próximo a um ponto donde se avistava o mar em toda a sua extensão.

- Vou ensinar-te uma receita para não teres mais filhos, mas guarde de a divulgares, porque te pode ser fatal.

- Guardarei absoluto segredo, disse a mulher.

Cipriano sorriu-se por que se lembrou o que vale um segredo em boca de mulher, continuou:

- Se o não guardares, o mal será para ti. E indicando com o dedo uns rochedos, perguntou:

- Vês além aquelas conchas?

- Vejo – disse a mulher.

- E junto as conchas, o que vês?

- Esponjas, meu senhor.

Pois colhe uma delas, livre-a daquela matéria gelatinosa que a envolve, deixa-a secar, depois bate-a, tira-lhe a areia e algum grão que se lhe aderisse e, quando quiseres fazer cópula, umedece-a em água, depois expreme-a; em seguida meta-a comprimindo com dedo na vagina, conservando-a enquanto durar o ato.

Aquela mulher, no auge do contentamento, ia retirar-se, sem mesmo agradecer a Cipriano, quando este a chamou:

- Ainda não te disse o tamanho que deve ter a esponja, e é o mais importante.

- É verdade, disse a mulher com tristeza.

- Podia eu agora castigar-te pela falta de gratidão, porque te retiravas sem ao menos em agradeceres: mas quero ser indulgente. A esponja deve ser este tamanho... e riscou na areia, com uma varinha que trazia na mão um circulo, do tamanho da palma da mulher.

20º
OUTRO TRABALHO
PARA NÃO TER FILHOS

Procura alcançar uma porção de milho mastigado ou mordido por uma mula, e depois deita-se num vaso de vidro com um pouco do mesmo animal, cortado na cauda junto ao corpo.

Em seguida, lança-se em cima o seguinte:

Álcool, 150 gramas. – Pó de cipreste, 2,5 gramas – Flores de azevim vermelha, 50 gramas.

Arrolha-se bem o frasco e, quando a mulher estiver resolvida a entrar no ato do coito, destapa o vidro e cheira-o três vezes, dizendo:

"Ó mula amaldiçoada, que por teres querido matar o Divino Redentor na arribada de Belém, quando ele nasceu, foste condenada a nunca dar fruto do teu ventre, que tua saliva, que está neste frasco me defenda de ser mãe."

Para conseguir os grãos de milho abocanhados pela mula untem-se os dentes com sebo para que lhe escorreguem para a mangedoura.

21º
TRABALHO DO BOLO
PARA FAZER MAL

Este preparo é fácil e dá sempre bom resultado. Esta receita é pouco conhecida, porém muitas pessoas a tem feito com excelente resultado.

Quem tomar de um bolo de farinha de trigo e o meter debaixo do sovaco bem amarrado e enchumaçado, para que apanhe bem o suor, por espaço de sete dias, e o der depois a comer a qualquer pessoa consegue dela tudo quanto desejar, amor, dinheiro, e até perdão para qualquer crime.

Não aconselhamos, porém, os nossos leitores, a que o

façam porque, diz Santo Antônio Mínimo, depois de morrer a pessoa que comer o bolo aparece altas horas da noite a quem lho tiver dado, e com tal insistência que pode causar a morte.

22º
TRABALHO PARA AQUECER AS MULHERES FRIAS

Quando um homem sente paixão por uma mulher e ela começa a desgostar-se dele, tem de fazer o seguinte:

- Raiz de sobreiro, 20 gramas.
- Sementes de saganha brava, uma mão cheia.
- Cabelos do peito, com a raiz
- Farinha de amendoim, 300 gramas.
- Cantáridas, 1
- Avelã, 4.

Tudo moído e bem misturado até se fazer uma bola, deixa-se ao relento por tempo de três noites evitando que lhe chova ou orvalhe.

No fim deste prazo, abre-se um buraco no enxergão da cama, dizendo:

"Pelas chagas de Cristo e pelo amor que voto a (fulana), te escondo, sobreiro ligado a saganha com fios do peito, amendoim, cantárida e fruto de aveleira; quero pela virtude de Cipriano, que esta mulher se ligue a mim, pelo amor e pela carne."

Depois de se fazer isto, raras vezes sucede que a mulher não principie a olhar para o homem com mais fogo e amor.

Esta receita é igualmente boa para aumentar o entusiasmo às esposas, que nos tratos amorosos, recebem os maridos com frieza.

23º
O PODER DA CABEÇA DE VÍBORA ;
PARA USAR-SE PARA O BEM E PARA O MAL

Arranje uma cabeça de víbora e, depois de seca, encastoai-a numa bengala, num chapéu de cruva ou num bocado de chifre e traga-a convosco.

Assim armados, conseguireis muitas coisas tanto para fazer o bem como o mal.

Por exemplo: Quereis que uma empresa não de bons resultados?

Direis assim: "Víbora, para o bem reclamo teu poder."

Tendes vontade que um vosso inimigo, vos peça misericórdia?

Tendes meio de o conseguir. Basta chamar o auxílio da víbora e segredar-lhe baixinho. E essa pessoa aparecerá, ato contínuo, com a palavra de brandura e pedir-vos perdão.

Torna-se-vos necessário um favor de pessoa com quem estais indisposto? Dizei estas palavras: "Víbora, por caminhos sem fragas, mande-me fulano, aqui em meu socorro, ou condena-o a sofrer de ciúmes toda a vida."

Para bom êxito, é conveniente que tudo seja dito com o pensamento em Deus, e que mais ninguém saiba o vosso segredo; contrariamente, perde toda a magia.

24º
TRABALHO DA COELHA GRÁVIDA, PENDURADA NO TETO

Pegue uma coelha nova que ainda não tenha sido castigada, e perfurem-na, atada pelas orelhas, no teto da casa, por espaço de seis horas, dizendo: "Se acaso não morreres (fulano), hás de ser meu, pelo poder de Lúcifer, e de todos os demônios do inferno".

Se durante esse tempo ela não morrer é que serve para a magia, e manda-se logo castigar com um coelho que tenha alguma malha preta no lombo.

Passadas 36 horas, mata-se a coelha e abrindo-a ainda quente, tira-lhe os ovários da geração e deitam-se dentro de um ovo de pata brava, por orifício feito pelo lado da galadura, que se pode procurar a luz de uma vela em sítio escuro.

Tampa-se bem o ovo com papel de seda sobreposto com goma arábica, e mete-se debaixo de uma galinha que esteja no choco.

Quando saírem os pintos, aquele ovo fica inteiro com uma cor amarelada; devem logo pegar nele e mete-lo num vaso de vidro arrolhado com tampa de pau cipreste amarrada com arame.

A pessoa que possuir este ovo pode conseguir tudo em amor. O homem dominará todas as mulheres que apeteça, e a mulher todos os homens, porém o possuidor deste talismã nunca pode possuir pessoa virgem.

É preciso pegar neste ovo com muito cuidado, por que se acontece quebrar-se, a pessoa que o tiver feito ficará bem arrependida da sua indiscrição.

Quando algum indivíduo desejar um grande mal a outro, pode executar a vingança, mandando-lhe o ovo.

Contudo não o aconselhamos, porque a pessoa que o fizer, vinga-se, mas os seus negócios geralmente não progridem.

25º
O ANEL MÁGICO E PORTENTOSO

Toda a pessoa que desejar ser idolatrada toda a vida pelos indivíduos de sexo diferente do seu, deverá fazer o seguinte trabalho que se atribui a São Cipriano.

Compre um anel com um brilhante, e, mandando desencastoar, dá-lo-a a um corvo ao bater da meia-noite ficando com o anel no dedo mínimo, e com o qual andará até que o corvo expila o brilhante pela via excrementícia.

Logo que se de este fato, manda-se encastoar o brilhante no anel, e torna-se a meter no dedo da mão esquerda, dizendo-se ao mesmo tempo: "Pelo poder de Deus, e pelo poder que tendes tu e os brilhantes teus irmãos, que tudo conseguis no mundo, pois tendes mais poder do que o ouro, peço-te que façais conseguir tudo quanto eu desejar com referencia ao amor. Amém." P. N. A . M. S. R.

Como dissemos, quem trouxer esse anel, sendo homem, sabendo apresentar-se, casará com a mulher que mais lhe agradar e mesmo possuirá outras que lhes dispertem desejos carnais. Sendo senhora, conseguirá dos mesmos fins; mas a estas não o aconselhamos quando queiram ser honestas, porque este talismã faz as pessoas que o trazem muito volúveis.

São estas instruções dos Enguerimanços.

26º
MANEIRA DE CONHECER SE A PESSOA QUE ESTA AUSENTE É FIEL

Faz-se na terra uma cova da profundidade de dois pés, deita-se dentro, feito em massa, o seguinte: 30 libras de enxofre em pó, igual a porção de limalha de ferro e quantidade suficiente de água.

Sobre esta massa põe-se o retrato da pessoa ausente, envolvido em couro. A falta de retrato, pode por-se um papel em que se escreve o nome da pessoa. Feito isso, cobre-se a cova com a mesma terra que retirou dizendo:

"Cipriano Santo, faze com que eu saiba se (fulano), me é infiel."

Passadas as 15 horas, a terra formará um vulcão, começando a expelir de si, labaredas cinzentas.

Se o retrato da pessoa for expelido pelo fogo, é porque ela se conserva fiel; se for atacado, é porque também queimada está essa pessoa pelo amor.

Se o retrato fica dentro da cova, é porque a pessoa está presa em fortes laços de amor, se é atirada a pequena distancia, é porque a pessoa tenta desligar-se de sua prisão; se é atirada longe, é porque a pessoa quebrando todas as ligações parte para unir-se a quem a chama.

Antigo Livro de São Cipriano o Gigante e Veradeiro Capa de Aço | N.A.Molina

27º
MODO ENGENHOSO DE SABER QUEM SÃO AS PESSOAS QUE NOS QUEREM MAL

Na ocasião em que uma pessoa sentir grande comichão na palma da mão direita, para saber se alguém lhe deseja mal e que é que está falando em seu desabono, esfrega a parte que lhe comicha quatro vezes em cruz dizendo esta oração:

"Por Deus, pela Virgem.
Por tudo que há santo.
Se quebre este encanto.
Com pedra de sal."

Deitam-se uma pouca de pedras de sal, no lume, e enquanto elas estalam, continua a dizer:

"Não sei o motivo
Por que haja algum vivo
Que assim me quer mal."

Faz-se o sinal da cruz três vezes e deita-se no lume uns bagos de anilina encarnada.

A pessoa que tiver dito mal de nós e nos quer mal, aparece daí a 24 horas com tantas manchas vermelhas no rosto quantos bagos de anilina tivemos queimado, e ficaremos conhecendo o nosso inimigo, para nos afastarmos dele para sempre.

OS BRUXEDOS DO TEMPO DE SÃO CIPRIANO

Os bruxedos, como a adivinhação, podem ser interpretadas de várias maneiras, e sem dúvida, figuram com destaque na história da feitiçaria milenar. Na sua forma mais pura, é uma tentativa de controlar a natureza e fazer aparecer espíritos benignos e malignos.

Na era Medieval, a Igreja definiu o bruxedo como a evocação de demônios para utilizar os poderes que "Deus permitiu ao diabo após expulsa-lo do Céu" enquanto a prática da feitiçaria e Magia Negra era a seus olhos, a evocação de espíritos para "cometer atos contra seus desígnios". Claro que essa estranha distinção deixou o caminho aberto para toda espécie de abusos e lemos muito sobre exemplos flagrantes em que um homem que pedisse ajuda ao diabo, a fim de seduzir mulheres, não era culpado de afrontar a Igreja, enquanto uma mulher que recorresse ao uso de ervas num ritual desesperado para salvar seu filho agonizando era culpada e enforcada por seus trabalhos de bruxarias.

Apesar disso, a prática dos bruxedos continuou pelo tempo e ainda existe hoje. Em muitos países ainda se encontra a maga "branca", geralmente uma velha camponesa que cura os animais ou revela o futuro por meio de seus poderes. Há elementos de feitiçaria também nos videntes que usam pedaços de cabelos e unhas e, sem dúvida, em todos aqueles que aproveitam da natureza supersticiosa do homem, ao vender talismãs e braceletes diversos para afastar "espíritos maus e estranhos", do outro mundo, que vêm a prejudicar muitas das vezes.

Como as feiticeiras, as bruxas têm sido perseguidas. Na Europa, lemos sobre mágicos queimados nos séculos de nossos antepassados. E recentemente, na Itália, cinco camponeses foram condenados a penas de prisão de 13 a 15 anos, por "praticar a arte da Magia Negra, e tipos de bruxarias diversas".

MAGIA SOBRENATURAL PARA VER EM UMA BACIA DE ÁGUA A PESSOA QUE ESTÁ AUSENTE

Toma-se um pouco de água do mar, a qual deverá ser tomada de nove ondas; se for tomada no quarto de lua, melhor será.

Pode-se tomar uma camada de cada onda, pouco mais ou menos, e de cada camada d´agua que se tomar, chama-se pela pessoa ou pessoas que se querem ver.

Junta-se toda a água em uma bacia ou alguidar, e ao dar da meia-noite acendem se duas velas de sebo, colocando-se uma de cada lado do alguidar. Feito isso, chama-se nove vezes pela pessoa que se deseja ver pronunciando as seguintes palavras:

"Eu te conjuro, F., para que te apresentes em corpo e alma aqui nesta bacia, pelo poder dos nove gênios que navegam sem cessar sobre as vagas do oceano, a quem eu rogo em nome de Adonias, para que te faça visível nesta água"..

"Conjuro-te também, ó gênio, que faças aparecer F., imediatamente livre de qualquer eventualidade". "E esconjuro o Gênio das 24 ondas do mar para te abrir caminho por onde quer que passardes".

O indivíduo, daí por cinco minutos, coloque-se sobre a bacia e verá a pessoa por quem chamou, tal qual se achava na ocasião de ser transportada nas asas do Gênio.

"Assim como os gênios te trouxeram, eles que te levem em paz."

Feito isso, deve-se observar que deitar logo a água fora é pernicioso. Por isso é necessário esperar nove minutos a mais para ser feito.

TRABALHO OU BRUXARIA PARA OBRIGAR UMA PESSOA CEDER-NOS O QUE DESEJAMOS TER

Faça o seguinte:

Tome um sinal qualquer da pessoa a quem se deseja enfeitiçar.

Feito isso, leve-se a beira do mar, a um lugar que tenha bastante areia, faça-se no chão uma cruz e, colocando em cima o dito sinal, pronunciai-se a seguinte conjuração:

CONJURAÇÃO:

Eu F., vos conjuro, ó Espírito! Que sobre as ondas do mar andais, ligados pelo poder do grande Profeta Jonas que três dias e três noites andou no mar metido no ventre de um peixe o qual foi durante as três noites, perseguido pelos espíritos dos dois Gênios maus.

Porém, Jonas, em nome do Salvador vos ligou as ondas do mar, onde estareis perpetuamente e só tereis o poder de ajudar os homens, livrando-vos das águas por espaço de 24 horas, quando os espíritos encarnados vos chamarem em nome de Jonas. Portanto, em nome do bem-aventurado Jonas conjuro e ligo ao corpo de F., e dentro de 24 horas me fareis... tal ou qual coisa (sendo essa coisa que estiver na mente do conjurador).

Acabada essa conjuração, bate-se 3 ou 5, ou 9, ou 11, ou 15, ou 19, ou 24, ou 38 pancadas sobre o sinal que deve estar colocado sobre a cruz de que já se falou.

O pau de que nos devemos servir é necessário que seja de oliveira, cedro, salgueiro ou cipreste. Logo que tudo fique executado, conforme acabei de indicar, nada mais será preciso fazer, chegando a completa realização do nosso desejo.

MAGIA NEGRA OU FEITIÇARIA PARA DESMANCHAR UM CASAMENTO

Tome-se um frango, todo preto, e leve-o a uma encruzilhada e logo que se chegar ao dito lugar, atem-se as pernas do galo, com uma fita preta de lã; leve-se um sinal de um dos dois que estão para casar, e faça-se a conjuração que segue:

"Eu F., te conjuro, ó grande espírito dos gênios, para que em nome do grande Adonias, Rei dos gênios, ligueis a vossa magia no espírito de F., para que, sem apelação nem agravo, não consiga a união sagrada com F., do contrário sereis esmagado debaixo deste meu pé."

Logo se coloca o frango debaixo do pé esquerdo sem que o magoe, e se estará nesta posição por espaço de três minutos e meio e não se ouvindo uma voz que diga: "não ligo", tome-se o frango e dêem-se duas voltas com ele e firme-se virando para o sol, e se dentro de cinco minutos nada se ouvir, soltem-se as pernas do galo e deixe-se ficar o sinal juntamente com a fita e vai-se para casa sem que se olhe para trás.

O frango leva-se na mão esquerda, devendo ter-se durante 24 horas, preso debaixo de um cesto velho. No fim das 24 horas, solta-se e não se lhes dará a comer, senão painço ou alpiste.

TRABALHO QUE SE FAZ A UMA PESSOA COM QUEM SE DESEJA CASAR, EXECUTADO PELA PRETA QUITÉRIA DE MINAS

Pegue-se num sapo e ate-se-lhe em volta da barriga, com duas fitas, uma escarlate e outra preta, qualquer objeto pertencente a pessoa que se deseja enfeitiçar. Meta-se depois o sapo em uma panela de barro, digam-se as palavras seguintes, com o rosto sobre a panela:

"Fulano (o nome da pessoa a quem se faz o trabalho), se tu amares outra mulher sem que seja a mim, pedirei ao diabo, a quem consagrei a minha sorte, que te encerre no mundo das aflições, como acabo de fazer a este sapo; e que de lá não saias senão para te unires a mim."

Proferidas estas palavras, tampa-se novamente a panela; e quando se obtiver o que se deseja, leva-se o sapo para um lugar retirado, não lhe fazendo mal algum.

Antigo Livro de São Cipriano o Gigante e Veradeiro Capa de Aço | *N.A.Molina*

FEITIÇO AO NATURAL, EXECUTADO PELA PRETA VELHA LUCINDA, PARA QUE A PESSOA COM QUEM SE VIVE SEJA SEMPRE FIEL

Tome-se a medula do pé do cachorro preto, de raça felpuda, meta-se num agulheiro de alecrim, embrulhe-se o mesmo agulheiro num pedaço de veludo preto, e guarde-se dentro do colchão da cama dizendo estas palavras:

Pelo poder de Deus e de Maria Santíssima, eu (fulana), te digo, meu (fulano), para que não me possas deixar enquanto esta medula para o cão não tornar.

Por causa deste feitiço foi presa a preta Lucinda no dia 25 de maio de 1875, por não querer ensina-lo a uma senhora, que a havia denunciado.

GRANDE CONJURAÇÃO DE MAGIA NEGRA

Para se fazer revoltar os tempos, escurecerem-se os astros, verem-se relâmpagos, ouvir grandes trovões e tempestades, grandes fantasmas e línguas de fogo saírem da terra, abrir grandes brechas, que parecem querer tragar o conjurador!

É um espetáculo terrível, igual ao do último dia do mundo!

PRIMEIRA CONJURAÇÃO:

Serpente que no paraíso tentaste Eva e foste a perdição do gênero humano que com a tua astúcia condenaste os homens ao cativeiro da perdição, por cuja causa Deus do Universo te condenou a seres calçada e obediente aos homens.

Portanto, em nome do Espírito Divino te conjuro e requeiro para que sem apelação te levantes lá dos abismos e refaças cair chuva sobre a terra, e faças levantar as águas do mar e moverem-se as estrelas do Céu, e ferirem-se os firmamentos com relâmpagos e trovões.

Cubra-se toda a terra de espessas trevas, levante-se um vento, façam-se ouvir os gritos espantosos, dados, por todas as legiões de demônios que mil e quinhentos anos estiveram presos por ordem do anjo Custódio.

SEGUNDA CONJURAÇÃO:

Fazei, ó anjo Miguel, com vosso agudo punhal, levantarem-se todos os anjos do mal, os quais vós combatestes no Mundo Universal, criado pelo Eterno Padre.

Levantem-se todos os abismos do Mar Vermelho, do rio Jordão e do rio Stige e venham todos pelo poder de Satanás, chefe dos espíritos malignos.

Eu vos conjuro em nome do Padre Eterno, que está sobre uma nuvem do Céu para vos condenar pela vossa soberba, quando vós o queríeis matar para vos apoderardes dos reinos dos Céus, porém, ele com sua temível palavra vos fez cair no inferno, o qual preparou para vós, e para todos aqueles que lhe faltarem ao respeito, cujo pecado ele não perdoa.

TRABALHO QUE FAZ A MÃE CAZUZA, CABINDA

Tirai o coração de uma pomba toda branca, fazei-lhe uma fenda e deitai-lhe dentro uma mosca varejeira tendo o cuidado de coser e dita fenda; enterre-se depois o coração no centro do lado esquerdo da parede do quintal; e plante-se em cima um pé de arruda.

Enquanto ela florescer, o indivíduo pode ter a certeza de que fará tudo quanto empreender. Este segredo não deve ser revelado pela pessoa que dele usar.

TRABALHO EXECUTADO PELAS PRETAS VELHAS DO BRASIL, QUANDO QUEREM PRENDER UM HOMEM DE QUE GOSTAM

Cosem-se os olhos de um sapo e deitam-no em uma panela juntamente com outro sapo (fêmea); depois disto pronunciam as palavras seguintes:

"Fulano (o nome do enfeitiçado), assim como eu (fulana), tenho estes dois sapos aqui seguros e oprimidos, assim tu (fulano), a mim estarás ligado e a mim (fulana), só deixarás quando este sapo tiver vista, ou esta fêmea deixar este mundo."

No fim fazem-se três cruzes com a mão esquerda sobre a panela e tampa-se; é preciso deitar-lhe também algum leite de vaca e comida que sobre à pessoa a quem se enfeitiça.

Porém, é preciso haver todo cuidado em se não ofender os olhos do sapo, do contrário sucederá o mesmo a pessoa a quem estamos ligados e logo que se queira desligar a bruxaria, tirem-se os sapos da panela e levem-se a um lugar úmido.

ORAÇÃO PELOS BONS ESPÍRITOS, PARA OS LEVAR A DEUS E DEIXAR A CRIATURA

Quando se diz ao Espírito: "tu sossega, que eu oro a Deus por ti", aflige a pessoa ainda mais; e isso denota que o Espírito que tem dentro é mau.

Faça-se então a esconjuração de São Cipriano.

Mas meu bom leitor, rogo-te, em nome de Deus, que não trate de nenhuma moléstia sem que primeiro tenhas estudado, bem estas regras. É preciso notar que cada uma das orações que contem esse livro tem a sua aplicação e a que serve para uma causa não serve para outra. São cinco as orações que se encontram neste bom livro:

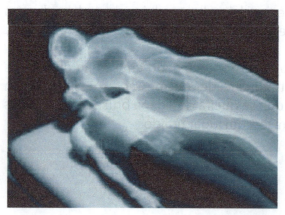

1º Para rogar a Deus pelos Espíritos Bons.

2º Para esconjurar os Espíritos Maus.

3º Para curar moléstias, mesmo naturais, sem que sejam obra de feitiços ou diabruras.

4º Para conjurar encantos ou tesouros encantados.

5º Para se fechar uma morada ou um corpo aberto, a fim de que os espíritos não tornem a entrar naquele corpo.

Os fantasmas que aparecem nas encruzilhadas ou almas do Mundo Espiritual, que por missão de Deus vêm a este planeta corporal buscar preces para serem purificadas das faltas que cometeram neste mundo, contra Deus, são mandadas, para mortificar as criaturas e aparecer-lhes em forma de fantasmas para ver se lhe valem com orações; o que se deve fazer, para valerem a esses infelizes espíritos.

O que são fantasmas?

São espíritos que aparecem a certos indivíduos fracos e crentes de que voltam ao mundo as almas daqueles que já deixaram de existir. Pois os fantasmas aparecem só aos crentes nos seres espirituais e não aos incrédulos, porque nisso nada aproveitam, ou antes, pelo contrario, recebem pragas.

O que será daqueles, que em vida obrarem, escarrecendo dos servos do Senhor que após a morte vêm a este mundo buscar alívio e encontram penas? Dobram-lhes os tormentos!

O que será de vós no dia em que fordes sentenciados? Se não tiverdes bons amigos que tenham pedido por vós ao Juiz supremo, sereis punidos com todo o rigor da Justiça.

Pois cultivai, bons amigos, para que naquele dia tremendo tenhais bons amigos que roguem ao Criador por vós. Fazei como faz o lavrador que, para colher no São Miguel muito fruto, deita na terra bons elementos.

Notai, irmãos, estas palavras inspiradas do fundo do coração! Quando vos aparecer uma visão, não a esconjures, porque então ela vos amaldiçoará, vos empecerá em todos os vossos negócios, e tudo vos correrá torto; porém, quando sentirdes uma visão recorrei a oração que neste livro vai mencionada com título – oração pelos espíritos de luz – porque logo aliviareis aquele necessitado que busca esmola pelas pessoas caritativas.

Irmãos, o diabo poucas vezes aparece em forma de fantasma, porque os demônios eram anjos e não tem corpos, para se revestir; por isso vos recomendo que quando virdes um fantasma em figura de animal, então é certo ser o demônio, e deveis esconjura-lo e fazer uma cruz. Mas se o fantasma for

figura humana, não é o demônio, mas sim uma alma que busca alivio as suas penas. Deveis logo fazer a oração que não perdereis nada com isso, pois que aquela alma, que vós livrastes, será convosco sempre que a chamardes. Não vos fieis em mim: fazei a experiência e depois vereis.

Orai, orai por esses desgraçados espíritos, e invocai-os em todas as vossas orações.

Feliz a criatura que é perseguida pelos espíritos, porque é certo essa pessoa, ser boa, que os espíritos a persigam para que ela ore ao Senhor por eles, que é digna de ser ouvida pelo Criador. Ora, há muitos espíritos que não adotam o sistema de aparecer em fantasmas, mas aparecem nas casas dos seus parentes fazendo de noite barulho, arrastando cadeiras, mesas e tudo quanto há na casa: um dia matam um porco, outro dia uma vaca e assim corre tudo para trás, naquela casa, por falta de inteligência dos habitantes, porque se recorressem logo as orações, eram livres de espíritos e cometiam uma obra de caridade, e no último dia da sua vida, lhe seriam abertas as portas do céu. Notai bem, irmãos, estas palavras e consagrai-as no vosso coração, que eu pretendo que por causa desta obra, se salvem muitas almas e não pretendo que se cometam abusos.

EXORCISMO PARA EXPULSAR O DIABO DO CORPO

Este exorcismo foi encontrado num livro muito antigo, escrito por Frei Bento do Rosário, religioso decalco da Ordem de Santo Agostinho, de São Caetano, de Santo André Avelino:

"Eu te arrenego, anjo mau, que pretendes introduzir-te em mim e perverter-me. Pelo poder da Cruz de Cristo, pelo poder das suas divinas chagas, eu te esconjuro, maldito para que não possas tentar a minha alma sossegada, Amém".

Deve ser dita três vezes, e outras tantas fazer o sinal da Cruz sobre o peito.

HISTÓRIA MEDIEVAL DE CURAS MILAGROSAS. QUE FORA ENCONTRADA NOS MANUSCRITOS DE SÃO CIPRIANO

É muito antiga a história da Imperatriz Porcina. Já o Rei Afonso X, de Castela (o qual é do século XIII), conta esse belo eposódio em versos no seu livro Cantigas de Santa Maria.

Apresentamos aqui uma versão puramente medieval.

Qualquer filólogo ou linguista reconhecerá que a sintaxe e o vocabulário são medievais sem tirar nem pôr; e se quiser investigar mais profundamente o caso, verá que embora o tema seja conhecido na Idade Média, o fato é que a versão, tal como a damos aqui, não é encontrada em nenhum livro antigo. Noutras palavras: o tema é antiguíssimo, porém a redação que apresentamos não é.

Mas embora esteja escrita com todas as características da linguagem arcaica, pode ser lida – e compreendida – por qualquer leitor moderno, pois a pontuação e a ortografia foram modernizadas. Ora, as duas coisas que mais dificultam a leitura dos textos antigos são justamente a ortografia e a maneira de pontuar, ou seja, a falta de pontuação. Realmente, os antigos raramente usavam sinais de pontuação, e quando o faziam arbitrariamente. Pontos de interrogação, vírgulas, separação dos diálogos – enfim, todos os recursos de que hoje dispomos para dar clareza aos textos eram simplesmente ignorados pelos escritores medievais. Pois bem, na versão que aqui apresentamos, foi usada com todo o rigor a pontuação, e ao mesmo tempo a ortografia também está rigorosamente modernizada. Haverá um ou outro vocábulo que pareça estranho ao leitor moderno, porém o sentido da história facilmente lhe dará o significado daquilo que a primeira vista poderá obscuro.

É uma história muito edificante esta da Imperatriz Porcina. E mostra, a maneira medieval, como são castigados os indivíduos que praticam o mal por motivos torpes ou mesquinhos. Quem mata em defesa própria, tem desculpa na lei de Deus e na lei dos homens, quem mata por maldade, ou com intuito de roubar ou satisfazer seus baixos apetites – não tem perdão neste mundo nem no outro.

COMO O IMPERADOR LODÔNIO SE FOI EM PEREGRINAÇÃO AOS SANTOS LUGARES E DEIXOU NO TRONO SUA MULHER E SEU IRMÃO

Lodônio, imperador de Roma, era casado com Porcina, filha do rei da Hungria, mulher de altas virtudes e de grande formosura. Vivia na corte o príncipe Albano, muito estimado do *imperador, que era irmão dele. Estava o poderoso Lodônio casado com a nobre Porcina fazia já a dois anos, e não tinham filhos. Não se queixava disso porque entendia que, se lhe não vinham herdeiros, era porque Deus assim o determinava. E contentava-se com as muitas caridades que fazia, ora amparando viúvas, ora socorrendo pobres, ora apadrinhando bons casamentos para as órfãs que naquele tempo haviam na cidade. Fazia, enfim todas as obras de caridade que podia, e as fazia, em nome de Jesus Cristo e da Virgem Santíssima.

Havia Lodônio prometido ir em romaria a Terra Santa, Jerusalém, para ver os lugares onde Nosso Senhor Jesus Cristo cumprira a sua missão de Salvador do mundo. Ali deveria ficar um ano, em penitência e atos piedosos.

Decidida a viagem, quis ele deixar tudo em boa ordenança, e assim determinou de ficarem por governantes a sua mulher Porcina e o príncipe Albano, pois esta era a vontade do povo. E a todos os súditos pediu que obedecessem a Porcina e a Albano como se fosse a ele, imperador, que ambos tinham qualidade abundosas para substituí-lo por um ano, enquanto ele fora estivesse; mas disse que, se partia para longes terras, era para que cumprisse a vontade de Deus.

Feito o discurso ao povo dirigiu-se o imperador ao salão de refeições; e tendo acabado de almoçar, foi-se a câmara da imperatriz. Esta, como adivinhando o imediato apartamento do esposo, estava banhada em lágrimas. Então ele, procurando esconder a tristeza que lhe ia na alma, falou a ela desta guisa.

Minha doce companheira, lume dos meus olhos, espelho em que revejo a minha pessoa: por que choras? Não sabes que é necessária a minha partida? Não vês que estou comprometido a fazer esta romagem?

Ela o olhou carinhosamente, e o imperador sentiu desfalecer o coração. E disse:

- Se queres, não irei, e sim mandarei outro no meu lugar. A viagem há de ser feita, e que não seja por mim será por alguém mais.

E a bondosa Porcina respondeu:

- Amado esposo, não faças caso da fraca e mulheril natureza.

Se eu chorava era pelo tanto que te quero e pelo sofrimento que já antevejo que virá quando estiveres alongado de mim. Mas é preciso que vás, nunca eu impeça a tua ida, nem permita que faças as coisas pela metade mandando outrem no teu lugar. Pois isto seria o mesmo que não cumprires a promessa e caíres da graça de Deus. Vai, e não te comova o meu pranto. Que eu ficarei rezando pela tua volta, que breve seja.

Lodônio ficou muito contente com a coragem da mulher, e quis sair dali para que se não prolongasse o sofrimento de ambos. A valorosa imperatriz trabalhou-se de dominar os soluços e pensar no grande peso que as suas costas ficavam com o governo do império. E decidiu que de tal forma se haveria, junto com Albano, em mantença do reino; que ninguém haveria de sentir a falta do imperador, enquanto ele ausente estivesse.

COMO ALBANO, ENGANOSO E CHEIO DE MÁS ARTES, QUIS FILHAR A PRÓPRIA CUNHADA PARA O MAL

Uma coisa ruim estava porém, reservada a Porcina. E era que Albano a amava, muito em segredo, há muito tempo; esperava ocasião por acometê-la. Ignorava ela, que Albano era capaz de todas as vilezas para alcançar os seus intuitos malévolos. E ele estava muito contente com aquela ocasião, que assim tão de molde se lhe apresentava, de propor a cunhada a sua malvadez. Pois agora estava sozinho no reino, e a virtuosa dama, indefesa que se achava, nada podia fazer para resistir-lhe.

E logo no outro dia, pela hora em que se a cunhada preparava para levantar-se, e quase despida estava no leito, entrou-lhe ele pela câmara dentro, sem anunciar-se e foi logo beijar-lhe as mãos, coisa que antes não tinha coragem para fazer. Porcina achou muito estranho, assustada a imperatriz com aquele proceder; ela, muito casta, nunca jamais assim aparecera na frente de outro homem que não seu marido; e muito ruborizada de legítimo pejo, cobriu-se toda com as cobertas da cama, e não deixou que aparecesse nada do seu belo corpo senão a cabeça. E indignada com aquela vinda cobrou ânimo e ousança e disse contra ele:

- Oh, Senhor, que vinda é esta tão desacostumada?

E ele respondeu:

- Senhora minha, perdoai esta minha ousadia. Que em verdade é a força do amor que me faz esquecer as regras da cavalaria. Quero que saibas, senhora, que há muitos dias que me trabalho de esconder o que na alma sinto. Mas agora não posso evitar de dizê-la. E é tão grande o meu amor por vós, senhora dos meus dias, que outra coisa não quero senão que caseis comigo. Estamos na posse de toda a força e poderio, e ninguém se atreverá a embargar-nos. E se vos temeis do que diria o povo de nos ver assim unidos pelo matrimônio, irei tostemente matar meu irmão, para que nada exista que possa evitar a nossa felicidade. Dar-lhe-ei peçonha que o faça morrer em dia, sem que lhe os físicos possam valer de alguma coisa.

E ele estava todo esse tempo em joelhos ao lado do leito, e retinha entre as suas brancas mãos daquela formosa dona. E ela, toda abrasada do mais santo furor, teve meios de sentar-se no leito sem que se lhe descobrisse o corpo; e tendo desprendido as suas das mãos daquele homem, assim lhe respondeu e disse:

- Grande deve ser o vossa ousadia para que assim desrespeiteis a minha castidade. Esse atrevimento vosso receberia duro castigo se aqui estivesse o meu amado esposo. Tirai-vos asinha de ante de mim que eu não vos veja nunca mais.

Como ele a visse desta guisa tão irada, tomou-se de receios, pois temia que os brados dela acudissem as muitas pessoas do palácio e o encontrassem naquele estado; e determinou sair-se por aquela vez, e voltar noite alta, quando então, com lhe tapar a boca, lhe disse muito a puridade:

- Bom donzei me pareces, capaz de guardar um grande segredo. Dar-te-ei copioso galardão se fores discreto e quiserdes vir comigo a um lugar que sei.

E o pajem respondeu e disse contra ele:

- Senhor, podeis confiar de mim, que eu sei, ouvir e calar, quando isto me é convinhável.

E Albano lhe disse a maldade que desejava praticar com aquela dona, filhando-a quando ela estivesse dormindo na sua câmara; e que precisava de alguém que o ajudasse naquela difícil empresa, pois não queria ser por ninguém descoberto; e que lhe daria ao pajem grossos dinheiros se ele nisso conviesse em ajudá-lo; e que tudo havia de ser feito muito em segredo, que ninguém soubesse do feito.

E o pajem respondeu:

- Senhor, podeis estar seguro de que por mim ninguém virá a saber nada. Que eu, não por amor do dinheiro, (que me não compra), senão pelo respeito que vos devo (o qual é muito), antes me deixarei matar que revelar a outrem essa embaixada.

E combinaram entre si a hora em que viriam juntos a câmara da imperatriz para aquele feito. Albano ficou muito contente com aquela tramóia, pois evidente lhe parecia que o pajem faria quanto lhe ele pedisse. Mas não lhe sucedeu como cuidava, porque o pajem, quando de ali saiu, se foi pronto aos aposentos da boa Porcina e tudo lhe revelou.

A imperatriz lhe deu grande e festivo gasalhado, e o premiou com muitas moedas de ouro. E chamou os seus guardas e soldados e lhes ordenou que prendessem Albano e o pusesse numa torre muito alta que em o paço havia.

COMO O IMPERADOR VOLTOU DOS LUGARES SANTOS, E FOI RECEBIDO PELO IRMÃO, QUE LHE FEZ UM ALEIVOSO FALAMENTO

Esteve o imperador Lodônio apartado do reino, em sua romagem pelos Santos Lugares, um ano cumprido; e acabada aquela obra piedosa se fez na volta de Roma. E estava muito contente porque ia rever aquela a quem tanto queria. E adiante de si mandou um Heraldo que o anunciasse ao povo em palácio. Porcina ficou muito contente ao ouvir aquilo e logo mandou preparar uma grande festa para receber muito dignamente o seu rei e senhor. E parou no estado em que se encontrava Albano preso numa torre havia um ano, e determinou perdoá-lo do mal que havia feito, pois achava que devia estar curado daquela ma tensão. E se foi para diante da torre em que o homem estava, e falou-lhe desta guisa:

- Senhor, eu vos perdoo todo o mal que fizeste; que agora vem de volta meu marido e senhor, e é bom que se esqueçam males passados; e eu não quero mais ouvir falar de todos aqueles feitos que tínheis em mente fazer: antes vos peço que os não mencionai a ninguém e pelo contrário, recebais o vosso irmão como amigo e como bom irmão.

E logo mandou que abrissem a porta da torre para que, se saísse o príncipe e se ajaezasse para a festa que iam oferecer ao imperador. Foram-se os dois juntos para o paço, como se nenhuma daquelas coisas houvesse passado. Porém, ele cuidava em si como se poderia vingar daquela dona por todo aquele revés que lhe fizera sofrer.

Durante aquele tempo enchera o coração de muito rancor por ela de guisa que já não a podia ver que se lhe não enchesse a boca de fel. Ao outro dia, foi ao encontro do irmão, mas de tal guisa ia vestido que ele o não conheceu. E era que levava um traje de dó que a ele todo cobria, também ao cavalo; e aparentava no rosto haver muito sofrimento no coração; e que em lhe chegou diante, muito se trabalhou o imperador de o reconhecer; e por fim, sabendo que era Albano que ali estava, disse:

- Irmão, que dó é esse que trazes? É morto alguém a quem muito querias? Que novas me dás de minha querida imperatriz? É morta? Fala, irmão, que já não posso mais de tanta agonia.

Albano deixou passar um instante calado;e logo levantando a cabeça, respondeu-lhe:

- Irmão, pelo muito respeito que vos devo, pois que sois Imperador e eu não sou nada, temo contar-vos a verdade. Pois é tão grave o que passou, e tão mesquinho, que não sei com que palavra comece.

Vendo o imperador aqueles rodeios, tomou-se de susto, não fosse acontecer que a imperatriz houvesse caído em pecado. E voltando-se para o irmão, lhe disse muito decidido:

- Irmão, qualquer que tenha sido a falta, não te detenhas com receio; que eu, como imperador, tenho de saber tudo; e castigarei os culpados, venham de onde vierem, que já adivinho estares fora disto, pois sempre fiel me tens sido.

E o falso irmão, com ar muito merencório, respondeu:

- Irmão, se portanto é esta a vossa determinação, não me deterei mais, e tudo vos declararei como cumpre. Vós me deixastes aqui em companhia da imperatriz para que juntos reinássemos sobre o vosso reino. E eu a tratei feito irmã da esposa de meu irmão se tratava. Mas antes me houvesse alongado deste palácio, pois estando eu na segunda noite dormindo em minha câmara, me surgiu em seus trajes noturnos e abeirou-se do meu leito. E eu pensei que fosse uma visão do demônio e comigo dizia: "Senhor Jesus Cristo, livrai-me das artimanhas deste danado, que me aqui aparece em forma de minha casta cunhada. Que eu me não deixe embair por esta visão, que aqui esta para perder-

me e perder minha cunhada".

E eu rezava muito o Pai Nosso para afastar de mim aquela figura do diabo. Mas eis que ela começou a falar:

"Amigo, não me tomes por um fantasma que sou de carne e osso. Aqui me tens; afilha-me, que eu sou a tua cunhada Porcina. Eu de há muito estou perdida de amores ando por ti; e agora é boa ocasião para que te cases comigo, pois te farei imperador, e em chegado meu marido, farei dar-lhe tal peçonha que morrerá morte ruim, sem que lhe os físicos possam valer de nada".

Mas eu, que a vi cheia de má arte e enganosa, entendi que estava possuída do demônio e mandei que se saísse da câmara para sempre; e ela se encheu de fúria e se foi para os seus aposentos. Porém, logo por ordem dela, me vieram prender dois soldados, que me levaram a torre que sabeis, e lá me deixaram preso até hoje quando me foi buscar e me trouxe, com mostras de grandes cortesias, para que vos viesse receber; e me perdia por tudo que vos nada dissesse de que quanto passou em aquela noite, pois ela já estava sossegada e não pensava mais em fazer maldade.

Quando o grande imperador isto ouviu, caiu pelas pernas do cavalo abaixo, e esteve ali esmorecido no chão, grande espaço de tempo. E lhe os seus fizeram voltar a si com deitar-lhe água fria no rosto. E depois que ele voltou a si, tão grande foi o ódio e a má vontade que tomou contra a sua esposa, que a não quis mais ver. E ordenou que três homens, dos de sua guarda a matassem e a levasse a enterrar no meio de uma floresta, onde lhe ninguém não pudesse descobrir a cova. E mais disse aos homens se foram logo a câmara da rainha e a filharam que dormia e a levaram consigo para o ermo.

A imperatriz, quando ouviu estas coisas, tomou-se de grande medo e se pôs a rezar com muita devoção; e sabia que tudo aquilo eram más artes do cunhado, que assim se vingava por ela não ter acudido ao seu chamado para fazer o mal. E como seu coração não tinha fiel, rogava a Deus perdoasse ao cunhado aquele mal que lhe ele agora faria de a mandar matar. E por uns instantes se deixaram ficar admirando aquela grande formosura, que era de rainha, mas bem podia ser de uma santa; até que um deles começou a falar:

- Amigos, estranha presa levamos, e estranho é o fim a que a destinamos. Pois se havemos de matá-la, que são ordens do nosso grande imperador, aproveitemo-nos dela primeiro, e depois lhe demos a morte, que é má rez, e se o não fosse não a mandaria matar o nosso imperador.

E o segundo guarda, ouvindo o que seu companheiro propunha, disse:

- Amigo, de prol são as tuas palavras. Pois somos homens, filhemos a mulher, que para isto são todas feitas. E não poderá denunciar-nos, pois que logo será morta.

E o terceiro guarda ria muito e, como era de poucas palavras, a tudo assentia com a cabeça. E se determinavam a executar aquela vontade má de pensamento; que fácil lhes parecia a empresa.

E a triste Porcina que estas coisas ouvia, respondeu:

- Não queirais fazer mais do que vos mandou aquele que para isso tinha poder. E não cuideis de tocar em mim, que vos custará isto a vida.

Eles, gargalhando, como demônios que se saíssem dos abismos infernais, acometeram-na e começaram de lhes rasgar o vestido. Vendo, pois que aqueles homens a despiam, se pôs ela a dar grandes brados, que repercutiam em toda a floresta: e quanto mais lutava por libertar-se dos seus algozes, tanto mais se encanzinavam eles naquele mau intento.

E aconteceu de por ali passar a comitiva de um conde que se fazia na volta da Itália, vindo de Jerusalém, aonde fora em visita aos Lugares Santos; e tanto que aqueles brados ouviu, foi na direção deles com todo os acompanhantes e criados; e quando chegou ao meio da floresta viu quanto sucedia com a desconhecida. E a imperatriz Porcina já esmorecia e não podia mais lutar por livrar-se daqueles brutos.

O conde, quando aquilo viu, se tomou de grande fúria, e ordenou que os criados rapidamente acudissem e dessem morte aqueles cães; assim foi feito, e os três ficaram logo para ali estendidos com as cabeças decepadas.

A imperatriz quando viu aquelas coisas tão medonhas, tomou-as por milagres; não imaginava que ninguém a pudesse vir salvar em aquele ermo; e assim como estava, maltratada e seminua, pôs os joelhos em terra e agradeceu a Deus em primeiro lugar o haver-lhe enviado aquele conde e os criados para salvarem-na. O conde, nome Clitaneu, não quis receber os agradecimentos dela; falou-lhe:

- Senhora, não sei quem sois, mais vejo, pelos vossos vestidos, bem que maltratados, que sois de alta linhagem.

Quem quer que sejais, muito me praz de ter chegado em boa hora para salvar-nos das mãos daqueles tredos. E também tenho por milagre o haver-me Deus concedido praticar esta boa ação logo na minha vinda de Jerusalém. Sou eu que vos devo agradecer por terdes sido o instrumento de que se Ele valeu para me experimentar. E tendo-a revestido em panos que trazia, para que não sentisse vergonha, pediu-lhe muito humildemente lhe dissesse quem era, e porque ali estava; que sabia que ela era de alta linhagem, pois as vestes rotas assim dizia, e a sua formosura o confirmava.

E a imperatriz, que não queria descobrir, nem dizer o que passara, lhe respondeu:

- Nobre e poderoso Senhor, peço-vos me deixeis guardar comigo a minha coita; que grande é ela para que me vejas em tal estado; por agora vos direi que sou uma pobre mal-aventurada inocente que sofro por amor de uma aleivosia; e mais vos peço que me leveis em vossa comitiva, pois como escrava, onde quer estejais, vos servirei.

Muito contente ficou o magnate ao ouvir aquelas palavras, e como homem piedoso que era, lhe disse:

- Senhora, escrava sede, mas de Deus; que vos eu não quero para isso, pois vejo que sois bem nascida. Acompanhai-me ao meu palácio, e ficai tranquila, que nunca mais perguntarei que segredo é o vosso.

Os criados, por ordem dele, forneceram-na com uma cavalgadura, das muitas que levavam, e assim se partiram para o palácio que perto de ali demorava.

COMO O CONDE VOLTOU PARA O SEU CASTELO E O QUE LÁ ENTÃO SE PASSOU

Chegando ao castelo, o conde foi recebido com festivo gasalhado de sua mulher, Sofia, que muito saudosa estava com aquele grande apartamento em que estivera do marido. E depois que ele contou o que passara naquelas partes de Jerusalém disse:

- Trago-te esta formosa dona, que é bem nascida, e a encontrei em tristes condições nas mãos de três brutos que a queriam filhar. E os meus criados os mataram, que iam fugindo quando nos viram chegar. E eu prometi que nunca jamais não lhe falaria deste segredo, que ela pudesse deixar-se ficar tranquila em nossa companhia.

E a condessa tomando-a pela mão disse:

- Muito me praz haver comigo dona tão formosa; que sem dúvida é bela a sua alma, pois diziam os antigos que o rosto é a janela em que a alma se debruça; e também vejo que sois bem nascida, porque disso tendes o aspecto. Ficai nesta casa até quando vos aprouver, que vos ninguém perguntará nada do vosso passado.

E depois daquilo se tomaram as duas de grande afeição, porque Porcina era muito boa, e tudo fazia por agradar a condessa. E a condessa a tratava como se sua irmã fosse, e procurava por todos os meios fazê-la sentir-se ditosa. E como Porcina se agradasse muito do filho pequeno que a condessa tinha, esta lhe entregou para que o criasse; e com ele dormia Porcina em sua câmara.

COMO O IRMÃO DO CONDE SE PERDEU DE AMORES PELA IMPERATRIZ E A QUIS FILHAR DE MODO ALEIVOSO

Tinha o conde um irmão, Natan, que perdido de amores andava pela formosa Porcina; e trabalhava-se quanto em ele era, para se encontrar a sós com ela e filha-la; e tão grande era o seu fervor amoroso, que ficava muito triste no dia em que não punha os olhos em cima. E um dia, quando todos dormiam depois do jantar (era na força do verão), foi-se aquele homem para onde estava Porcina, e entrou de falar-lhe:

- Misteriosa Senhora, que de mundo desconhecido viestes, e a quem um segredo muito secreto encobre; a rainha de minhas noites perdidas e lume que me alumia nesta negra escuridão em que vivo: perdoai a este misero e mesquinho tão grande ousio, pois não posso por mais tempo esconder o que passa nesta minha alma coitada; e sabei que vos amo e que vos quero para minha mulher perante o século e perante Deus. E por agora me deixe beijar essas mãos de princesa, que outras tão brancas nunca vi, nem tão maviosas.

E ele fincava em terra o joelho e trabalhava-se de tomar nas suas as mãos de Porcina. E ela, em vendo quão mal parada ia aquela entrepresa, levantou-se e disse contra ele:

- Gui, Senhor, que me perdeis. Olhai em que fica a minha honra de boa fama se me aqui virem neste estado os demais habitantes do palácio. E só porque não desejo ser vista em vossa companhia não os faço vir com meus brados.

Que vos nunca dei aso a que achásseis em mim alguma coisa má, e muito menos que me vísseis enganosa. Assim que, Senhor, tirai-vos de ante de mim sem tardança, que de outra guisa direi a Sofia e ao Senhor Conde quando se aqui nesta câmara passou.

Natan ficou muito bravo, quando aquilo ouviu, e como era muito assomado, transformou-se ali mesmo o amor em má vontade. E decidiu vingar-se cruelmente daquela dona que tão mal o recebera quando julgara fácil a empresa de filha-la. E foi a contragosto a sua câmara dele, onde ficou engolindo o seu fel.

COMO NATAN OBROU QUANDO ELE FOI VINGAR-SE DA FORMOSA DONA

Na noite daquele dia, quando terminadaa a ceia, todos se recolheram aos seus aposentos, entrou Porcina a chorar e maldizer-se daquela triste vida que levava, e o seu consolo único era aquele inocente que lhe a condessa placidamente a seu lado, sem poder saber nada daquelas coisas que a seu derredor passavam. Nisto veio Natan muito de manso até a porta da câmara onde aqueles dois inocentes dormiam, e se pôs a espreitar por uma fresta que a porta fazia, que não estava de todo cerrada. E ele como trazia o coração cheio de grande ódio, se pôs a imaginar o que faria para vingar-se tostemente daquela dona; e quando viu que ela, cerrando os olhos, parecia dormir, forçou muito devagar a porta da câmara e se pôs dentro, e ali, com o machado de fio muito agudo, que trazia, se foi direto para onde o menino, e vibrou-lhe golpes que morto o estrondo que estas coisas fizeram para ser feitas, acordou em sobressalto a imperatriz e conheceu a vileza daquele seu inimigo. E ele já se tinha feito na volta dos seus aposentos, que a bradar em muitas altas vozes, que retiniam por todo o palácio; e bradava que lhe haviam matado o filho caro, e que acudissem todos para ver aquela desgraça.

Quando a condessa chegou (foi ela a primeira em acorrer ao chamado), não pôde ver por mais tempo o estado em que ficara o filho, e caiu para ali esmorecida, como se morta estivesse. E todos os demais habitantes do palácio chegaram e ficavam pasmados com tamanha perversidade. E o falso irmão do conde também veio saber o que passara, e trazia o rosto mui compungido, como quem se doía de uma grande desgraça. E vendo o irmão naquele estado de tristeza, e a cunhada quase morta no chão, voltou-se para o conde e falou-lhe desta guisa:

— Irmão, quem matou este inocente merece duro castigo. E se não sabes quem o pôs em tal estado, pergunta antes a essa dona misteriosa que nunca jamais não quis revelar o seu segredo tão secreto. Má rez deve ela ser para que assim andasse na floresta por noite alta com três soldados. E tu a trouxeste sem perguntar de onde vinha nem que destino levava, eis aí tens o fruto de tua boa ação.

Nisto se levantou a condessa, que a força de lhe atirem água para o rosto, recobrara vida. E olhava muito merencória para aquele feito nunca feito que ali estava. E ouvindo as palavras que o cunhado dizia, não queria acreditar que aquelas coisas fossem assim, nem que a sua tão querida Porcina fosse capaz de tão monstruoso crime. Via Natan que forçoso lhe era encanzinar-se no seu intento, de guisa que os seus parentes nunca pudessem perdoar a misteriosa dona. E chorando um fingido choro, voltava-se para eles e dizia:

- Irmãos que fazeis? Deixais impune essa malvada para que outros crimes cometa? O sangue do vosso filho clama por vingança. Eis ali está o machado que serviu para esta matança. Que prova melhor quereis além dessa? Que vos não deixeis embair com a formosura desta mulher, que vos não quis compartilhar o seu segredo.

A condessa e o conde não queriam acreditar em quanto ouviam, que impossível lhes parecia ter aquela dona tão ruim coração que a fizesse fazer tão mau feito. E choravam e se maldiziam, e indagavam a Deus o que haviam feito para assim merecerem tão duro castigo. E Natan em todo esse tempo, não deixava de pedir vingança para o sobrinho e morte para a dona misteriosa. E dizia que ele tomava a seu cargo mata-la e enterrar o corpo onde ninguém o visse.

Porcina ouvia todas estas coisas, e estava como esmorecida e sem saber que dizer, pois sabia que não seria criada se disesse a verdade. E determinou calar-se e não dizer nada por mais que com ela instassem, e o conde e a condessa, vendo como emudecia diante das perguntas, pararam mente em que não devia ser culpada, e que estava muda por ser grande a dor que sentia; e não queriam saber de matá-la, como lhes o irmão dizia, porque não podia ser culpada quem tão bondosa antes se mostrara. E disse Clitaneu contra o irmão:

- Não a matemos, porém, que não sabemos se foi ela que fez este feito, ou se alguém entrou na câmara para este fim. Vamos mandá-la para uma ilha deserta que eu conheço, e que esta dentro do mar quarenta léguas da terra. E ali, a mingua de água e mantimentos, morrerá; ou se não for isto, devorará-la as

bestas-feras, que muitas ali há.

Na noite daquele dia, o conde chamou dois homens dos seus, muito esforçados e valentes, e falou-lhes:

- Meus bravos, levai convosco essa dona misteriosa que mora neste palácio, e deixai-a naquela ilha deserta que sabeis. E não a deixeis em outra parte senão naquela ilha, nem a deixeis voltar convosco por nada; que o destino dela é morrer naquela insula, ou seja, de fome, ou seja, tragada pelas alimárias selvagens que ali habitam. E convosco irão duas mulheres deste palácio, para que seja guardada a honra que se lhe deve por ser de alta linhagem. E eu darei morte aquele que não cumprir minha ordem, como tenho dito.

E logo, se meteram num pequeno barco o qual logo se afastou de terra, com o vento era de feição. E depois de navegadas as quarenta léguas, chegaram a dita insula e todos desembarcaram para cumprir aquela triste embaixada. E com soluços e lágrimas (todos queriam muito bem a dona misteriosa) se despediram dela e se tornaram a embarcar no pequeno barco e se foram para onde tinham vindo.

E a coitada em se vendo só e desacompanhada naquela insula deserta se pôs a chorar um choro muito amargo; e percebendo que ali seria o fim dos seus dias e sofrimentos, pôs, em terra o joelho e fez a sua costumeira oração. E acabando de encomendar a alma a Deus, quis despedir-se, em pensamento, do seu amado imperador, a quem uma aleivosia fizera ser tão cruel. E falou desta guisa:

- Oh meu amado esposo, como te amo apesar do mal que me fizeste. E quão pouco deves lembrar-se desta mísera que aqui vive os seus derradeiros instantes de vida!

Ah, eu que sempre cuidei, quando na casa do conde vivia, de algum dia tornar-se a ver-te, para meu bem. E agora entendo que nunca mais te verei, pois breve serei devorada pelas alimárias que vivem neste ermo. E lembrava-se do pai, rei da Hungria, que tão a gosto a havia casado com o imperador Lodônio; e lembrava-se do cunhado, o perverso Albano, por causa de quem estava agora naquele desterro; e o perdoava pelo mal que lhe havia feito, porque ela não alimentava ódio, tão bondosa era.

Nisto ouviu grande estrondo que vinha do Bosco; e tão espantoso era o arruído, que se não teve quem não caísse no chão esmorecida. E aquele estrondo era das alimárias selvagens que ali habitavam, as quais sentindo cheiro de carne humana, se aproximavam dela, a fim de devorá-la. Quando apareceu no céu grande clarão, e com ele uma figura majestosa que fez parar de susto e medo aquelas brutas-feras; e estavam todas como demônios que vissem o sagrado sinal da cruz; pois outra não era a figura que a mesma Virgem Maria, que vinha em seu socorro daquela coitada. E vendo-a no céu, recobrou vida a imperatriz, e se pôs de joelhos para adorar a nossa mãe espiritual. E estava assim de joelhos sobre a terra nua, a santa figura da Virgem Maria se chegou para onde ela, e falou-lhe:

- Minha filha Porcina, fique tranquila que te nada acontecerá nesta insula, por mais que nela demores. Confia em mim, que lá no céu te protejo pelo bem que fizeste, e pelo bom coração que tens no peito, o qual te faz perdoar o teu pior inimigo. Nada tema, digo, porque tem as alimárias te molestarão, nem passarás fome e sede. Que essa erva que aí vês te dará o sustento enquanto cumprires o teu fado nesta insula; e a água recolhe-la da fonte que ouves cantar lá longe. E andarás por estas praias quanto te prouver, que até as avezinhas do céu se acostumarão com a tua presença. E mais te digo que desta mesma erva que comerás farás um maravilhoso unguento com o qual darás saúde a quantos a ti procurarem para esse efeito. E em isto dizendo, a figura da Virgem Maria desapareceu nas nuvens.

COMO PORCINA AVISTOU UM NAVIO, E COMO FOI POR ELE AVISTADA

Porcina viveu ali tanto tempo quanto foi necessário para não viver noutra parte; e não a molestavam as alimárias, e ela não passava fome, porque se valia das ervas que lhe a Virgem Maria indicara; e não tinha sede, que a água da fonte era pura e cristalina. E estava ela um dia na praia deserta, quando viu apontar ao longe um navio que vinha naquela direção; e acenando-lhe ela com a mão, foi vista dos passageiros e da equipagem; e espantados eles de que ali vivesse, naquela insula deserta, uma mulher sozinha e desamparada, determinaram aproximar-se a ver quem era. E quando chegaram as falas, antes que desembarcassem para filha-la, lhe perguntaram quem era e o que fazia naquela insula deserta e cheia de alimárias selvagens; e ela lhes respondeu:

- Senhores, sabei que estou aqui por amor de um naufrágio que se nestas costas deu; e era que o navio em que vínhamos eu e meu marido, naufragou nestas costas por ter dado num baixio; e tanta era a força do mar naquela época do ano (há seis meses) que ninguém se salvou, por mais que todos se esforçassem por vencer as fortes ondas. E eu, por milagre, escapei e aqui me encontro há seis meses. E agora sinto que foi um milagre que me salvou, porque as alimárias desta insula não me quiseram tragar, portanto eu ando por toda parte e ainda as veja metidas nas suas furnas. Agora vos rogo, irmãos que me convosco leveis, que já me pesa viver esta vida tão solitária e própria de ermitões.

Ficaram todos maravilhados com aquela história e muito contentes de poder tirar de ali aquela mulher de tão formoso aspecto. E ela antes de sair para o navio colheu grandes braçadas daquela erva que lhe a Virgem Maria dissera ser milagrosa. E com isto se tirou para sempre daquela insula. E naquele navio seguia viagem um poderoso senhor, que voltava de uns negócios e se dirigia para casa. E sabendo que Porcina estava só e desamparada, quis que ela fosse com ele para o seu castelo dele. Esse poderoso senhor (Alberto) tinha em casa sua mulher doente de umas hemorragias que nunca paravam. E ele já havia chamado ao seu castelo todos os físicos e mestres afamados que naquela região havia, e nenhum deles, com as suas melzinhas, havia podido fazer recolher o sangue ao seu lugar.

E tanto que Porcina ali chegou e soube daquele mal, pediu licença para curá-la; e Alberto não confiava na desconhecida, pois os homens da ciência nada tinham podido fazer; e contudo lhe deu licença para tal, que bem podia ser que Deus quisesse obrar milagre por meio daquela mulher tão estranhamente achada. Porcina fez o seu unguento como lhe a Virgem Maria dissera, e com ele untou todo o corpo da rica dona; fazendo-lhe na testa o sinal da cruz, lhe falou:

- Levantai-vos, que estais curada.

E ela levantou e disse a todos que estava curada e que nada sentia. E parecia muito rija e muito leda, com o que todos se maravilharam. E perguntavam entre si:

- Que mulher é esta, que de tão longe vem e tão misteriosa, que sabe o mistério de curar doenças?

E admiravam-se da sua formosura, que não desaparecia com o muito que sofrera. Nisto veio ali pedir esmola um cego; e em o vendo a imperatriz, se condoeu muito dele, e quis experimentar nos olhos dele o seu unguento maravilhoso; e untou-os com aquela mesinha que fizera com as ervas trazidas da insula e invocando o nome de Deus, fez voltar a luz aos olhos daquele cego. E ele de tão contente por ver a luz do dia, não sabia que fizesse; e pondo em terra os joelhos, quis beijar as mãos da imperatriz; e ela se subtraiu e disse contra ele:

- Tirai-vos de ai, que esse milagre foi Deus que o obrou; que ele tudo pode e eu sou uma pobre mulher que nada sei e estava numa ilha deserta. Daí graças ao Senhor Deus e ao seu filho, que só por graça deles posso fazer estas coisas.

E o homem chorava de contentamento; e os que ali estavam cada vez se maravilhavam mais.

COMO A FAMA DOS MILAGRES DA DONA ESPANTOSA CHEGARAM AOS OUVIDOS DE CLITANEU E DE SUA MULHER

A fama daqueles milagres chegaram aos ouvidos de Clitaneu e de Sofia, sua mulher. E eles estavam muito contentes com aquelas novas, porque Natan, que matara o sobrinho para perder a imperatriz, ficara gafo desde aquele dia em que ela fora desterrada. E eles tinham como certo que aquela misteriosa dona havia de curar Natan do mal que o consumia; e os físicos todos daquela região nada podiam fazer em favor dele, que já fedia muito pelas feridas que havia no corpo todo.

E eles determinaram de o levar consigo ao castelo de Alberto, que era parente de Clitaneu; e puseram Natan numas andas e o mandaram conduzir pelos criados; e Clitaneu também ia na comitiva com sua mulher. Lá chegando, foram muito bem recebidos de Alberto que os aposentou muito bem aposentados nas reais câmaras do castelo, pois era noite alta. E eles queriam ver logo a imperatriz que dormia; porém, Alberto, pelo muito que a respeitava por lhe haver curado a mulher, não a quis acordar. E logo na manhã seguinte se foram todos a câmara da imperatriz, e sem a conhecer (que assim quis Deus que a não conhecessem), deram conta do que os ali trazia. E ela para logo os conheceu todos, porém nenhuma coisa disse que a podia acontecer, e pensava no que haviam de fazer se a dona espantosa não quisesse usar o seu poder em Natan.

E ela disse contra eles:

– Senhores, quero ver o gafo.

E eles a levaram consigo para onde estava o gafo; e ele fedia tanto que homem não podia entrar na câmara sem sentir náuseas. A imperatriz, que parecia nenhuma coisa sentir daqueles cheiros, se foi direita ao leito onde Natan estava; e reconhecendo-o, que outro não era senão o que tanto mal lhe fizera, lhe falou assim:

- Irmão; Deus vos salve e a vossa alma, que Ele tudo pode. Eu sou uma pobre mulher que nada sabe, e que só faz o que Ele determina. Quereis, pois, ser são como dantes éreis?

E ele respondeu:

- Poderosa Senhora, sei quão grande é o vosso poder, que já ouvi falar dos belos feitos que fizestes. Outra coisa não quero que receber a vossa benção que com ela me virá a saúde.

E ela disse contra ele:
- Irmão, é preciso que confesseis todos os vossos pecados, por grande que sejam; e deveis dizê-los todos em voz alta para que todos aqui presentes o ouçam. E sem isso não poderei curar-vos, que é vontade do céu.

E ele, como desejasse muito sofregamente a saúde, se pôs muito rigorosamente,a confessar em altas vozes todos os seus pecados; e todos disse, menos aquele da morte do sobrinho e da perdição da imperatriz. E ela, que mais que ninguém conhecia aquele negócio, falou-lhe desta guisa:

- Se vos não confessais tudo, não vos posso salvar, que assim me ordena o Altíssimo.

E ele respondeu:
- Senhora, já confessei tudo. Podeis, pois curar-me, que nenhuma outra coisa não tenho para confessar.

E ela, conhecendo-lhe o ânimo danado, disse:

- Não querais me enganar. Que sei que um grande pecado haveis cometido e que não quereis confessar. Lembrai-vos daquela a quem perdestes só com acusá-la do mal que não tinha feito. E se este pecado não confessardes, não vos poderei curar.

Quando ouviu isto, Natan soltou grandes gemidos e todo se

resolveu no leito, como quem a alma se lhe saia. E não podia olhar a misteriosa dona, de medroso que estava de quem tanto sabia de sua vida. E Clitaneu, em aquelas coisas vendo, voltou-se e disse contra o irmão:

- Que pecado é este que tens na consciência, tão grande que não podes confessar? Se de feto queres cobrar saúde de quem a tem para dar, confessa logo este crime, que não pode ser tão grave que Deus o não perdoe.

E ele disse:
- Irmão, não posso, se me antes não perdoardes tu e a tua mulher.

E Clitaneu que queria ver o irmão guarecido, simplesmente lhe disse que o perdoava de todos os pecados que ele houvera cometido. E Sofia também disse que o perdoava. Natan, quando ouviu isto, se pôs a fazer o reconto de tudo quanto passara em aquela noite em palácio; e nenhuma coisa escondeu, todos souberam como aquele feito se fizera. E quando aquelas coisas ouviu, a condessa caiu no chão esmorecida e ficou como morta. Outrossim, o conde não sabia que fizesse diante daquele caso tão estranho. E a condessa, quando recobrou vida em razão da água que lhe em seu rosto deitaram, voltou-se para o cunhado e falou-lhe:

- Oh alma pérfida e mesquinha! Quem cuidará que em teu coração se escondesse tamanha vilania? Que peçonha te alimentou, em vez de leite, para que assim houvesse garras de tigre e boca de serpente. Por que não te filhou o demônio para os abismos infernais quando assim te viu tão a seu serviço? Ah, que torto se fez o meu filho inocente para que assim o matasse como a besta-fera? E a minha querida Porcina, por que perdestes, que já não hoje existe, morta de fome naquela insula deserta? Ah, tredo, que te perdoei antes quando de nada sabia!

Ouvia Porcina todas aquelas palavras; e começava de falar com Sofia para consolá-la daquele grande padecimento em que ela estava. Porém Sofia não parecia ouvir nada daquilo que Pocina lhe dizia; e Porcina vendo que nada servia falar-lhe, determinou descobrir aos outros quem ela era; de logo que descobriu que era, todos a conheceram, e começaram a lembrar-se das suas feições, estavam todos muito contentes com aquele caso tão espantoso; e davam graças a Deus por lhes assim ter enviado a sua querida Porcina; e todos a abraçaram e beijaram, menos o gafo que ainda estava no leito cheirando mal.

Pediu Porcina a Clitaneu e a Sofia que perdoassem o gafo, pois ele já muito sofrera com aquela gafeira; e eles não queriam que grande lhes parecia aquele malefício para que assim fosse perdoado. Ela tanto rogou que eles perdoaram.

E Porcina se pôs a untar o corpo de Natan com aquele unguento feito das ervas que trouxera da insula deserta, e cheia de alimárias. E se estas coisas faço, é porque Deus me ordena, e só ele tem força e poderio para fazê-las.

A fama daqueles feitos corria mundo na boca do vento.

Todos os que tinham doença e ouviam falar daquela dona espantosa e dos feitos que ela fazia, iam em sua busca para que os curasse. E ela os fazia sãos e mais esforçados que antes eram.

COMO O IMPERADOR OUVIU FALAR DOS MILAGRES DA DONA ESPANTOSA, E COMO DESEJOU QUE ELA VIESSE AO PALÁCIO

Aconteceu que o imperador de Roma também ouviu contar essas coisas como se passavam naquele castelo de Alberto e ele foi muito contente por isso, que ele tinha o seu irmão em grave estado, doente de gafeira, o qual já muito fedia em todas as partes do corpo, ainda mais que Natan quando também era gafo. E ele, como imperador que era, não podia se retirar de lá, queria que a dona espantosa viesse ao seu palácio dele e ali fizesse o milagre de fazê-lo. E a um duque de sua confiança ordenou que se fosse aquelas partes aonde o castelo, e que de lá trouxesse a dona espantosa que lhe curasse o irmão; e o duque assim fez. Ele era muito amigo do imperador, e se partiu logo para o castelo onde demorava a dona espantosa, a dar-lhe ordem do imperador que viesse curar Albano daquela gafeira.

Lá chegando foi muito bem recebido de Alberto; e perguntando onde estava aquela dona espantosa, lhe disseram que na sua câmara dela; e poder fazer outro feito caridoso e em vendo-a o duque, muito se espantava da sua formosura e se lembrava de a ter visto em outra parte, como se tivera visto em sonhos, mas não sabia onde era. E ele não pensava que fosse a imperatriz, que tinha morrido tanto tempo havia. E sem mais sentença lhe deu conta da embaixada que lhe o imperador confiara, e disse:

- Nobre e poderosa senhora, sabei que venho da parte do imperador, que roga e pede que venhais comigo ao seu palácio dele, onde tem seu irmão mui gafo de gafeira, que ele não sabe de onde lhe veio, e já cheira mal, e não há físico que possa o salvar; e vos pede que o queiras fazê-lo são como antes, pela força o poderio que vos deu Deus, e que vós o fizerdes são como antes; que vós fará grande senhoria como bem mereceis e é de justiça.

Porcina ficou muito contente de aquelas palavras, e determinou de se partir naquele mesmo instante para o palácio do imperador.

Outrossim, todos os que ali estavam houveram por bem ir na comitiva de Porcina para a grande cidade de Roma, que de muito desejavam de conhecer como coisa digna de ser conhecida. Assim que, iam na comitiva Porcina e o duque, Clitaneu e Sofia, Alberto e sua mulher. E com tamanha freima, iam que logo ao outro dia chegaram a cidade de Roma e se foram para o palácio do imperador. E tanto era o povo que ia atrás daquela comitiva, por saberem que ali ia a dona espantosa, que mais parecia um grave caso que se passava.

E todos queriam ver a dona espantosa e beijar-lhe as mãos.

COMO O IMPERADOR VIU A DONA E NÃO A RECONHECEU COMO ESPOSA, E O MAIS QUE ENTÃO SE PASSOU

Chegando aos passos imperiais, foram recebidos com grande honra pelo imperador que muito contente ficava de ali ver a poderosa mulher que lhe ia salvar o irmão. E em querendo ela beijar-lhe a mão, que era imperador, não lhe consentiu ele; e porque trazia ela o rosto coberto com um véu, a guisa das mulheres de Mafoma, não lhe pôde ele ver o rosto, exceto os olhos, porém os não reconheceu. E ela o estava vendo claramente visto, e não presumia que a vista a enganava: e ele sentia no coração um grande sobressalto, como se esperasse ver fazer-se ali um grande feito. E ela antes de se irem para a câmara onde o gafo jazia, disse contra o imperador:

- Alto e poderoso Senhor, a quem obedecem todos quantos na terra vivem; eu sou a mais humildosa de todas as vossas servas, e aqui venho para em nome do Senhor curar o vosso irmão que tão grandes males sofre. E agora vos rogo e peço que me leveis a câmara onde jaz vosso irmão.

Muito contente ficou o imperador com aquelas palavras que via serem de mulher humildosa e temente a Deus. E de ali foram todos para os aposentos de Albano. Muitos cheiros foram ali postos em toda a câmara, para que se não sentisse o fétido que do corpo do gafo se saia; e com isso não deixava o fétido de sentir-se, tão forte era. E todos entraram na câmara para ver o fazimento daquele feito. O gafo estava esmorecido como se morto estivesse, e tantos eram os seus padecimentos que era como se lhe a alma saísse do corpo; e a imperatriz o saudou com bons ares, e ele se animou como quem reconhece que ali estava a salvação. E ela disse contra ele:

- Senhor, é de mister confesseis todos os vossos pecados aqui

diante de toda essa comitiva, de guisa que nenhuma malfeitoria se esconda; e se um só malefício ficar por dizer, não poderei salvar-vos, que esta é a vontade do céu.

E Albano quando estas coisas ouviu ficou muito espantado e medroso, que bem sabia que nada podia confessar daquela coisa que fizera. E disse:

- Senhora, não é desta guisa que homem se confessa. Mandai antes buscar um ermitão que aqui perto num ermo vive, e a ele confessarei todos os meus pecados, que não a outro, pois esta é a lei de Deus.

Então disse a dona espantosa:

- Senhor, de nada serve a minha vinda aqui, se não quereis confessar os vossos pecados aqui adiante de toda esta companhia. Assim que não quereis fazer como cumpre, me deixeis voltar para minha casa.

E o imperador ouvindo estas coisas se voltou para o irmão e falou-lhe:

- Irmão, que aficamento é este. Quem te agora salvar grande milagre faz, que mais morto és que vivo; e sinto que se aqui não estivesse esta dona espantosa, já estaria entregue aos vermes da terra. Que se te dá agora de confessares os teus pecados, se de outra guisa serás morto? Não te afiques mais, e antes confessa quanto fizeste.

E Albano lhe respondeu:

- Irmão, quero antes que me perdoeis um grande mal feito que hei feito. E se me não perdoares de antemão, não me confessarei, porém morrerei desta gafeira.

E o imperador lhe disse:

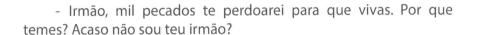

- Irmão, mil pecados te perdoarei para que vivas. Por que temes? Acaso não sou teu irmão?

E Albano determinou confessar todos os seus pecados; e confessou todos, até aquele da perdição da imperatriz; e nenhuma coisa ficou que não dissesse de toda aquela malfeitoria. E o imperador em ouvindo estas coisas, começou lamentar-se e disse:

- Senhor Jesus Cristo, salvai esta alma danada. Que eu nunca pude pensar que ele tivesse o coração tredo. E me confiei nele, e fiz o que ele dizia; e agora vejo quão mal aventurado fui em crer naquelas tramóias. Minha doce companheira, a quem eu tanto amava, que te perdi e perdi a mim! Sei certo que me espera o inferno de tanto malefício que causei sem saber. Por que não me matou Deus nesta peregrinação que fiz aos lugares santos, antes que me deixar fazer tão ruim feito?

E arrepelava-se e arrancava os cabelos da barba e da cabeça; e tanto que assim estava, o seu corpo começou tremer, e ele com grande abalo se deixou cair no chão, e ali ficou esmorecido como morto. Os físicos do passo acudiram logo com as suas meizinhas e se trabalharam, quanto eles haviam de fazerem recobrar alento; e tanto que ele a si tornou, com todos aqueles trabalhos, a imperatriz não se teve que não se descobrisse.

E voltando-se para ele, falou-lhe:

- Senhor, não vos deixeis vencer pelo desgosto, que aqui está quem foi a causa de toda essa desgraça. Sou do grande rei da Hungria a filha muito amada, a quem mandaste matar por desvairança. E me salvou o Senhor Jesus Cristo, e me protegeu a Virgem Maria, para que vivesse e voltasse a este convívio.

E dizendo isto pôs em terra os joelhos e lhe quis beijar as mãos; e o imperador não consentia tal, e antes queria ele beijar-lhes as suas, porque então a conheceu como Porcina que era. E tais coisas diziam um para o outro e tantas e tão copiosas lágrimas

derramavam, que não pode homem contar o que ali passou. Clitaneu e Sofia, em aquelas coisas vendo, tão espantosas, não sabia que dizer; e viam que ela agora imperatriz e os podia matar pelo mal que lhes eles fizeram mandando-a para uma insula deserta; e porém se deixaram cair em joelhos em volta dela e lhe pediam perdão daquele mal que haviam feito.

E Porcina os perdoou, viu que não tinham culpa daquele caso horrendo, porém antes assim fizeram por amor de Natan. E contou a Lodônio como a eles devia a vida e a honra. Em isto ouvindo, o imperador foi muito ledo, e disse a Clitaneu que lhe pagaria aquele feito com fazê-lo grande senhor. E Porcina tomou Sofia como sua camareira-mor, pelo muito que lhe a ela queria. E o imperador logo determinou mandar queimar vivo a seu irmão, gafo como estava. E dizia que mais não fazia por vingar-se porque não sabia de morte mais cruel que aquela, pois muito mais merecia quem tão tredo fora.

A imperatriz Porcina, ouvindo isto pôs em terra os joelhos e rogou que lhe a ele não quisesse fazer mal, pois já muito sofrera ele com aquela gafeira. E dizendo-lhe o imperador que o deixava para que morresse daquela gafeira, ela se foi contra o gafo e o untou com aquele unguento maravilhoso que da insula trouxera. E logo, invocando o nome de Deus e da Virgem Maria, o fez ser são como dantes soia ser e mais esforçado. E viu o imperador quão grande era a virtude de sua mulher, e muito ledo ficou.

Albano fez muitas e muitas grandes penitências para libertar-se do peso daquele horrendo pecado, ele estava muito arrependido de todo o mal que fizera. O imperador não deixou nunca de praticar as boas ações que dantes praticava, e muitas esmolas dava e muitos benefícios fazia em nome de Deus e da Virgem. E Porcina estava sempre curando de seus pobres e dando-lhes grandes esmolas, que ela grande coração havia. E todos de ai em diante foram venturosos, que os protegia Deus e o povo todo os amava e queria.

E assim acaba a história desta grande imperatriz que muito sofreu para depois ser ditosa.

AS CLAVÍCULAS DE SALOMÃO

Salomão foi um rei admirável, em suas proezas e conquistas. Reinou ele quarenta anos, e o seu nome tornou-se célebre, em todo o seu reino, e nas demais partes onde era chegada a conhecida fama de Salomão.

O seu povo, pagava-lhe grandes tributos e dos portos saíam suas frotas para as índias e para as Espanhas, e em todos os lugares aonde chegavam vassalos de Salomão eram respeitados, e quase adorados como se fossem o próprio Salomão, porque este rei era adorado por todos quanto o conheciam como um Deus, finalmente quando o povo de outras nações se via perseguido com a guerra ou qualquer outro flagelo, mandavam muitos de seus povos suplicar a Salomão para lhe mandar a paz, ou ao menos a sua palavra, para afugentar o inimigo, pois quando se falava em Salomão todos temiam, e se retiravam, dizendo: é vontade de Salomão que nos retiremos, devemos retirar-nos e deixar nossos irmãos em paz.

Então o grande Rei Salomão se entregou de corpo e alma aos espíritos malignos e mágicos para que eles o instruíssem no profundo conhecimento da magia e astrologia, até que, adquirindo um poder imenso, fez um dia estas perguntas a Lúcifer:
"Nós senhores de todas as potencias, não poderemos

combater o grande Deus e tirar-lhe o poder de dominar o reino invisível e de ser senhor sobre nós?"

Ao que lhe respondeu Lúcifer:

"Qual será o Deus que nós não poderemos vencer e tirar-lhe todos os seus domínios e impérios?"

Ah! Terrível palavra! Blasfêmia!

Logo se escureceram os astros e se cobriu toda a terra de espessas trevas, caíram raios do céu a terra que fizeram tremer Salomão.

Porém, o demônio, mais astucioso, lhe disse:

- Vês, Salomão! O nosso poder? Vês como até o próprio céu treme por falarmos em combater contra ele?

- Será castigo de Deus que cai sobre mim! Seria uma blasfêmia que eu disse? – ai meu... – Não pôde acabar a palavra (ele queria dizer meu Deus; e se o dizia, estava Satanaz perdido), porém uma força sobrenatural o impediu de proferir aquela exclamação e caiu Salomão por terra.

Viu uma figura do Padre e juntamente a procisão dos Anjos.
Acordou Salomão e que viu em volta de si?!

A figura do padre estava de joelhos, com as mãos postas, em sina de obediência.

- Que significa isto? Perguntou-lhe Salomão.

A figura de Cristo lhe respondeu:
- Eu sou o teu Deus e venho te pedir para não me tirares os meus reinos; cuja guerra tu e Satanaz quereis tentar contra mim.

- Ah! Pois se vós tiraste-me o meu reino é porque te consideravas com poder contra mim e porque me despojaste do meu reino e a meu filho? Só por eu pecar com uma mulher?

- Nenhum pecado fizeste, porém, eu quis proibir-te disso para não haver mais filhos da tua geração.
Portanto, venho te pedir perdão juntamente com os meus anjos mais queridos para que não tentes a guerra contra mim e como recompensa dou-te ainda mais poder sobre tudo quanto tentares menos contra mim.

- Sim – respondeu Salomão – pro... prometo.

- Juras, Salomão?

- Ju... juro!

Salomão deixou pender a cabeça por um momento e quando olhou, já nada viu em volta de si.

Passadas duas horas estava Satanaz com Salomão, e dizia estas palavras:

- Então, que te disse eu, Salomão? Já o teu Deus veio ou não humilhar-se a ti juntamente com seus Anjos?

- Já – disse Salomão – que somos mais poderosos deste e do outro mundo; portanto, estou as tuas ordens, pronto para te servir contanto que me deixe gozar todas as mulheres, as mais formosas donzelas.

- Tudo te darei, mediante um pacto contigo, para que eu tenha a certeza que jamais me deixarás.

- Que pacto? – disse Salomão.
- Entregares-te a mim em corpo e alma, entrega que será feita em um deserto, e tu só a farás sem auxilio meu, para que não digas

depois que eu fui o autor do pacto e do teu poder mágico.

Portanto vai-te entregar a mim, e esta aliança será por ti pronunciada. No fim de te aliares a mim irei, eu mesmo, entregar-te a magia preta, conforme me suplicares.
E retirou-se Lúcifer.

O COMBATE ENTRE SALOMÃO E LÚCIFER

Salomão, logo que deixou Raquel subiu a um alto penhasco, lançou-se de joelhos, levantou os olhos ao céu e orou nestes termos: "Senhor dos Senhores, agora estou convencido que vós sois o único Deus poderoso do céu e da terra; vós que sois o Deus de Lúcifer e não Lúcifer o vosso Deus! Oh! Que blasfemo eu fui julgar o contrário!"

Mas que foi isto Senhor?! Para que quiseste que eu passaste por uma tal provação?

Não respondeis, Senhor? Eu vos conjuro, Deus do Universo para que socorrais o vosso servo Salomão!

Um trovão se ouviu que fez tremer toda a terra!

Neste momento foi Salomão preso, e levado por quatro demônios, ao lugar onde tinha feito o pacto e aí o deixaram por ordem de uma serpente que naquele lugar o esperava.

Logo que chegou Salomão, dirigiu-lhe a serpente e disse-lhe com palavras terríveis e ameaçadoras:

Então, tu filho, aliado de Satanás, queres tirar o teu senhor não só do teu corpo, como da tua alma?
Pérfido! Bradou Satanás – oh! Tu deixares de pertencer aquele a quem fizeste escritura de lhes seres fiel até a morte.

Nunca, nunca deixarás de me pertencer! Eu te juro.

Oh! Pérfido Satanás. Oh! Malditos sejam todos os teus aliados, que mais fácil cair o céu e a terra do que eu pertencer-vos! Eu vô-lo juro, em nome de Deus.

Logo que Salomão balbuciou o nome de Deus, enfureceu-se Satanaz, e gritou por todos os seus aliados; seguiu-se um combate dos espíritos maléficos, com um ente que pertencia ao céu e não a ser confundido nas entranhas da terra até ser consumido pelas chamas abrasadoras a que são condenados aqueles que não tem uma hora de arrependimento.

Satanás, com a sua fúria maldita, fez estremecer toda a superfície da terra! O sol escondeu os seus raios, a abobada celeste tornou-se tão escura e medonha, que parecia que naquela hora se arrasava sobre os homens e esmagava o mundo!

Porém, Salomão, já fortalecido com uma verdadeira fé em Jesus Cristo, o qual por intervenção do anjo Custodio lhe mostrou o errado caminho que até ali tinha seguido.

Salomão continuou orando a Deus com fervor e resignação enquanto que Satanás lhe bradava que de nada lhe serviam as suas orações, porque estava entregue a ele em corpo e alma, por sua muita própria vontade e portanto que nada devia esperar por Providência Divina.

Sempre orando a Deus, com todo o fervor, Salomão obteve a misericórdia de Deus e conseguiu vitória sobre o inimigo.

Dizia ele: - "Meu Deus! Meu Deus! Eu pequei, porém, vós sois misericordioso e tudo perdoais aos homens; portanto, eu vos peço que me socorras neste momento e desde já me entrego a vós em corpo e alma e renego a Lúcifer para que tudo quanto eu tenha feito em seu proveito lhe sirva de tormento e castigo e assim como todo o pacto que os homens fizerem com ele, por vós rogo que me perdoeis, meu Deus, eu me arrependo, vós sois Deus do céu e da terra, e não Lúcifer!

Vos agradeço por me fazerdes passar por esta provação!

Malditos demônios! Eu vos conjuro em nome de Deus, para que sejais ligados nas profundezas dos infernos e não tenteis mais a Salomão, o servo de Deus, senhor nosso."

Logo que Salomão acabou de proferir estas palavras, os demônios desapareceram, e o sol mostrou seus raios, a atmosfera ficou clara que parecia um paraíso.

Salomão ficou vitorioso e deu louvores a Deus!

COMO FAZER E USAR A CORRENTE
MILAGROSA, SEGUNDO OS ANTIGOS MAGOS

Tomam-se treze folhas de papel branco e escreve-se a mão, em cada uma delas, a carta cujo texto daremos abaixo.

Tiram-se, portanto, treze cópias iguais. Conseguem-se treze nomes completos (nome de batismo e sobrenome), e mais os respectivos endereços corretos, de treze pessoas as quais podem ser conhecidas ou desconhecidas, mas que não sejam amigas íntimas nem parentes de que vai iniciar a corrente. Para cada uma dessas pessoas, manda-se pelo correio, uma cópia da carta, cujo texto daremos abaixo.

Não se deve escrever o nome nem o endereço de quem está mandando a carta. Noutras palavras: a pessoa que receber a carta não deve saber quem a mandou.

Também não se deve levar pessoalmente as cartas, nem mesmo para colocá-las por debaixo das portas, pois sempre há o perigo de as pessoas a quem são dirigidas verem quem as está distribuindo.

Eis as palavras que devem ser escritas em cada folha de papel:

Ser humano, meu semelhante, escrevo-te em nome das forças magnéticas do universo, em nome das forças do bem e do mal. Peço-te que tire treze cópias desta carta e envie cada uma das cópias a uma pessoa diferente, que não seja tua amiga intima, nem tua parenta.

Estarás ajudando assim, a um teu semelhante. Desejo alcançar um benefício (que não trará prejuízo para ninguém), e isto depende deste corrente magnética.

Não deves quebrar esta corrente, pois se a fizeres estarás

prejudicando alguém, e não terás vantagem nenhuma com isto. Ao passo que, se deres prosseguimento a corrente, farás um bem a mim e a ti mesmo, porque também poderás alcançar um benefício. Muitas pessoas que quebram correntes como essa, sofreram grandes males e prejuízos, ao passo que todas aquelas que deram prosseguimento as correntes, alcançaram benefícios e vantagens.

Não mandes dinheiro; manda só um pouco do teu magnetismo e da tua boa vontade. Que as forças magnéticas do universo te sejam favoráveis.

Faz-se o pedido as forças magnéticas do universo e as forças do bem e do mal. Se a corrente for mantida, será alcançado aquilo que se deseja; caso seja partida, poderão vir muitos males para quem a quebrou.

Também se pode iniciar a corrente depois de alcançado o benefício. Faz-se o pedido as forças magnéticas do universo e as forças do bem e do mal. Promete-se a elas que se terá uma corrente do tipo desta de que aqui se trata.

Obtido o benefício, inicia-se a corrente da maneira como foi explicada acima, porém com ligeira diferença no texto: em vez de escrever: "Desejo alcançar um benefício", deve-se escrever: "Alcancei um benefício", o resto é igual.

O pedido as forças magnéticas e as forças do bem e do mal, devem ser feito assim:

Forças universais; forças magnéticas; forças do bem e do mal: Sou parte integrante de vós. Eu dependo de vós assim como vós dependeis de mim. Só desejo o equilíbrio das coisas.

Preciso de (diz-se aqui o pedido) para que seja mantido o meu equilíbrio. Preciso da vossa energia para que tudo me saia como desejo, e para que fique tudo equilibrado.

O magnetismo sai de um lugar para outro a fim de que a parte desequilibrada se torne equilibrada. É o magnetismo das coisas; é o equilíbrio perfeito da energia de todo o universo. O mecanismo do universo depende tão só da perfeita distribuição de energias.

ANTIGA MANEIRA DE UTILIZAR MESA PARA EVOCAR OS ESPÍRITOS

Numa sala tranquila e meio escura, aonde não cheguem os ruídos urbanos, reúnem-se umas cinco pessoas amigas entre si honestas, e que não estejam com o sistema nervoso alterado. Devem estar interessadas na experiência, devem ser sérias e não ter intuito de brincadeira durante o trabalho.

Sentam-se em torno da mesa a qual deve ser, de preferência redonda, e com um pé só, daquelas que se chamam "pé de galo"; mas se não houver desta, outra servirá.

As pessoas apóias só as pontas dos dedos na borda da mesa, sem fazer muita força. Não devem estar muito próximas da mesa, e sim afastadas na extensão do braço.

Uma das pessoas faz a seguinte prece, que deve ser repetida pelas demais presentes:

"A um espírito bondoso pedimos, em nome de Deus Todo poderoso, a graça de comunicar-se conosco por meio de uma pancada nesta mesa, ou por meio da movimentação dela".

Quando se deseja a vinda de determinado espírito e não de qualquer um deve-se mencionar o nome que ele em vida teve, e em vez de se dizer "espírito bondoso", diz-se: "Ao espírito de fulano" (dizer o nome da pessoa).

Acabada a prece, espera-se com toda a compenetração e em completo silencio, que se manifeste o espírito evocado.

Se, todavia, passados vinte minutos, não se ouvir ruído nenhum sobre a mesa, nem ela se movimentar, deve-se concluir que nenhum dos presentes é médium, ou então que alguém ali está com intuitos malévolos, ou, ainda, que não há bastante compenetração de todos para que se realize o pedido.

Outrossim, para evitar burlas, o médium (ou pessoa que dirige sessão) deve estabelecer o modo como deverá o espírito dar sinal de que já está presente. Assim, por exemplo, uma batida na mesa ou no teto ou na parede, significará "sim", duas batidas querendo dizer "não", três valerão por "com certeza", e assim por diante.

Quando o dirigente da sessão percebe que o espírito já está presente, fará a seguinte indagação:

- Podes conceder-nos a graça de uma comunicação conosco?

Se o que se convidou foi um espírito determinado (e não qualquer um), é necessário esclarecer este ponto. Faz-se, então a seguinte pergunta:

- És fulano?

Confirmado isto com uma pancada na nuca, passa-se a realização dos trabalhos propriamente ditos. Se porém não se sabe quem dos presentes é o médium, pergunta-se ao espírito:

- Queres conceder-nos a graça de dizer quem de nós é o médium?

Uma resposta na mesa é a resposta afirmativa do espírito. O dirigente da sessão começa a dizer os nomes, um a um, pausadamente das pessoas que ali estiverem, até que, ao pronunciar um deles, ouve-se uma pancada na mesa.

Este nome é o da pessoa que tem qualidades mediúnicas. Por meio dela se farão as comunicações daí em diante, mas é bom indagar espírito:

- Podes conceder-nos a graça de uma comunicação conosco através deste médium?

As respostas do espírito, ("sim", "não"), podem ser através de batidas na mesa, ou também através de movimentos da mesa, para a direita significará "sim", esquerda, "não".

Por outro lado, pode ocorrer que o espírito não goste de uma das pessoas que estejam na mesa, e nesse caso dará pancadas fortes na direção dessa pessoa, ou inclinará a mesa para ela de modo violento dos movimentos que lhe dão os espíritos quando não gostam de um dos presentes.

Quando isto acontece, é bom retirar a pessoa que está causando a irregularidade.

Existe ainda o processo do copo embocado, o qual é apenas uma variedade dos demais processos, e consiste no seguinte: na superfície lisa da mesa, põe-se um copo embocado.

Nas bordas da mesa põem-se pedaços de cartolina com as letras do alfabeto e as palavras "sim" e "não". Três ou quatro pessoas colocam o dedo indicado no fundo do copo, e este começa a movimentar-se na direção de cada letra.

O copo funcionará como ponteiro, e os demais aspectos da sessão devem ser iguais aos da sessão com a mesa leitora.

A ESCRITA MEDIÚNICA
SEGUNDO SÃO CIPRIANO

No caso da escrita mediúnica, o médium segura levemente um lápis e escreve diretamente no papel aquilo que o espírito quer transmitir. A palavra médium é latina, e significa meio. O médium é portanto, o meio (o instrumento) de que se serve o espírito para escrever aquilo que deseja comunicar.

O médium não participa não participa da mensagem: fica passivamente segurando o lápis com que o espírito escreve; empresta só a força física tal como as maquinas elétricas de escrever emprestam energia para que o datilógrafo trabalhe mais rapidamente sem muito esforço.

Esta maneira de comunicação é muito rápida, mas são raros os casos de médiuns capazes de receber mensagens desse tipo.

Há alguns médiuns que escrevem palavras invertidas, isto é, de trás para frente. E as letras saem também invertidas. Esta é a chamada escrita do espelho, porque quando posta diante dum espelho é facilmente lida, pois aquilo que esta invertido no papel aparece normal no espelho.

Há todavia, pessoas que não tem qualidades mediúnicas, e nesse caso não lhes adiantará nada insistirem. Se fizerdes a experiência com toda a seriedade várias vezes (uns quinze dias seguidos), e não obtiverdes resultados satisfatórios, é provável que não tenhas aquelas qualidades, e portanto não vale a pena insistir.

Convirá que façais experiência por intermédio de pessoas, da vossa inteira confiança.

Uma vez confirmada a presença de um espírito de

boa índole, desejoso de colaborar convosco podeis fazer-lhe perguntas. Não, todavia, perguntas de caráter jacoso, nem com o objetivo de critica ou intriga.

Deveis fazer indagações a particularidades da vida alheia, nem tampouco deveis queres obter o resultado antecipado das loterias. Se tentardes coisas mesquinhas, afastar-se o espírito e virão talvez outros, de mentalidade zombeteira, para burlar-vos e fazer-vos incidir em graves erros.

Outras palavras: a comunicação com os espíritos (seja qual for o tipo de comunicação) só deve ser feita com objetivos humanitários e nobres, e não fúteis nem subalternos.

EVOCAÇÃO DO ESPÍRITO DE PESSOAS VIVAS

O espírito de boa índole que primeiro entra em contato com o médium é, em geral o mesmo que daí em diante o ajudará nas outras sessões que o médium vier a organizar.

É como se o espírito se tornasse amigo do médium, como se transformasse em espírito familiar, ou numa espécie de anjo da guarda que aconselha e orienta.

Se queres entrar em contato com determinado espírito, deveis perguntar ao vosso guia:

- Em nome de Deus Todo-poderoso, podeis conceder-me a graça de me por em comunicação com o espírito de fulano?
Se a resposta for positiva, fareis o seguinte pedido:

"Em nome de Deus Todo-poderoso, rogo ao meu espírito familiar que me ponha em contato com o espírito de fulano".

Se estiverdes bem prático e acostumado a receber comunicações através da escrita direta, vereis que logo em seguida vossa mão traçará no papel o nome da pessoa evocada. Podeis então perguntar a ela o que desejais, travar conversa com ela.

Tenha cuidado, porém, com os espíritos zombeteiros, que poderão querer aproveitar-se da situação para tomarem o lugar da pessoa convocada. Não acreditareis, portanto, cegamente, no que aparecer escrito no papel e sim deveis insistir para que o espírito diga bem claramente se é a pessoa evocada.

Perguntai:

- És fulano?

Se a resposta for: "Sim", demandai:

- Se és fulano, declara por escrito, com todas as letras que o és.

O espírito deverá escrever assim:

"Em nome de Deis Todo-poderoso, declaro e afirmo que sou fulano de tal".

Se for espírito zombeteiro jamais escreverá isto, e sim começará a traçar linhas caprichosas ou escrever palavras sem nexo. Diante disso, deveis começar tudo de novo; se desejais evocar o espírito de pessoa viva, deveis calcular a hora em que ela esteja a dormir.

Observada esta particularidade, seguireis para com o espírito do vivo a mesma rotina aqui indicada para os espíritos dos mortos.

O HIPNOTISMO, SEGUNDO SÃO CIPRIANO

Quem desejar utilizar-se do hipnotismo deve acreditar nele com toda a sinceridade. Quem não acredita numa coisa não pode nem deve adotá-la.

O hipnotismo é matéria científica mais do que provada, utilizada por médicos e dentistas em todo o mundo civilizado.

Um homem de aparência tranquila, gestos comedidos e andar seguro tem mais possibilidades de impressionar clientes do que outro de andar saltitante, gesticulação desgovernada e aparência nervosa.

Acentuado bem seu aspecto exterior e até mesmo exagerando-o conseguirá o hipnotismo causar forte impressão nos que dele se aproximarem.

O bom hipnotista não pode ser um tipo vulgar, a quem todos dizem gracejos. Escolhei uma atitude, e apegai-vos a ela para sempre.

Não deixais que a vossa personalidade mostre altos e baixos. Fazei o possível para conservar sempre o mesmo estado de espírito.

Estudai-vos a vós mesmo diante dum espelho, vede qual a postura que mais vos convém e procurai não vos afastardes dela. Vede a vós mesmo como desejais que os outros vos vejam. Praticai o hipnotismo com clientes imaginários; planejai tal como se pratica um discurso, as palavras que tereis de dizer.

A vossa atitude perante a vida vos dará confiança em vós mesmo. Insistindo num ponto único, obtereis sempre maiores resultados.

Acreditai que tendes poderes hipnóticos, e as outras pessoas acreditarão também. Acentua vossos gestos e ações de modo que vossos clientes fiquem realmente impressionados, porém não desperdiceis energia com gesticulações inúteis.

Há indivíduos que tem maneira convincente e tranqüilizadora de falar; isto pode ser usado com vantagem na aplicação do hipnotismo.

Alguns desses indivíduos são hipnotistas sem saberem, e serão capazes de convencer qualquer pessoa pela maneira de pensar e também pela maneira de falar.

Primeiramente cultivai maneira de falar que seja, convincente, grave, segura e nunca nervosa. Acreditai no que dizeis, e os outros acreditarão também.

Em segundo lugar, tende confiança em vós mesmo: convencei-vos de que tendes poderes hipnóticos e tornai-os parte da vossa personalidade.

Mantende-vos imperturbável em qualquer circunstância.

E finalmente se fordes levado a assumir uma atitude dramática, fazei-o com arte, de modo que ela pareça natural de vossa personalidade e não artificial. Sede dramático, se a situação assim o exigir, porém com engenho e arte.

AS MANEIRAS DE HIPNOTIZAR, SEGUNDO SÃO CIPRIANO

Há normas básicas, imutáveis, que o hipnotista deve observar no seu trabalho a fim de evitar dramas de consciência em si mesmo e nos seus clientes.

São três essas normas, e a seguir as transcrevemos:

Reza a primeira norma: nunca hipnotizeis uma pessoa sem expresso consentimento dela, ou de seu tutor.

Diz a segunda regra: nunca hipnotizeis uma pessoa sem que esteja presente uma terceira, de responsabilidade, que possa garantir lisura do hipnotista e do cliente. Com isto se evitarão acusações ou suspeitas de que estão sendo feitas coisas que não sejam para o bem do cliente.

Ensina a terceira regra básica: nunca ordeneis nada ao paciente que não seja para a cura ou melhoria da saúde dele.

O hipnotista não tem outros direitos além daqueles que lhe confere o paciente.

Estas regras são válidas, não apenas para médicos e dentristas, mas também para qualquer hipnotista.

Nenhum hipnotista deve hipnotizar por mera curiosidade, nem tampouco deve sugerir coisas ao ser hipnotizado como simples experiência.

Qual o melhor método para hipnotizar? Não se sabe. Cada operador adota um metido diferente, e alguns adotam misturas de métodos. Todos os métodos funcionam, quando aplicados com seriedade, e quando o operador tem realmente bom magnetismo pessoal e vocação para essas coisas.

É bom que o operador conheça diversos métodos, pois bem pode acontecer que certos indivíduos resistam a determinado método e acabem sendo hipnotizados por método diferente.

1º MÉTODO DE HIPNOTIZAR SEGUNDO OS MANUSCRITOS

Os dois elementos básicos do sono hipnótico são: a sugestão e a concentração do olhar do paciente no operador ou nalgum objeto brilhante. Os chamados passes magnéticos como iram ser conduzidos a hipnose, porém, não tão rapidamente como quando se usam aqueles dois elementos.

Por outro lado, são indispensáveis os passes quando se deseja um estado profundo de hipnose.

Logo que estiverdes na presença do cliente, faça o possível para que ele fique bem a vontade.

Mande que ele se sente numa cadeira e sentai-vos mesmo noutra, diante dele.

Segure os polegares do paciente e fixai o olhar na parte externa média do nariz dele.

Os olhos do paciente devem estar, ao mesmo tempo, fixos nos do operador. Ordene ao cliente que ele caia no sono, e que o sono seja calmo e pacifico. Se a caso der dez minutos, não vier o sono, mude de método, feche os olhos do cliente suavemente com a mão. Ao mesmo tempo, ordene brandamente que durma.

Em regra, este segundo método dá resultado e um bom cliente cai prontamente no primeiro estádio da hipnose e ocasionalmente num estado de sonambulismo. Num caso ou

outro, por meios de passes magnéticos, provocar sono mais profundo, e alcançar resultados desejados.

Há contudo, pacientes com quem não funcionam estes métodos. Pode-se então, fazer ligeira pressão na parte superior da cabeça, e movê-la devagar para um lado, e para outro.

É comum que não sejam obtidos resultados satisfatórios na primeira tentativa; e as vezes nem na segunda, nem mesmo na terceira, nem na quarta tentativa.

Isto não deve desanimar o operador. Podem ser necessárias várias tentativas para que seja revelado um ótimo paciente.

2º MÉTODO DE HIPNOTIZAR SEGUNDO OS MANUSCRITOS

Faça o paciente sentar-se numa cadeira de braços diante de vós. Segure-lhe os polegares, um em cada mão, e neles faça pressão firme regular pelo espaço de três ou quatro minutos. Ao cabo desse tempo, é comum que o paciente nervoso experimente a sensação de peso nos braços, cotovelos e pulsos.

Começai então a fazer passes sobre a cabeça, a testa e os ombros dele. Daí particular atenção as pálpebras, na frente das quais fazei um movimento para cima e para baixo com as mãos, como se fosses fechar os olhos do paciente.

Não é necessário que o paciente fite algum objeto: o olhar fixo pode ajudar, mas não é indispensável.

3º MÉTODO DE HIPNOTIZAR
SEGUNDO OS MANUSCRITOS

Começar por dizer ao paciente que acreditais no hipnotismo: que desse tipo de tratamento somente poderão advir benefícios; e que é possível curar o paciente ou pelo menos aliviá-lo, através do hipnotismo; que não há nada estranho nem prejudicial neste tratamento; que é um sono comum que pode ser aplicado a toda a gente. Se necessário, hipnotizar uma ou duas pessoas na presença do cliente.

Então dizei:

Olha para mim e não penses em nada que não seja dormir. Tuas pálpebras começam a estar pesadas... Teus olhos estão cansados... estão úmidos... Começaste a pestanejar... Não pode ver as coisas nitidamente... Teus olhos estão fechando...

Alguns pacientes fecham os olhos e caem prontamente no sono. Outros requerem mais esforço do operador; tereis de repetir as palavras muitas vezes, e dar mais ênfase ao que dizeis; tereis até de fazer gestos.

Não importa que tipo de gestos, mais ei aqui uma sugestão: aproximai dos olhos do paciente, dois dedos da vossa mão direita, e pedi-lhe que olhe para eles, ou movimente a mão, diversas vezes, diante dos olhos dele ou ainda pedi-lhe que fixe os olhos dele nos vosso e ao mesmo tempo dizei-lhe que se concentre na idéia de dormir.

Continue a dizer:

Tuas pálpebras estão se fechando, não podes abri-las... Teus braços estão pesados... As pernas também... Não podes sentir nada... Tuas mãos estão imóveis... Não vês nada... Vais dormir.

Então acrescenta com voz enérgica:

Dorme!

Esta ordem quase sempre faz efeito: os olhos se fecham, o paciente dorme, ou pelo menos se deixa influenciar.

Se o paciente não mostrar sonolência, dizei que o sono não é essencial, e que muitas pessoas estão hipnotizadas sem o saberem.

Raramente são necessários mais de três minutos para que venha o sono, ou para que haja alguma influencia hipnótica.

É o sono por sugestão; um tipo de sono que o operador insinua no cérebro do paciente.

Os passes ou olhar fixo nos olhos ou nos dedos do operador são úteis somente para concentrar a atenção: não são essenciais.

4º MÉTODO DE HIPNOTIZAR
SEGUNDO OS MANUSCRITOS

Começar a experiência com um jovem de vinte anos.

Pedi-lhe que se sente numa cadeira e daí-lhe a seguir um botão. Dizei-lhe que olhe para o botão fixamente.

Em vão tentará ele abrir os olhos: as pálpebras parecerão estar coladas. A mão direita, que até ali segurava o botão, cai sem forças nos joelhos dele.

Dizei a ele, com toda a convicção, que ele não poderá abrir

os olhos. (Ele fará vãos esforços para abri-lo).

Agora dizei-lhe:

Tuas mãos estão presas aos teus joelhos: não poderás levanta-las.

Todavia, ele levanta as mãos. Continuai a conversar com ele. Ele deve estar perfeitamente lúcido, e não podereis descobrir nenhuma mudança essencial nele.

Levantai-lhe um dos braços; em seguida soltai o mesmo braço, e ele o fará tombar como quiser.

Então soprai-lhe nos olhos, que se abrirão imediatamente, e o paciente estará no mesmo estado de antes da experiência: lembra-se de tudo quanto lhe tiverdes dito.

As únicas circunstâncias notáveis são:

Ele não podia abrir os olhos e agora sente ligeira fadiga.

5º MÉTODO, OU MÉTODO DA VELA ACESA SEGUNDO MANUSCRITOS

Semelhante ao método que acabamos de mencionar é o da vela acesa, que descrevemos em seguida.

Ordenai ao paciente que, durante uns oito ou dez minutos, fite uma vela acesa. Segurai a vela em tal altura que olhar para ela exija esforço dele.

O paciente não deve pestanejar mais do que o estritamente

necessário, e deve respirar profundamente e a espaços regulares de tempo.

Dizei ao paciente, antes de começardes que mantenha a boca aberta de dois centímetros, com a língua curva, e com a ponta encostada nos dentes inferiores.

Ao cabo de cerca de três minutos, executai dois ou três passes magnéticos acima da nuca do paciente: com a mão esquerda, com os dedos afastados uns dos outros, de cima para baixo, ao longo dos nervos do espinhaço.

Depois disso, ordenai que o paciente feche os olhos. Então fazei um ou dois passes mais, até ficardes certo de que o paciente dormiu.

PARA RETIRAR O PACIENTE DO ESTADO HIPNÓTICO

Fala-se muito do problema de fazer sair o paciente do estado hipnótico. Parece, todavia, que esse problema não existe, pois o sono hipnótico sempre se transforma em sono comum, se o paciente não acordar logo depois da sessão de hipnose.

Com efeito, o despertar da hipnose pode ocorrer de três modos, a saber:

a) através da ação imediata sobre a imaginação, isto é, através do estímulo dos sentidos exatamente por motivos mentais (como, por exemplo, o hábito de acordar a determinada hora);

b) pela irritação dos sentidos (como, por exemplo, um ruído forte, uma sacudidela, etc);

c) e pela simples transformação do sono hipnótico em sono comum do qual o paciente despertará no devido tempo.

Não há perigo de o cliente não acordar: nunca se soube de casos em que o hipnotizado tivesse morrido em consequência da hipnose.

É quase sempre possível, suspender a hipnose por processos mentais, isto é: ou se ordena simplesmente ao paciente que ele acorde, ou se diz a ele que acorde quando ouvir determinado sinal. Raramente é preciso recorrer a outros meios, tais como abanar o rosto do paciente, salpicar-lhe água, chamá-lo em voz alta, etc.

Podeis usar a sugestão verbal. Repetir várias vezes:

Acorda! Acorda!

Alguns pacientes continuam sonolentos, quando acordam.

Se o operador movimentar a mão uma vez ou duas diante dos olhos do paciente, quase sempre se desfará a sonolência.

Há pessoas que se queixam da cabeça pesada, dor de cabeça ou tontura. Para evitar estas sensações, dizei ao paciente, antes de despertá-lo:

Acordarás e sentiras-se muito bem. Tua cabeça não está pesada, sentes-se muito bem.

O cliente acordará sem qualquer sensação desagradável.

Alguns pacientes podem ser acordados por sugestões depois de determinado tempo.

É o bastante dizer-lhes:

Acordarás dentro de cinco minutos.

Assim eles acordarão no momento sugerido, porque tem noção da passagem do tempo. Outros acordam antes do tempo sugerido, porque não tem idéia acurada do tempo, e ainda alguns esquecem de acordar, permanecem na condição de passividade mental e parecem incapazes de sair espontaneamente do sono.

É necessário dizer-lhes: "Acorde!" a fim de obrigá-los a acordar.

Em alguns casos é preciso dizer:

Teus olhos se abrem. Estás acordado.

O bom operador deve ter sempre o cuidado de acordar o cliente, a menos que haja motivos especiais para deixa-lo dormindo (como, por exemplo, no caso do tratamento da insônia).

OS CORPOS DOS HOMENS E AS VIAGENS ASTRAIS

O homem tem sete corpos, mas aqui só cogitamos do corpo físico e do corpo astral.

O corpo astral, não conhece barreiras na terra, e assim atravessa paredes de qualquer grossura, tal como fazem as imagens da televisão. Mas no mundo astral também há barreiras para o corpo astral, e são tão sólidas para ele como são as paredes para o nosso corpo físico.

A viagem astral é diferente das viagens que fazemos por terra ou por mar, a pé, a cavalo, de trem, de barco, ou mesmo de aeroplano. É que na viagem astral não há trepidações, não há poeira, não há cansaço, e a velocidade é a mesma do pensamento.

Quando aprendemos a viajar com o nosso astral, podemos ir para onde quisermos, sem nenhum contratempo, o nosso corpo físico permanece deitado na cama, em lugar onde ninguém pode incomodá-lo e o nosso corpo astral se desprende e fica preso a ele somente pelo cordão de prata.

Este cordão de prata é formado da energia que sai do nosso corpo físico, e pode esticar-se indefinidamente.

Não é músculo, não é veia, não é feixe de nervos: é a energia da vida, a qual liga o corpo físico ao corpo astral.

Imaginai que estais formando no ar o vosso corpo. É como se fosse a reprodução, com ectoplasma, do vosso corpo físico. Sendo feito de ectoplasma, esse segundo corpo não tem peso, e portanto, flutua.

Não vos amedronteis: conservai-vos, calmo e percebereis que o vosso corpo astral, feito por assim dizer, de ectoplasma,

está perto do teto do vosso quarto. Olhai de lá de cima e vereis o vosso corpo físico deitado na cama.

Notarás que os dois corpos, o astral e o físico, estão ligados por um cordão brilhante.

É um cordão de prata azulado, que pulsa como se fosse uma vela. Mas tende puros os vossos pensamentos, e nada vos acontecerá de mal.

Tereis uma sensação, agradável.

VIAGENS ASTRAIS CORPO, ALMA E ESPÍRITO

O homem é um trio de Corpo, Alma e Espírito. A alma é o mediador entre o espírito e o corpo. Uma alma se tem, um Espírito se é. O íntimo é o Altíssimo dentro de nós. O íntimo é o espírito.

O testamento da sabedoria diz: "antes que a falsa aurora aparecesse sobre a terra, aqueles que sobreviveram ao furacão e à tormenta louvaram o íntimo, e a eles apareceram os heraldos da aurora".

Entre o homem terreno e o íntimo está a alma. A alma tem um corpo ultra-sensível e material com o qual viaja através do espaço. O corpo da alma é o corpo astral. Assim, pois, o corpo astral tem algo de humano e algo de divino.
O corpo astral tem sua ultra fisiologia e sua ultra-patologia intimamente relacionadas com o sistema nervoso grande simpático e com nossas glândulas de secreção interna. O corpo astral está dotado de maravilhosos sentidos com os quais podemos investigar os grandes mistérios da vida e da morte.

Dentro do astral está a mente, a vontade e a consciência.

Nossos discípulos devem aprender a sair em corpo astral.

Isto que estamos ensinando neste capítulo é uma tremenda realidade. Infelizmente os irmãos de todas as escolas espiritualistas ignoram totalmente o uso e manejo do corpo astral.

Dá dor ver os irmãos das distintas organizações tão ignorantes sobre o uso e manejo do corpo astral.

Os irmãos das distintas escolas espiritualistas vivem no astral com consciência adormecida. Quando um irmão entra

na senda, os tenebrosos do sendeiro lunar costumam atacá-lo durante o sonho. Os irmãos da sombra assumem a figura do Guru para extraviar os discípulos. Assim, devemos compreender que é um delito não ensinar aos discípulos o uso e manejo prático do corpo astral.

É necessário que os discípulos despertem sua consciência durante o sonho para que possam defender-se dos ataques tenebrosos.

Fazer-se consciente do processo do sonho não é perigoso. Nós devemos fazer consciência de todas as nossas funções naturais

PARA PODER VISITAR, SEM SAIR DE CASA, UMA PESSOA QUE ESTEJA NUM OUTRO LOCAL

Deitai-vos na vossa cama, com roupas frouxas e o corpo bem limpo. O quarto deve estar fechado, e quem for fazer a experiência deve primeiro assegurar-se de que ninguém virá interrompê-la. A interrupção de uma experiência deste gênero pode ter consequências desagradáveis.

Procurai acalmar-vos e relaxar os músculos e nervos.

Qualquer tensão prejudicará a experiência. Tirai do cérebro, os pensamentos mesquinhos, as idéias de vingança, as coisas grosseiras. Procurai concentrar-vos no que ides fazer.

Não é imprescindível que façais nenhuma oração, mas se quiserdes dizer alguma, podeis dizer a seguinte ou outra que não seja dirigida a Deus nem a nenhuma entidade:

"Forças ocultas, forças magnéticas, forças do bem, forças do astral, forças anímicas, vinde! Meu corpo se tornará leve, meu pensamento flutuará: meu desejo será todo voltado para isto que vou fazer. Magnetismo do ar, magnetismo das estrelas, magnetismo das coisas! Sairei do meu invólucro e meu corpo astral flutuará, irá para onde eu quiser, para fins honestos e ficará seguro pelo meu cordão de prata ao meu corpo terreno".

Imaginai-vos agora a sair de casa; descei as escadas (se as houver); em pensamento, começai a andar pela calçada na direção da casa da pessoa que desejais visitar. Segue o caminho que vai aquela casa.

Quanto mais pormenores puderes ver na imaginação, tanto melhor. Andai em pensamento como se estivésseis andando com o corpo físico. Devagar. Não vos precipiteis. Não desvieis a

atenção! Continuai. Se houver interrupção, isto é, se pensardes noutra coisa, mesmo sem quererdes, voltai e começai tudo de novo. Lembrai-vos de que estais indo, em pensamento, visitar uma pessoa amiga, e portanto não podereis desviar-vos.

Lembrai-vos também de que a visita não poderá ser para fins desonestos, nem ter caráter amoroso. As forças magnéticas não permitirão isto, embora não se saiba por que.

Julgamos necessário insistir numa coisa: o pensamento do viajante, astral deve estar puro durante as viagens.

Qualquer pensamento mesquinho, criminoso, impuro, fará interromper-se a viagem. Os sábios do Oriente ainda não descobriram por que é isto assim, mas sabem que é assim. Parece que há uma força controladora superior que impede o homem de fazer uma viagem astral para fins criminosos, impuros, desonestos ou mesquinhos.

E ainda uma observação: nunca podereis conduzir qualquer coisa física durante as viagens astrais: nem na ida, nem na volta, podereis conduzir coisas, por insignificantes que sejam.

O MODO DE ESCOLHER E DE USAR A BOLA DE CRISTAL, COMO A USAVA SÃO CIPRIANO

Recomendam os sábios orientais, que a bola de cristal deve ser comprada a um especialista, e não numa loja qualquer.

Mas se tiverdes de comprá-la numa loja qualquer, procurai convencer o mercador de que ele deve trocá-la, se a primeira, segunda, ou a terceira que ele vender não lhe agradar.

Ao chegardes a casa, lavai a bola em água da bica, enxugai-a cuidadosamente, e segurai-a com um pano preto.

Examinai-a então, com toda a calma, a ver se descobris falhas no vidro. Se descobrirdes falhas, trocai a bola, e repeti o mesmo exame na bola seguinte, até encontrares uma que vos satisfaça. Uma vez escolhida a bola, não a troqueis mais.

É muito difícil conseguir uma bola realmente de cristal, de modo que em geral temos de contentar-nos com uma de vidro. O tamanho da bola não é muito importante, mas os sábios do oriente sugerem uma bola de oito a dez centímetros de diâmetro. O que importa é que não haja falhas, mas se as houver, que sejam na menor quantidade possível, e não sejam visíveis quando o quarto estiver em penumbra.

Não deve a bola ser pegada por outra pessoa que não seja o seu dono, e não deve ser usada senão para consultas sérias. Se varias pessoas utilizarem a bola, ou se ela for utilizada para coisas fúteis, dará imagens cada vez mais confusas.

Quando não estiver em uso, deve a bola ficar sempre envolta em pano preto: jamais deve ser ela exposta a luz do sol.

Sentai-vos num tapete, ou numa almofada, com as pernas

cruzadas na posição que os orientais chamam da flor do lótus.

Sentai-vos comodamente, e procurai sentir-vos a vontade. Se a posição da flor de lótus não for agradável, adotai outras posições, até encontrardes uma que vos dê sensação de comodidade.

A sensação de comodidade é importante, porque o mal estar físico distrai a atenção.

Pegai a bola com as duas mãos e procurai os reflexos que nela houver. Devem eles ser eliminados com a diminuição da luz ou com o fechamento das cortinas (se as houver), ou ainda com a mudança de posição do vidente.

Da primeira vez, bastam dez minutos de experiência. Aumentai gradualmente o tempo até que no fim da semana possais olhar para a bola durante meia-hora.

Deveis insistir nas imagens reais. Se insistirdes bastante, vereis as imagens reais daquilo que deseja ver. Não haverá, portanto, dificuldade neste caso.

Há pessoas que não vêem as coisas diretamente, porém símbolos (uma flor, cadeira, um navio). Se vos acontecer isto, aprendei a interpretar os símbolos que vos aparecerem.

Nunca digas nada que possa vir a destruir um lar, ou causar sofrimento. Quando virdes na bola de cristal, qualquer coisa que se revelada possa causar por exemplo, a separação de um casal, dizei simplesmente que não vistes nada.

A bola não é foco de intriga, nem pomo de discórdia, e sim um meio de ajudar as pessoas e saírem as dificuldades. Deve ser usada para dar felicidade as pessoas, e não para torná-las infelizes.

Jamais informeis a um consulente qual o dia da morte dele, nem as probabilidades que ele tem de morrer logo. Sabereis, naturalmente, essas coisas, porém jamais devereis dizê-las.

Também não aviseis a uma pessoa que ela vai ficar doente.

Dizei apenas:

É bom tomarmos cuidado com o dia tal.

E finalmente repetimos uma recomendação: Não useis a bola para coisas fúteis, nem para brincadeiras, nem para loterias, nem para nada que não seja honesto.

Não brinqueis com essas coisas: não vos ponhais a utilizar a bola (não penseis sequer nisso), caso não tenhais vocação para esse tipo de atividade.

A bola de cristal é faca de dois gumes, que poderá conduzir o vidente a situações difíceis.

OS MANDAMENTOS DA COMUNIDADE JUDAICA, SEGUNDO SÃO CIPRIANO

Não deixeis que os vossos pensamentos se desviem das palavras da Torá e das coisas sagradas, a fim de que a Xequiná esteja presente sempre;

Não vos encolerizeis;

Não digais mal de criatura nenhuma, nem mesmo dos irracionais;

Não maldigais os seres, antes os abençoai, mesmo quando houver cólera no vosso coração;

Não façais juras, mesmo quando tiverdes a certeza da verdade;

Não mintais nunca;

Não participeis de banquetes, exceto se tiverem fundo religioso;

Associai-vos as alegrias e aos sofrimentos dos companheiros;

Conduzi-vos generosamente para com os semelhantes, ainda que eles transgridam as leis;

Encontrai-vos com um dos companheiros uma ou duas horas por dia para discutir assuntos místicos;

Passai em revista, com um dos companheiros, todas as sextas-feiras, as ações cometidas durante a semana, a fim de que haja pureza na expectação da Rainha de Sabá;

As ações de graças deverão ditas em voz alta, com nitidez de palavras e letras, para que a mesa, as próprias crianças possam repeti-las;

Confessai os pecados antes de cada refeição, e antes de deitar-vos.

OS ANTIGOS CENTROS DE ADORAÇÃO DO DIABO

Ao serem examinados as confissões de feiticeiros da Itália, França, Alemanha, Portugal, etc., julgados no século XVI, descobrimos que havia supostamente três locais mais frequentemente usados pelos praticantes para suas reuniões ou sabás. O Monte Borcken na Alemanha, um bosque perto de Benevento na Itália e uma faixa desértica da terra no coração da Jordânia.

Sabemos mais sobre o local alemão. Há uma grande quantidade de ilustrações, antigas mostrando a figura do diabo sentado no cume do monte, recebendo homenagens diversas dos seus adoradores.

Danças, festas, luxúrias e relações sexuais indiscriminadas com homens e demônios, são apresentados como características comuns desses Sabás – além de outros elementos da natureza mais obscena que são sugeridos em algumas das ilustrações, que não podem ser expostas e publicadas.

Na Itália também desencadeou-se a libertinagem e havia uma predileção por se reverenciar o diabo por meio de atos de bestialidade, enquanto bem mais ao sul, na Jordânia, a nudez era obrigatória nas reuniões e a excessiva ingestão de comida chamada manteiga de feiticeiros, onde se explica o grande numero de homens e mulheres, gordos demais, presentes nestas reuniões diabólicas.

Mas outro local que foi muito destacado é um grande e suave prado cujo fim não se vê, na Suécia.

Ali, além das farras, os fiéis também estiveram ocupados em construir uma casa de pedra para obriga-los no Dia do Juízo Final, mas ela, segundo as minúcias da época, sempre desmoronava assim que acabavam de construir as paredes.

Essa gente também podia evocar o diabo em pessoa, gritando apenas: "Belzebu, apareça!" E, quando ele aparecia, "usava uma barba vermelha e calças da mesma cor, um casaco cinza e meias com binado e um chapéu pontudo com penas de galo preto".

Durante todas essas reuniões, dizia-se que o diabo batizava os novos seguidores – anotando seus nomes com sangue, num livro negro e grosso, e depois fazia-os dançar a sua volta até caírem de esgotamento, quando lhes batia com as vassouras até que se levantassem ou que ele decidisse terem apanhado o suficiente.

A FEITIÇARIA NOS LUGARES SANTOS E SUA PRÁTICA SECULAR

Certas historias extraordinárias contam a prática de feitiçaria nos lugares santos da Europa, mas provavelmente a mais dramática de todas começou com uma freira que foi acusada de ter doutrinado secretamente algumas de suas irmãs no convento do Unterzell, perto de Wurzburg.

A mulher, Irmã Maria Renata, teria se iniciado secretamente na feitiçaria aos 13 anos de idade, e em obediência a seus superiores, teria entrado num convento, seis anos após.

Com astúcia e manha, conseguiu continuar sua "Magia Negra" em segredo e deu a impressão de ser uma honesta e esforçada serva de Deus, chegando a subprioresa.

Durante 40 anos praticou toda espécie de Magia Negra, contra as freiras, fazendo-as ter ataques e gritar contra Deus durante a noite– ao que ela, sendo superiora, espancava as vítimas infelizes.

Sua queda aconteceu, quando ela fez seis freiras ficarem possessas ao mesmo tempo; apesar de todas as atenções das outras irmãs, e de um padre especialmente chamado, as mulheres ficaram nesse estado durante 7, 14 e 21 dias, gritando com vozes estranhas e torturadas: "Chegou nossa hora!" Chegadas habilmente depois, todas se lembravam de um contato íntimo com a Irmã Maria pouco antes da sua possessão. Este era o segredo da Irmã Bruxa.

A subprioresa foi presa e sob tortura, disse que fora seduzida aos 11 anos pr Satã, aprendera os segredos da bruxaria dos 13 aos 19 anos, quando fora enviada para causar desordens no convento. Disse que deixava frequentemente o convento a noite, dançava nua num Sabá local e copulava com todos.

Também admitiu que comparecia a reuniões perto de Viena, as quais "estavam presentes membros da nobreza e da alta burguesia" europeia.

Sua confissão estabelecida o quadro da meia nação praticando a bruxaria e as Artes Negras; sem dúvida, sua história equivalia a muitas outras de outros paises durante os séculos XVI e XVII. Foi condenada a morte e levada a Marienberg, onde foi decapitada e teve seu corpo queimado.

Depois da sua morte, muita gente nas altas esferas temeu ter sido denunciada, supondo que a Irmã Negra de Wurzburg tivesse revelado seus nomes ao ser executada. Tempos depois, cada adepto tornava-se mais uma Bruxa ou Feiticeiro, constituindo mais um Sabá onde continuavam a adorar Satã.

A MAGIA NEGRA USADA ATÉ NOSSOS DIAS

A Magia Negra, o Satanismo, a Adoração do Demônio e a prática do mal vive e revive até nossos dias, graças a reformulação e inovações que são feitas a cada dia.

Os atuais praticantes de Magia Negra não acreditam no diabo como uma pessoa que pode ser chamada desde as profundezas da terra, para conjurar demônios para os prazeres sensuais, a derrubada da sociedade e da moral e a corrupção dos jovens, lebando-os ao vicio e a depravação; os pertencentes a esse culto de degradação encontram-se regularmente, frequentemente fazendo uma Missa Negra, e se entregam as piores espécies de carnalidade e perversão.

Enfrentam a sociedade com sua profanação de edifícios sagrados e cemitérios, corrompem os que não entram para suas fileiras, pela intimidação, além de se infiltrarem inegavelmente em muitas camadas da vossa vida social, comercial e industrial.

As informações sobre essas atividades não são frequentes, as ameaças feitas a quem deseja sair das suas fileiras ou revelar seus segredos são muitas e severas, mas não pode haver duvidas sobre sua existência ainda hoje. O satanismo é uma força má e viva no nosso meio, e acredito que é muito perigoso para qualquer pessoa envolver-se com essa gente, embora isso pareça, à primeira vista, absurdo.

A FEITIÇARIA E A LEI
DE 400 ANOS ATRÁS

Por sua vez, na Inglaterra, também, havia boas razões para suspeitar que pessoas de todas as camadas sociais estavam envolvidas em feitiçaria.

De fato, um grupo de nobres insatisfeitos tentou fazer um feitiço contra a Rainha Elizabeth, tendo sido descobertos por alguns soldados, fazendo uma boneca de cera da sua Rainha.

A própria rainha desempenhou um papel importante na historia da feitiçaria: ela foi responsável pela introdução da Lei da Feitiçaria de 1563.

Esta prescrevia a morte por enforcamento pelo emprego ou exercício da feitiçaria com a intenção de matar ou destruir, e um ano de cadeia por ferir pessoas no corpo ou por desperdiçar e destruir mercadorias (com uma clausula adicional de que o prisioneiro, perdoado, seria colocado no pelourinho pelo espaço de seis horas).

Em consequência, milhares de pessoas foram arrastadas perante os tribunais e condenadas pela mais insignificante prova. É uma triste lembrança da primeira Elizabeth o fato de que nos 45 anos de seu reinado terem sido realizados mais julgamentos pela pratica da feitiçaria do que durante todo o Século XVII e o clima hostil com relação a feitiçaria também não foi sanado por Jaime I, que forçou o Parlamento a revogar a lei de Elizabeth, em favor de outra, a qual prescrevia a morte para uma lista muito mais ampla de crimes da feitiçaria, pois era ele um dos interessados no combate a feitiçaria e aos feiticeiros.

MISSA NEGRA

COMO É DE FATO A MISSA NEGRA EM HOMENAGEM A LÚCIFER (SATÃ)

A missa negra é oficiada em homenagem a Lúcifer, e nela se faz tudo ao contrário daquilo que se faz na missa romana: começa pelo fim; as expressões de perdão e paz são trocadas por expressões de guerra e de ódio; em lugar da aceitação da vontade divina lança-se um repto ao celestial poder; e a consagração é o violentamente profanada.

Conforme o lugar e o tempo em que é celebrada, pode a missa negra variar ligeiramente quanto as minúcias, mas o principal não varia sempre haverá no altar um corpo nu de mulher e os fins que se deseja alcançar serão sempre os mesmos: o crime e o sexo, ou então essas duas coisas de uma só vez.

Alguns livros dos fins do século XVII e do princípio do século XVIII trazem a descrição da famosa missa negra celebrada na França em janeiro de 1678. Traduzimos a seguir essa descrição, compilada de vários manuscritos.

Sete pessoas se dedicam afanosamente ao arranjo das coisas necessárias a missa que se vai celebrar em casa de marquesa de Montespan: a Voisin e a sua filha Margarida; a Chanfrein, a Trianon, Lesage, Romain e o padre Guibourg.

E a missa negra, e o altar foi erguido num pavilhão que existe no fundo do quintal da marquesa.

Lesage dá por encerrado o mistério da quarentena; a Chanfrein, trouxe um menino, certamente raptado num dos bairros: a Roman acende o forno, o carrasco já forneceu a quantidade suficiente de banha humana, extraída dos criminosos por enforcados no pátio da prisão.

Aproxima-se o momento supremo; está escura a noite; duma porta secreta emerge o sacerdote, que vai rezar durante algum tempo no pavilhão.

Não é esta a primeira vez que o padre Guibourg oficia sobre um corpo nu de mulher: já o fez em várias ocasiões no seu castelo de Villebousin; mas aqui, na Rua Beauregard, neste pavilhão quase escondido no fundo sombrio do quintal é realmente a primeira vez que ele se presta ao culto infame; e por isso dá o máximo de si mesmo: não quer que a patrocinadora deixe, nem um minuto sequer, de confiar nele com todo o ardor.

Vem agora a Montespan, que se faz acompanhar de uma das suas damas (a senhorita de Oeillets).

Cobre-lhe o rosto, perfumada mascara, porém a Voisin logo a reconhece, pois são inconfundíveis aqueles ombros elegantíssimos, aquele talhe divino, e aquele porte orgulhoso. Sem delongas a bruxa a conduz ao pavilhão.

A marquesa é que parece hesitar um pouco: estremece levemente, quase resiste, retarda os passos... Sim, já conhecia de perto a missa negra, e já expusera o corpo num altar semelhante aquele; mas isto em sua própria casa em situação menos séria. Ali, naquele pavilhão, sentia-se estranha. Não há porém lugar para desfalecimento: já a Voisin a leva até um pequeno aposento, onde a senhoria das Ceillets começa logo a tirar as joias e os vestidos de sua senhora.

Enquanto isso, a bruxa diz a meia voz:

Avante, marquesa! Não há o que temer!

Contudo, a Montespan não se mostra definitivamente resolvida; e quando chega as últimas peças da roupa, quando o corpo sublime está para desnudar-se por completo, ela ainda resiste. Sem perda de tempo, a Voisin cochicha-lhe palavras de animação:

Bem sabeis querida marquesa, que é imprescindível a nudez total: vosso corpo tem de ficar todo nu sobre o negro pano do altar. Sem isto, não serão obtidos bons resultados.

A formosa dama se deixa vencer, mas ainda há uma coisa que a perturba, e ela pergunta com certa angustia:

E o menino? Cairá sobre mim o sangue dele?

Responde-lhe a Voisin com um elogio macabro:

Não pode ser de outro modo, senhora; e as gotas de sangue parecerão rubis quando baterem de encontro a esse extraordinário mármore que forma o vosso corpo de ninfa.

Rebate ainda a marquesa com voz trêmula:

Que horror! Sinto-me desfalecer. É terrível!

Mas a Voisin é que não titubeia nunca:

Lembrai-vos do trono, senhora! (diz ela com calor).

Imaginai que, em vez do sangue do menino, é o sangue da vossa rival que se derrama sobre o vosso corpo. Lúcifer merece este sacrifício, bem sabeis, e sem Lúcifer nada de alcançará.

Começa então o ritual. Já agora se encontra no altar o corpo magnífico da grande dama. As linhas impecáveis daquele corpo; as curvas suaves; a brancura de neve – tudo isto que faz a loucura do rei sobressai de encontro ao negror do forro do altar. A almofada de veludo, também negra, posta debaixo da cabeça majestosa, parece fazer ressaltar a beleza da cabeleira cor de ouro, que desce, em ondas, para o chão.

As pernas, buriladas, roliças de ancas poderosas, se

afastam para a direita e para a esquerda, num abandono que seria obsceno se não fosse tão artisticamente sublime; os braços estão abertos em cruz; e as mãos seguram, cada uma delas, um castiçal de outro maciço.

Agora se ouvem passos leves e compassados: é o sacerdote que traz o cálice de ouro para colocar sobre o ventre da aristocrata.

O objeto sagrado vem coberto com finíssimo pano de linho, por cima do qual foi posto um pergaminho novo, onde estão escritos, os desejos daquela mulher. Começa o padre maldito a recitar, com monótona e rouca, mas firme, as palavras do rito; e a cada trecho responde a Voisin, que funciona como sacristã. E quando finalmente ela vibra a campainha, o sacerdote põe um joelho em terra e beija o púbis que ali está a mostra.

A marquesa não pode evitar um estremecimento, ao sentir aquele contato impuro.

Aproxima-se o momento da consagração: o sacerdote prepara no cálice uma estranha mistura: um pouco das cinzas dum menino queimado num forno é reunido a uma hóstia consagrada partida em pequeninos; para completar a pasta conjuntória, falta apenas certa quantidade do sangue duma criança.

E ali está a Oeillets, ajudante da Voisin, com um menino trazido pela Chanfrein, Guibourg o recebe e o levanta acima da cabeça; e enquanto a criança grita de medo ele, pronuncia solenemente as seguintes palavras:

Cristo Jesus procurava atrair os pequeninos: "Sinite parvulos venire ad me".

Eu que dele fui sacerdote, sacrifício a ti, ó Lúcifer, este menino para que vá ele unir-se a ti, e para que assim me possas conceder o que te rogo e requeiro.

E com uma faca de dois gumes afiadíssimos, abre, sem hesitar, a carótida da vitima; esta ainda se sebate, mas vai perdendo as forças, e os gemidos enfraquecem a proporção que o sangue emana da grossa artéria cortada e cai pesadamente no corpo marmóreo da marquesa. Completa-se o conteúdo do cálice com aquele sangue; e o cadáver do imolado é entregue a Voisin para que o atire dentro do forno.

E em voz solene começa a falar como se ele próprio fosse a Mostespan:

Eu (aqui diz o nome, apelido e titulo da Montespan) rogo e requeiro para mim, e somente para mim, o carinho do rei, e que ele nunca, jamais em tempo algum de mim se afaste ou se aborreça; e rogo também que faças com que a rainha fique para sempre estéril; e que o soberano deixe o leito conjugal.

Aqui termina a descrição da missa. Fazem-se a seguir alguns comentários a respeito deste assunto.

Foi isto assim até 1850, mas a partir, de então viram-se os europeus novamente magnetizados pelo estudo das coisas extraterrenas; começaram a investigar a Magia Negra e a Magia Branca; puseram-se a fazer experiências no campo do Ocultismo; fundaram centros espiritistas; descobriram novas ciências, como a Frenologia e o Magnetismo.

Parece que foi a França o país que mais se dedicou a essas atividades e pesquisas, embora toda a Europa demonstre o máximo interesse por tudo isso.

Temos de reconhecer, porém que a missa negra restaurada não exibe o mesmo esplendor da original; já não se derrama o sangue de meninos sobre os corpos tétricos da lei antiga, e o que se viu foi a busca de prazeres sexuais através de um misticismo confuso e vacilante.

Há exceções, todavia, e uma dela é Eugenio Vintrás, mencionado em todos os livros que tratam destes assuntos. Foi ele o fundador de uma seita chamada O CARMELO, também conhecida como OBRA DA MISERICÓRDIA.

Considerava-se Vintrás a reencarnação do profeta Elias, e como tal, usava barba longa, envergava túnica de sacerdote antigo, exibia ares de visionário: olhar desvairado e gestos pomposos. Com isto tudo, logrou reunir muitos seguidores, que viam nele pelo menos um ser misterioso e dotado de poderes estranhos. Talvez fosse realmente um homem extraordinário, de grande força mística, ou talvez andasse em busca de prazeres inauditos, mas o fato é que as autoridades francesas o consideram infrator das leis.

Os prosélitos de Vintrás celebravam suas missas aos sábados, e de maneira peculiar: mantinham-se nus durante a cerimônia toda; gritavam: "amor! amor! amor!", e terminavam caindo nos braços uns dos outros. Consta nos livros que tais missas degeneravam sempre em desenfreadas orgias.

Uma delas (a mais citada) foi celebrada em Paris em 1845. Havia sido proibida por Vintrás (que na ocasião se encontrava em Londres), mas talvez por isso mesmo despertou mais interesse.

Durante ela, materializou-se um demônio que para isso aproveitou o fluido magnético de três pessoas em estado sonambúlico, em seguida, entrou na posse erótica de uma rapariga que lhe foi entregue em sono cataléptico.

O sacerdote que devia realizar a consagração do ato ficou inibido por causa da oposição de Vintrás (o qual o mesmo a distância, fazia sentir sua influência).

Debalde se esforçaram os indivíduos presentes ao ato: brotava-lhes o sangue pelos olhos, pelo nariz e pelos ouvidos; com o esforço que desenvolviam, faziam com que o estremecessem e se entrechocassem os móveis do recinto; o ambiente ficou saturado de eletricidade.

Nada disso, porém, logrou modificar aquele estado de coisas: definitivamente estuporado o sacerdote, se viu impossibilitado de desenhar no espaço os sinais mágicos da consagração, e assim a rapariga, deflorada pelo demônio, permaneceu em estado cataléptico até morrer.

O sucessor de Vintrás foi um certo abade Boullan, que imprimiu nova orientação ao CARMELO, mas incentivou-lhe o caráter sexual (que ele chamava misticismo); Atingiu excessos inacreditáveis a perversão moral do abade.

Para termos idéia, de como se passavam as coisas, basta dizer que a copula sodomita (coito anal), por ele imposta aos escolhidos do CARMELO, era considerada união celeste.

Pode-se dizer, portanto, e em resumo, que já não existe a missa negra como ato demoníaco, embora a imprensa noticie, de vez em quando, o reaparecimento desse gênero de atividade. (Trata-se, quase sempre, de informações imprecisas, fragmentárias, com pouca base real).

Em 1865, houve em Charleston, nos Estados Unidos, um tempo dedicado a Lúcifer, no qual se celebravam, todas as noites cerimônias infernais. Nas quartas e sextas-feiras, a cerimônia consistia na celebração da missa negra.

É longo este hino e portanto não nos parece razoável transcreve-lo todo aqui, daremos nada obstante, algumas estrofes dele, para que o leitor faça uma ideia do assunto.

NÓS TODOS MORREMOS UM DIA, DIZ A BÍBLIA

Lembremo-nos sempre de que vamos todos morrer. Diz a Bíblia:

"És pó e ao pó reverterás". Significa isto, noutras palavras, que não valemos nada, que não somos nada, que somos poeira que o vento leva. Os antigos punham num quadro a figura de um esqueleto, e por baixo da figura as seguintes palavras: "Fuit quod es; eris quod sum".

Este latim quer dizer: "Eu fui o que tu és; tu serás o que eu sou".

"Fui o que tu és", porque o esqueleto, quando vivo, teve carne, sangue nervos e músculos, e estava animado pelo sopro da vida tal como qualquer um de nós; "tu serás o que eu sou", porque todos nós perderemos o sopro da vida, os músculos, os nervos, o sangue e também a carne.

Um dos escritores antigos pergunta num dos seus livros: "O que é a formosura, senão uma caveira bem vestida?" E ele mesmo responde que, de fato, se tirarmos as carnes da mais bela mulher, ela se tornará caveira, igual as outras caveiras, tão desagradável de ver-se como qualquer uma. Se entre esta caveira da mulher bela e a caveira da mais feia das mulheres não se fará distinção, porque são iguais.

Por ocasião de umas escavações que se fizeram no lugar onde outrora existira uma grande cidade, foi descoberto um cemitério.

Cavou-se ali durante algum tempo, e surgiram sempre mais ossadas e fragmentos de ossos. E embora se soubesse que havia também ossadas dos reis daquela antiga cidade, não foi possível distinguir qual daqueles ossos pertencera aos reis: os ossos eram todos parecidíssimos entre si, e nem os mais sábios arqueólogos da expedição foram capazes de saber qual a caveira, do rei, e qual a caveira do último dos escravos. Tudo era pó, e havia tudo voltado a ser pó.

Muita gente se esquece disso, e vive cheia de orgulho e preconceito. Há, em torno de nós, muitos exemplos de pessoas orgulhosas, mas vamos narrar apenas dois casos, para ilustrar a nossa tese.

Um rapaz ainda muito novo trabalhava de amanuense, num grande banco. Durante uns oito anos, preencheu fichas, datilografou cartas, arquivou documentos – executou, enfim, aquelas tarefas que se espera que um amanuense execute num escritório duma grande firma.

A noite, ele frequentava a escola de direito, a fim de tornar-se advogado. Não era aluno brilhante, e ao contrário recorria sempre a fraudes para conseguir a aprovação nos exames escritos; porém não se podia dizer que fosse dos piores.

Quando finalmente recebeu o diploma de bacharel, casou com a filha dum dos diretores do banco onde trabalhava, e por intermédio desse diretor conseguiu ser nomeado advogado do mesmo banco. Pois bem: daí por diante passou a mostrar uma cara solene, o seu modo de andar ficou mais insolente ainda, e os antigos companheiros ele os cumprimentava como se lhes fizesse um favor, e sempre que podia os evitava e fingia que os não via para falar-lhes.

Ele não era grande advogado, nem ficou rico pelo fato de exercer aquela profissão, mas naturalmente se julgava superior aos demais empregados, que continuavam a ser amanuenses como ele tinha sido. Mesmo porém, que fosse rico e famoso, para que servia tanto orgulho?

Como homem, como ser humanos, ele não era melhor do que ninguém. E quando morrer os ossos dele serão iguais aos ossos de todos aqueles indivíduos que ele desprezou. Mas é assim a vaidade humana.

O outro caso é o de um sujeito que a força de bajular patrões, na empresa que trabalhava, chegou a ser chefe do gabinete dum dos diretores. Bastou isto para que ele não cumprimentasse dos demais funcionários: falava tão-só com os que estavam acima dele na hierarquia.

Depois de muita bajulação e de muita curvatura de espinha dorsal, conseguiu outro posto de relevo, e juntou algum dinheiro.

Considerava-se rico e desprezava os quais não tivesse tanto dinheiro quanto ele.

9ª PARTE

BREVIÁRIO DE BRUXARIA

A BRUXA DE ÉVORA

Em um tempo muito distante, em algum povoado da era antiga havia uma bela mulher conhecedora dos segredos ocultos da magia. Trabalhava com a natureza, ervas, flores, elementais e todo o tipo de alquimía, tinha o poder de falar com os animais, usava seu totten a favor daqueles que a procuravam necessitados de uma magia poderosa afim de resolver suas aflições, apesar de temida, as pessoas sempre buscaram conhecer os poderes dessa bruxa. Seus feitiços, sortilégios, banhos, amarrações, conjuros etc. Com a finalidade de obter cura, proteção e sucesso no amor e na vida.

Senhora conhecedora dos mais distintos meios de fazer com que o consulente leve o que realmente veio buscar. Tem o poder de abrir portais através de evocações e invocações dominando muitos demônios dentre eles: abalan, abigor, abrahel, ball, beherito, chodar, dagon, eurinome, goap, volac, rouwe, otis, marthym, súcubo, íncubos entre tantos outros.

Nos tempos atuais muitos são seus seguidores e devotos por terem comprovado a eficácia de suas magias entre a luz e as trevas.

Évora viveu em Portugal entre os anos de 1700 a 1800, acredito que não é "Évora" e sim Nanaime que é a essência da magia de Évora que foi apenas mais um dos corpos que Nanaime viveu.

O nome Évora não era o seu nome, ficou assim conhecida, pois vivia na cidade de Évora.

Como ela morreu?

Évora morreu como sempre morre uma grande mulher, traída pela parte que lhe é mais frágil o coração, o que continuará acontecendo vida após vida até que seja quebrado o que não se deve mudar.

Vou contar uma pequena e breve história sobre os motivos de morte de Nanaime, a alguns milhares de anos quando a magia ainda era forte e homens viviam entre deuses, Nanaime fez-se apaixonar por um homem deus não me recordo perfeitamente o seu nome, pois tantos deuses já morreram e tantos outros já foram criados de tempos em tempos, isso ocorreu nas terras altas e o semideus a quem ela decidiu ser a mulher era um guerreiro, acredito que Normando, ele portava uma espada sagrada e podia controlar os ventos .

Nanaime tinha um grande plano, como era mortal decidira se unir a um semideus para ter uma cria que se manteria durante toda a eternidade, por ser uma senhora da magia sabia que para ter o amor verdadeiro teria que amar realmente, fez o que deveria ser feito e a partir desse momento passou a amar o semideus.Sua vida em conjunto durou alguns anos e mesmo amando esse senhor ela não conseguia gerar a sua cria.

Fez de tudo para que fosse gerado um filho, mas nada acontecia, e seu esposo como deus tinha suas responsabilidades e sempre estava excursionando por mares a serem descobertos. Nanaime antes que seu marido fosse de volta aos mares tirou um pouco do seu sangue e ofertou a uma deidade proibida requisitando que lhe fosse dado um filho.

O filho foi concebido três meses após a saída dele em uma jornada, mas o filho era dele mesmo, mas Nanaime não tinha como comprovar a sua fidelidade.

Ele voltou, Nanaime esta preste a ter o filho, ele condenou Nanaime a morte por adultério e logo após o nascimento de sua filha foi morta por ele e seu corpo foi cortado em varias partes por sua espada e seus membros jogados ao mar, sua filha foi banida até os 14 anos quando foi morta e enterrada aos pés de uma arvore sagrada para que de lá sua alma nunca mais pudesse escapar.

INVOCAÇÃO DE ÉVORA
UM RITUAL NEGRO DE SEXUALIDADE

ADVERTÊNCIA:

Évora é a egrégora primária do animal negro. Ela é poder de domínio sexual libertos.

Esta invocação não deve ser tentada por aqueles que têm pouca prática em magia cerimonial, nem por aqueles que possuem problemas psicológicos não resolvidos relativos à sexualidade.

Relativamente ao sangue para ser bebido, ou as atividades

sexuais seguintes, todas as precauções pertinentes à prevenção de doenças carregadas pelo sangue ou por fluídos sexuais devem ser corretamente observadas.

Pode ser sensato apontar um "guardião" que irá "observar" o rito enquanto este prossegue de um destacado ponto de observação e intervir se os participantes, em seus excessos, estão a ponto de cometer atos perigosos.

O guardião deve banir seu próprio círculo de proteção sobre si mesmo. O guardião só deve intervir se houver uma séria ameaça de dano corporal; senão, os eventos devem ser aprovados para transcorrer segundo suas vontades.

Qualquer um que esteja temeroso dos possíveis efeitos psicológicos deste rito em primeiro lugar faria bem em não participar. Isto não é para os tímidos. Com estes embargos, toda discrição pertinente a essas ações é deixada aos participantes.

Os autores não assumem nenhuma responsabilidade pela irresponsabilidade dos participantes no desempenho deste rito.

Você foi advertido!

Materiais:

- Velas pretas e/ou púrpuras
- Incenso de almíscar
- Um cálice de prata
- Um chicote
- Capa preta, preferivelmente de setim (para o/a operador principal)
- Vinho tinto

- Um bisturi (esterilizado)
- Um sistema de playback razoavelmente bom, e uma nefasta e sensual seleção musical.

(Diamanda Galas, "Deliver Me From My Enemies" ou This Mortal Coil, "Filigree and Shadow" são excelentes escolhas, mas isto é deixado para os participantes).

Preparação:

Évora é o aspecto feminino primal da sexualidade negra [dark sexuality]. Por esta razão os autores são de opinião que a invocação será mais provavelmente [bem] sucedida se o operador principal for fêmea. Isto não descarta a possibilidade de sucesso com um operador principal masculino, mas ele deve estar habilitado para contactar fortemente sua natureza feminina primal para suceder e invocar Ela que é o mais fundamental de todos os demônios femininos.

Os participantes podem ser tanto machos quanto fêmeas ou uma mistura de ambos em qualquer proporção.

As aplicações deste rito variam consideravelmente. Desde de que é uma combinação de trabalho Lunar/Saturnino, pode ser aproximado como um ritual dividido de sexo e morte - assim como a invocação de Carroll Thanateros do Liber Kaos.

Como apresentado aqui, é um ritual de liberação e também é usado para trazer adiante uma Palavra de Poder [Word Of Power] da egrégora [egregore] para uso subseqüente dos participantes; consequentemente a Indicação da Intenção [Statement of Intent] reflete esta intenção.

A indicação deve ser talhada para expressar propriamente as intenções de um trabalho particular.

O RITUAL:

Grandes velas pretas são arrumadas em círculo em torno do espaço do templo e acesas, assim como copiosas quantidades de incenso. O quarto deve ser bem defumado.

1 - O Banimento [pode se feito] por, Vortex ou outro procedimento, a escolha.

2 - A Operadora Principal, despida por baixo da veste preta, toma posição no centro do círculo. Ela segura o açoite em sua mão direita. Outros participantes sentam em um círculo em torno da Operadora Principal. A música começa.

3 - A Indicação do Intento é declarado pela Operadora Principal e ecoada por todos os participantes: "É nossa vontade invocar a egrégora de Évora, de modo que através de seu espírito nós experimentemos o poder do Sexo e Morte e obtenhamos sua Palavra de Poder!"

4 - A seguinte passagem é recitada pela Operadora Principal para invocar a identidade de Évora para ocupar seu corpo e mente: "Eu sou a filha da Força [Fortitude] e violo cada hora de minha juventude.

Para contemplação, Eu sou Entendimento, e a ciência habita em mim; os celestes me oprimem. Eles cobiçam e desejam-me com infinito apetite; nenhum dos que são terrenos tem me abraçado, porque Eu estou sombreada com o Círculo das Estrelas, e coberta com as nuvens da manhã. Meus pés são mais rápidos que os ventos, e minhas mãos são mais doces do que o orvalho da manhã. Minhas vestes são do princípio, e meu lugar de descanso está em mim mesma. O Leão não sabe onde eu ando, nem as bestas do campo compreende-me.

> Eu sou deflorada, mas virgem;
> Eu santifico e não sou santificada.
> Feliz é aquele que me abraça: para à noite Sou doce, e de
>   dia prazer total.

Minha companhia é uma harmonia de muitos símbolos, e meus lábios mais doces do que a própria saúde. Sou uma prostituta para alguns que violam-me, e uma virgem para aqueles que não me conhecem.

Purguem suas estradas, Vocês, filhos dos homens, e lavem suas casas limpas; façam-se santos, e ponham-se na retidão. Expulsem suas velhas prostitutas, e queimem suas roupas e então eu irei, trarei crianças diante de ti e eles serão os Filhos do Conforto no Tempo do porvir."

5 - Então os participantes começam a cantar o mantra de Évora. Enquanto eles cantam, a Operadora Principal deve cair em um profundo transe gnóstico e invocar o espírito de Évora em seu corpo. "Carne ela comerá, sangue ela beberá!" (repita)

6 - Enquanto o cântico continua, um participante (o Segundo Operador) recita o seguinte: "Negra ela é, mas brilhante! Negras são suas asas, preto sobre preto! Seus lábios são vermelhos como a rosa, beijando todo o Universo! Ela é Évora, que elevou as hordas do abismo, e levou homens à ruína! Ela é a irresistível realizadora de toda luxúria, profeta do desejo. A primeira de todas as mulheres foi ela - Évora, Eva não foi a primeira! Suas

mãos trazem a revolução da Vontade e a verdadeira liberdade da mente!

Ela é KI-SI-KIL-LIL-LA-KE, Rainha do Círculo Mágico! Olhe dentro dela a luxúria e o desespero!"

7 - Os participantes começam o cântico "Évora! Évora! Évora" repetidamente até a Operadora Principal invocar a egrégora de Évora. Um por um eles passam em torno do bisturi e cortam seu polegar esquerdo e marcam suas testas com sangue. Então eles em torno do cálice (que é enchido com o vinho vermelho) e tocam suas testas um por um. Depois que todos fizerem assim, ele é tomado pela operadora principal que o drena num único trago. Este é o clímax da invocação.

8 - Se a invocação tiver sucesso, todos os participantes sentirão simultaneamente emoções de medo, luxúria e o impulso de submissão. Força, sobressalto ou outra variação de Postura de Morte devem ser usadas para aprofundar o nível de gnose de cada participante até que estejam a ponto de desmaiar. Assim que tiverem superado suas emoções, eles devem cair à terra e prostrarem-se ante Évora.

9 - O que prossegue em seguida não é especifico, mas deixe sobrepor-se a vontade da egrégora. Ela pode escolher açoitar os participantes, caçoar deles, atentá-los ou seduzi-los. Ela pode forçá-los a cometer vários indescritíveis atos de luxúria sobre ela ou qualquer outro. Todos os participantes devem submeter-se à vontade dela, o que quer que seja, pode ser - seria extremamente perigoso fazer de outra forma; não arrisque a fúria de Évora!

10 - Eventualmente a energia do grupo começará a diminuir. Neste ponto, o Segundo Operador (alertado pelo guardião, se

necessário) irá levantar e defrontar-se com a Operadora Principal e recitar o seguinte em uma voz de comando:

> "Lua Negra, Évora, irmã nigérrima,
> Cujas mãos formam a lama infernal,
> Na minha fraqueza, na minha força,
> Moldando-me como a argila no fogo.
> Lua Negra, Évora Égua da Noite,
> Você lançou sua desgraça à terra
> Proferiu o nome e saiu voando
> Profira agora o som secreto!"

11 - A Operadora Principal nas profundidades do transe de Évora, chamará um nome, assim como a Évora lendária chamou o inalterável nome de Deus para levantar [voo] sobre o Éden nos céus. Não se sabe antecipadamente o que esta palavra será, mas será mais certamente uma Palavra de Poder para ser usada posteriormente pelos participantes em trabalhos mágicos posteriores.

12 - Se tudo for feito corretamente, o espírito de Évora sairá da Operadora Principal. A pronuncia do Nome, e a vontade dele(a) provavelmente cairá à terra, esgotada. O guardião ou o Segundo Operador devem então desenhar um pentagrama ereto sobre a Operadora Principal, uma generosa lustração facial de água fria será administrada por ele, e ele/ela é chamado por seu nome ordinário até que ele/ela responda.

13 - O templo é banido e fechado.

Notas:

A invocação é o texto de uma mensagem entregue por uma entidade espiritual não identificada para Sir Edward Kelly em 1592 durante um longo ritual.Kelly, juntamente com o Dr. John Dee (astrólogo real da rainha Elizabeth), originou o sistema Enoquiano de magia de São Cipriano. A visão desta entidade aterrorizou tanto Kelly que ele abandonou o trabalho da mágica deste dia em diante. Embora Kelly nunca tenha identificado a entidade, em nossa opinião ela representava a egrégora de Évora

RITUAL DE AUTO-DEDICAÇÃO À BRUXARIA.

INGREDIENTES:

- 5 Velas negras;

- 1 Vela vermelha;

- 1 Incenso

- 1 Túnica negra;

- 1 Taça com sal;

- 1 Copo com água;

- 1 Taça com vinho.

PREPARATIVOS:

Prepare uma boa refeição com antecedência, pois deverá jejuar pelo menos 6 horas antes de começar o ritual.

Prepare as suas velas, incensos e tudo o mais que precisar, antes de começar o ritual.

Assegure-se de que não será interrompido(a).

Coloque uma vela negra no centro do seu altar, e uma outra a cada um dos pontos cardeais, e a última, a vermelha, igualmente ao centro do altar. No decurso do seu ritual acenderá as velas pela ordem que as colocou.

Sobre o seu altar coloque a taça com vinho, servir-lhe-á a saudar os Elementos e os Deuses.

Antes de começar o ritual, tome um banho para relaxar e se concentrar mentalmente no ritual que vai realizar. Coloque a túnica perto da banheira afim de poder vesti-la logo que saia do banho. Tome o banho apenas a luz de velas. Quando se vestir, vista-se em silêncio. Fique nu(a) por baixo da túnica, e descalça(o), como símbolo de fidelidade e submissão as forças espirituais ás quais vai fazer o ritual de dedicação.

RITUAL:

Comece por delimitar o seu círculo mágico com o athame (ou uma faca de cabo preto) de forma a que o seu altar fique ao centro. De seguida consagre o sal, a água, o incenso e a vela vermelha aos elementos.

Uma vez o círculo formado sente-se no chão, de pernas cruzadas e medite acerca de sua escolha: de se dedicar ás forças negras. Quando se sentir pronta(o) levante-se, eleve os braços aos céus, pedindo ajuda aos Poderes das Trevas, para que o seu pedido seja aceite.

Acenda então as velas que são o símbolo da Energia que entra em si. Deverá pronunciar as invocações em voz alta e firme.

Vá até ao altar e acenda a vela vermelha que se encontra ao centro, e diga:

"**Que a minha alma seja inundada pelas ondas benfeitoras**
Do amor e da obscuridade que nascem em mim.
Que eu seja submergida pela visão dos tempos antigos,
Quando a sabedoria sagrada banhava o mundo,
E que me sejam dados a conhecer os segredos."

Dirija-se para a vela colocada a este, acenda-a e diga:

"**Que as minhas mãos sejam abençoadas pelo elemento Ar,**
Que o meu sopro me traga a clarividência,
Que o Ar Sagrado abra o meu terceiro olho,
E me permita reconhecer os meus dons psíquicos"

Dirija-se para a vela colocada a oeste, acenda-a e diga:

"Que as lágrimas que trazem as rimas e os escritos
Sejam banidas da minha vida graças ao Elemento
da Água
Que banha qualquer coisa.
Que me seja autorizado mergulhar no oceano
Desta água sagrada que dá a vida e o conhecimento"

Dirija-se para a vela colocada a norte, acenda-a e diga:

"Que a alegria vibrante da vida que cresça em mim,
e que todas as criaturas sirvam os meus objetivo e os
meus desejos.
Que o canto do ciclo incessante da vida
Se perpetue em mim, agora e para sempre."

Dirija-se para a vela colocada a sul, acenda-a e diga:

" Que as chamas sagradas me encham de seu ardor
E que em mim brilhe o fogo sagrado da devoção
Aos meus instintos e aos meus desejos.
Que o elemento do Fogo me assista
Na minha procura de conhecimento e do saber
escondido."

Acenda agora a sua última vela negra (a que está no centro e que representa as Trevas) e diga:

"Pelo poder da Terra, do Ar, da Água, do Fogo,
Sob o olhar benevolente das Trevas,
Falo do que me vou tornar.
Dedico a minha existência ás Trevas,
Afim de conhecer e compreender os seus segredos
Para o meu grande bem
E o cumprimento do meu destino."
Eleve agora os braços aos céus e diga:

"Eu te invoco ó Évora, Grande Deusa ignorada,
Mãe de todos os que aderem ao principio antigo das Trevas,
Para que tu me permitas fazer parte do grupo de tuas amadas crias.
Ó Tu, linda e grandiosa Deusa,
Conhecida sob os nomes de Évora, Astarte, Hécate, Isis e outros mais,
Eu te imploro que me acordes este favor,
De estar ao teu serviço para a vida.
Prometo seguir os éditos de Tua Lei que será igualmente minha.
Prometo viver de acordo com o preceito sagrado:
"Faz o que te aprouver".
Ó Tu que és a rainha incontestada de todos os que praticam a via da esquerda,
Acolhe-me,
Abro-te a minha alma
Afim que possas julgar da veracidade do meu juramento.
Que assim seja."

Sente-se por alguns momentos. Pegue no cálice, beba e saúde a Deusa, os Elementos e as Trevas. Agradeça-lhes e desfaça o círculo

ENCONTRO DE SÃO CIPRIANO COM A BRUXA DE ÉVORA

Voltando São Cipriano de uma festa de Natal, e não podendo atravessar os campos em consequência de haver uma grande cheia no rio por onde tinha de passar, teve de se abrigar em um túnel, formado pela natureza, para ali passar a noite.

Embrulhou-se no seu grosseiro manto e foi encostar-se no recesso mais seguro daquela furna.

Próximo da meia-noite, ouviu, passadas e divisou uma luz. Temendo que fossem malfeitores, encolheu-se atrás da ponta de uma grossa pedra. Pouco depois, soou naquele covão uma voz cavernosa, que dizia:

"Ó mágico Cipriano, rei dos feiticeiros, por ti aqui venho com quatro fogachos e peço-te que ajudes a ganhar o prêmio a minha apaixonada cliente".

O santo ia levantar-se, para interrogar quem assim falava, mas teve de recuar a estas palavras:

"Ó Lucifer, ó poderoso governador do País do Fogo, ergue-te das labaredas, vem até mim e entra neste covão onde venho todas as noites, e socorro o meu ofício de consolar as esposas infelizes".

Depois disso, sentiu-se no subterrâneo um fumo aborrecido.

O santo marchou na direção da voz e topou com uma velha esguelhada por diante e com o cabelo raspado na nuca.

- Que fazes aí mulher, e quem é o Cipriano que agora invocaste?

- Era um feiticeiro, que há pouco se converteu, a fé cristã, e que tinha o dom de obrar tudo o que tinha na vontade, com auxílio de Satanás. Queria pedir-lhe uma recomendação para o demônio, para me ajudar em uma empresa da qual depende de minha fortuna no mundo e a tranquilidade de uma senhora muito rica.

- Quem é essa mulher? Perguntou o santo.

- É a filha do conde Everaldo de Saboril, casada com o grão-duque de Ferrara, a qual trata muito mal por causa de uma dama da corte, a quem adora com paixão. A filha do conde prometeu-me uma raza de ouro, se eu lhe desprendesse o marido dos braços da amante.

- Que combustível é esse que sufoca e tem um cheiro tão aborrecido? perguntou o santo.

- É pele de cobra com flor de suage e raiz de urze que estou queimando em nome de Satanás, para defumar as roupas do duque, a ver se o desligo daquela mulher. Esta magia foi sempre infalível quando a minha mãe a praticava debaixo destas abobadas, em que as mãos dos homens não tomaram parte. Minha mãe desligou com elas mancebias de nobres e monarcas, mas eu já seis vezes a faço o duque cada vez maltrata mais a mulher.

- É porque não lhe deitaste o principal ingrediente que tua mãe não te revelou.

- Dizei-me o que é, pelo Deus dos idólatras.

- Tu és pagã? Professas a leis dos bárbaros?
- Sim.

- Nesse caso não te ensinarei o segredo. Podes estar certa que não salvarás essa menina do martírio.

A pobre feiticeira desatou a chorar e deixou-se cair abandonada sobre uns ramos de árvores, que os pastores tinham arrastado para ali de dia.

O santo levantou-a com grande caridade, e depois de lhe ter sacudido os vestidos, disse:

- Tu eras capaz de me fazeres outro tanto, se eu tivesse caído redondamente aos pés.

- Não - respondeu a feiticeira - porque julgo que não é da minha lei, e nós só amamos os nossos e temos obrigação de praticar o mal com os filhos de outras religiões.

- É porque a tua lei é maligna. A tua religião é o refugio de todas as mais!

A bruxa começou, num tremor convulso, a espumar, como tomada de hidrofobia. São Cipriano cobriu-a com o seu manto e continuou:

- E a prova está aqui: Que Nosso Senhor Jesus Cristo me perdoe por eu me tomar a mim para exemplo. Eu socorro-te, porque a minha religião, que é cristã, diz que todos são filhos do mesmo Deus Onipotente, e que não se deve perguntar crenças ao nosso irmão que sofre.

- Abençoada é ela, essa religião, mas não posso tomá-la, eu sou sustentada pelos sumos sacerdotes gentílicos.

- E que me importa isso? Queres converter-te se eu te assegurar meios de subsistência?
- Quero! Mas como farás a minha felicidade, sendo tão pobre como denotam os meus andrajos!

- Como?! Pois não disseste que a filha do conde Everaldo te daria uma raza de ouro se tu lhe restituísses o amor do marido?
- Disse, porém...

- Amanhã, a hora nona, vai ter comigo ao templo dos cristãos, que eu te apresentarei ao presbítero Eugênio, que te dê as águas lustrais, e logo te direi o segredo que torna essa magia infalível.

- Mas quem sois vós?

- Eu sou, Cipriano, o antigo feiticeiro, mas logo que senti no corpo a água do batismo, não posso usar mais da magia; mas já que é para o bem e alcanço uma alma para a cristandade, direi o modo como se faz essa que em vão tens preparado.

- Dizei, senhor, dizei...

- Espera! Só amanhã, depois do inscrito no livro dos cristãos, e saberás. Fica-te em paz e lá te espero.

E o santo, apesar da escuridão da noite, saiu em direção da casa de Eugênio, para contar o sucedido.

De manhã, estando na igreja com o presbítero, viu entrar a bruxa que correu a beijar os pés do sacerdote.

Em seguida foi batizada e, no fim da cerimônia, chamou a Cipriano de parte e deu-lhe um pergaminho quadrado, onde estava escrita a seguinte oração:

"Faz-se três vezes o sinal da cruz".

"A cobra grávida, por Deus que te criou, te esfolo, pela Virgem te enterro, por seu amado Filho te queimo a pele em quatro fogareiros de barro fundido.

Com flor de suage te caso, com raiz de urze te acendo e com resina sabéa te ligo e feita seis vezes a magia branca, dos braços arranca a pérfida amante (*fulano*) e com esta resina sabéa te incenso, tirada hoje do templo de Cristo.
Amém!"

Logo que a feiticeira acabou de rezar esta oração, e executar estas instruções, meteu-se a caminho do palácio do grão-duque, a algumas léguas do povoado. Na mesma ocasião em que o duque vestiu o fato defumado pela bruxa, prostrou-se aos pés da duquesa a pedir perdão das suas leviandades.

No dia seguinte tirou um olho a amante e desprezou-a

A filha do conde mandou, logo dar uma raza de ouro cunhado a Évora e tomou-a como sua aia particular.

BRUXARIA AFRICANA PARA DOMINAR HOMEM

A bruxaria africana, a magia africana, estão repletas de rituais e feitiços para dominar um homem e fazer um macho vergar aos seus pés.

Embora na tradição de bruxaria wicca da Europa, fazer amor voltar por bruxaria seja algo que promete consequências negativas devido á lei do retorno, na bruxaria africana os rituais, magias e feitiços de dominação de um amor são comuns.

A bruxaria africana nestas magias de fazer amor voltar, rituais de subjugar o homem, feitiços de amansar o amor, apela a forças espirituais femininas e considera o seu uso perfeitamente normal no campo das realizações da bruxuria.

Muitas são as bruxarias para dominar homem, bruxarias para fazer homem vergar e bruxarias para amansar homem, mantendo cativo seu amor e garantindo assim fidelidade, potência sexual, mansidão e amor do macho.

Este tipo de bruxaria para dominar, amarrar a vergar homem, é bruxaria de origem africana e é bruxaria usada exclusivamente para uma mulher manter um homem sobre domínio e controlo total.

Cuidado, porque a força espiritual usada nesta bruxaria é caprichosa, e toda a bruxaria tem de ser feita com justificação, fé e seriedade, ou prejuízos poderão resultar da bruxaria.

O que é necessário para executar a bruxaria:

- Vela vermelha
- 1 Cêntimo por cada ano que você tem
- 1 Imagem de pomba gira
- 1 Pires
- 1 Pedaço de papiro virgem
- 1 Pedaço de pano vermelho virgem
- Esperma de macho recentemente adquirida
- Uma bolsa vermelha de seda virgem
- 1 Cálice de whisky
- 7 Rosas vermelhas

Como e quando realizar bruxaria:

Comece bruxaria para dominar homem, ou bruxaria para fazer homem regressar, ou bruxaria para fazer homem vergar, numa sexta-feira às 11h00.

Antes de começar a bruxaria, alcance um êxtase sexual com outro homem. Limpe-se, conservando num pano vermelho virgem todos os fluidos sexuais que resultaram do acto. A mistura de seus fluidos, com o sémen de outro macho, deve ser conservada nesse pano. Havendo-se usado na relação sexual uma camisinha (preservativo), logo após o ato você deverá limpar-se no pano vermelho virgem, depositando depois no pano o esperma do macho, misturando as essências com os fluidos masculinos no tecido.

Esculpir o seu nome na vela vermelha.

Escrever o nome do homem no papiro, com tinta vermelha, colocando depois o papiro do pires.

Usar o pano onde os fluidos sexuais da relação anterior forma depositados, para esfregar a vela e assim ungir a vela.

Ungida a vela com os fluidos sexuais, acender a vela e proceder de forma a que gotas da cera derretida da mesma vão caindo sobre o papiro que se encontra no pires.

Recitar:

Esse é o teu nome, (dizer o nome). Sobre ti deposito meu amor, e o selo da luxúria de outro macho. Invoco-te, espírito feminino poderoso de Pomba Gira, para que te fazeis representar nesta chama que arde em teu nome. Deposita tua ardência neste nome, e fá-lo vergar. Sobre ti, (dizer nome), reside o poder de um feminino espírito forte e eterno, junto com tua humilhação na forma de quem me amou. Assim será o resto de teus dias, sobre meus pés, sobre minha vontade.

Assim feito, coloca a vela diante da imagem de pomba gira, e deixa a vela arder ate ao fim.

Estando a vela ardida, coloque os restos das velas e o papiro na bolsa de seda vermelha. Ali deverá tambem depositar o pano vermelho com os fluidos sexuais, e todas as moedas. Fecha a bolsa.

As moedas devem ser dedicadas a Pomba Gira, bem como os fluidos de macho que foram envoltos na bolsa de seda. Ao faze-lo, deverá dizer:

Espírito de amor, este é o homem, este deverá vir a mim rapidamente. Por cada ano que tenho, cada chicotada lhe seja vergada, e cada quebrada mansidão lhe seja na alma cravejada.
Louvada sejas.

Beba de uma vez um gole de whisky, e logo diga:

Espírito poderoso, contigo partilho minha dor, meu desejo e meu amor. Faz por mim, tudo o que fosse por ti.

Enterre a bolsa numa encruzilhada, às 24h00 dessa mesma sexta-feira. Deverá a bolsa ser disposta de forma a que jamais alguém a possa encontrar. Sobre o local onde a bolsa for enterrada, 7 rosas vermelhas devem ficar.

O seu homem virá, homem manso como cordeiro, homem a seus pés, homem rastejando como cachorro

ORAÇÃO DAS BRUXAS

Salve o meu anjo da guarda, Salve a Minha Estrela-Guia!

Salve a Paz, Salve a Esperança!

Salve a Fé, Salve a Alegria!

Salve o meu anjo da guarda, Salve a minha Estrela-Guia!

Salve o Sol, Salve a Bonança, Salve o Amor, Salve a Harmonia!

Salve o meu anjo da guarda, Salve a minha Estrela-Guia!

Salve a Família Sagrada, Jesus, José e Maria!

Salve o meu anjo da guarda, Salve a minha Estrela-Guia!
Salve a Noite, Salve o Tempo, Salve a Vida, Salve o Dia!

Salve a Caridade, a Compaixão, a Bondade, a Solidarie
dade,

a Oração, a Amizade, a Humildade...
Salve tudo que é de salvar! Tudo que é de salvar! Tudo que é de salvar!

Salve o meu anjo da guarda, Salve a minha Estrela-Guia!

Antigo Livro de São Cipriano o Gigante e Veradeiro Capa de Aço | *N.A.Molina*

Salve, sete vezes salve... muitas vezes salve a Santa

Bruxaria, a Iluminada Magia, a Poderosa Alquimia!

Salve a Verdade, a Luz, o Bem!

Por todos os séculos dos séculos.

E além dos séculos.

Amém! Amém! Amém!

Obs.: Rezar às sextas-feiras, ou no dia do seu aniversário, com uma vela dourada e outra da cor do seu anjo, signo ou orixá.

DICAS PARA FEITIÇOS

1 - Quando você estiver preparando um bom feitiço nunca misture panteões!

2 - Nunca trabalhe após as refeições e no dia dos feitiços procure não comer carne ou ingerir bebidas alcóolicas, e evite drogas.

3 - Nunca faça um feitiço se estiver esgotada fisicamente, um feitiço ou ritual de adoração pode consumir muita energia.

4 - Portanto, não se esqueça de lembrar que nós bruxas, não podemos se esquecer da saúde do nosso corpo, por isso nunca descuide dele, trate-o bem, e faça dele o corpo que Afrodite desenhou para nós mulheres.

5 - Prefira alimentos vegetarianos e vitaminas, pratique caminhada, acampamentos, ecoturismo, dança e biodança, ioga, treine sua mente através da meditação, desdobramento astral, ou apenas reserve um tempo de sua folga para tomar um banho de cachoeira, ou conversar com a natureza e ouvi-la também.

6 - Bruxas gostam de jogar runas e aprender astrologia entre outras práticas divinatórias, aprenda pelo menos um pouco, nem que seja para você mesma.

7 - Nunca se esqueça de traçar o círculo quando for realizar um feitiço.

8 - Tome um banho bem relaxante antes do ritual e depois

outro banho para limpar as energias do seu trabalho, limpe também desta mesma forma o círculo com uma vassoura, e também procure determinar exatamente o que será feito, para que não fique nada faltando, nem fique dúvidas.

9 - É bom você ter um animal guardião, você pode chamá-lo para ficar ao teu lado durante os feitiços.

10 - Você pode montar, velas para o Deus - Branca, vela para Deusa.- Preta, colocar pelo menos um símbolo para cada elemento, ervas, cristais, velas para os quadrantes do círculo, incenso adequado ao seu desejo, sal, pedras, e cálice de água da chuva.

11 - Todas as ervas utilizadas nos feitiços devem ser queimadas dentro do caldeirão.

12 - *O fogo é o foco da nossa concentração, gire em torno dele para criar o Cone do Poder.*

13 - O sucesso de um feitiço depende da sua concentração, dos que dos materiais utilizados. A força da Emoção e da vontade é essencial para que consiga bons resultados você pode criar uma frase para seu feitiço, de acordo com seu desejo.

14 - Para se fazer um feitiço é preciso que tenha quatro itens: desejo, concentração, visualização e expectativa.

15 - É preciso ter um forte desejo, pois um feitiço depende muito da carga emocional que você quer permanecer firme a essa ideia.

16 - Também é necessário uma dose de concentração para que não desvie de seu projeto e possa manter a imagem fixa do seu desejo durante o ritual.

17 - Para que o desejo atinja os níveis mais profundos de nossa mente é necessário que ele seja expresso em imagens, pois o inconsciente trabalha através de símbolos e não de palavras.

18 - É importante que você consiga fazer uma visualização do seu desejo realizado num quadro e mais perfeito possível. No começo pode parecer difícil, mas seria bom fazer alguns elementos da visualização. Um exercício simples é olhar para um objeto, fechar os olhos e tentar revê-lo novamente com o máximo de detalhes.

19 - Finalmente, você precisará de uma expectativa, isto é você deve acreditar realmente que o feitiço vai funcionar! Muitas vezes esta é a parte mais difícil, pois seria preciso manter o espírito confiante de uma criança. Tudo no universo tem seu tempo certo, e às vezes temos que ter paciência e esperar o momento favorável.

20 - Muitos feitiços realizados por pessoas iniciantes, pode não dar certo na primeira tentativa, e sempre é por esse motivo, não ter expectativa.

21 - É preciso que você estude muito as plantas de sua região, as medicinais e crie novos feitiços de acordo com sua personalidade.

22 - A Wicca é um aprendizado constante um eterno exercício de criatividade!

23 - Existe um "condensador psíquico" para melhorar os feitiços, e o melhor condensador é o chá de camomila, faça-o e deixe-o esfriar e durante o feitiço, deixe cair algumas gotas no material utilizado. A concentração de energias será muito mais rápido e fácil.

24 - Sempre diga quando encerrar um ritual ou feitiço: "Que seja para o bem de todos!" Isto evitará resultados desagradáveis.

25 - Por último é preciso ter paciência e até aprender com os próprios erros, quando se está iniciando na Arte da Feitiçaria.

26 - O importante é você conseguir harmonizar com as forças da natureza, e encontrar o Caminho para sua paz espirirtual.

27 - Antes de fazer um feitiço consulte os ciclos da lua, o horário planetário, as cores das velas e suas correspondências, o incenso também é bom saber o aroma adequado ao seu desejo, para que seu feitiço possa funcionar.

Obs.: Cuidado com as energias planetárias, pois a energia de Saturno é uma energia muito perigosa, para quem não tem muita vivência em feitiçaria.

O CÂNTICO DAS BRUXAS

Através desse verso poético, é detalhado as crenças e práticas do antigo e matrifocado Culto à Bruxa da velha Europa.

Os quatro trimestres e a lua são evocados, ferramentas são postas sobre um altar, e ritos mágicos são executados diante da Rainha do Céu e do caçador de Chifres.

Escura noite e brilhante Lua,
Ouça bem a Runa das Bruxas,
Leste então Sul, Oeste então Norte,
Ouça! Venha! Eu te evoco.
Por todos os poderes da Terra e do mar,
Seja obediente a mim,
Vara, e Pentagrama, e Espada,
Ouça bem a minha palavra.
Cordões e Incensório, Açoite e Faca,
Acordem todos para a vida.
Poderes da Gume das Bruxas,
Venha conforme a evocação é feita.
Rainha do Céu, Rainha do Inferno,
Mande sua ajuda a este encantamento.
Caçador de Chifres da Noite,
Trabalhe meu desejo pelo rito mágico.
Por todos os poderes da Terra e do Mar,
Conforme eu diga "assim possa ser".
Pelos poderosos Lua e Sol
Conforme eu desejo, seja feito.

O CANTO DAS BRUXAS OU
A RUNA DAS BRUXAS

Obscura noite e Lua brilhante,
Atenda à Runa das Bruxas,
Leste e sul, oeste e norte,
Ouça! Venha! Eu vos chamo!
Pelas forças de terra e mar,
obedeça-me.
Bastão e Pentáculo e Espada,

Antigo Livro de São Cipriano o Gigante e Veradeiro Capa de Aço | N.A.Molina

Atendem às minhas palavras.
Cordas e incensos, Chicote e Punhal,
Despertem todos para a vida.
Poderes da Lâmina dos Bruxos,
Atendam ao chamado feito.
Rainha dos Céus, Rainha do Inferno,
Envie seu auxílio ao encantamento.
Caçador galhado da Noite,
realize meu pedido por força de rito mágico.
Pelas forças de terra e mar,
Enquanto digo "assim seja".
Por todo o poder da lua e sol,
Realize-se o meu desejo.

Poema/invocação para uso em abertura de esbás e sabás, invoca forças para nos auxiliar nos rituais e feitiços

468

COMO SE TORNAR UMA BRUXA OU BRUXO

A Wicca é uma das religiões que mais crescem nas últimas décadas. A frequente exposição da imagem de bruxas (ou bruxos infantis, como no caso do fictício Harry Potter) fez com que a Wicca se popularizasse ainda mais e com isso a busca por informações sobre a religião aumentou substancialmente. Desde o começo dos anos 80 a Wicca vem se popularizando, graças aos esforços de grupos feministas que viram na religião da Deusa uma forma de se expressarem espiritualmente. Mas então, isso significa que todos os que se interessam hoje em dia por Wicca o fazem por ser "moda"?

Claro que não. E se você está lendo este texto agora sabe que isso não é verdade. As pessoas que criticam os wiccanos pensam que seus praticantes, neófitos ou não, são burros ao ponto de estarem em uma religião apenas porque "se identificaram com o Gandalf" ou porque pensam que voarão em vassouras. Estamos falando de uma religião.

Uma teoria bastante difundida no meio wiccano é a de que "a Deusa filtra". Isto é: com o tempo, aqueles que se dizem wiccanos verão se é isso mesmo o que querem ou não. E tudo bem se não for. Uma religião deve libertar, não prender. Todos somos livres para escolher qual caminhos queremos seguir.

Mas então você tem certeza de que quer se tornar uma bruxa (ou bruxo)? E está perdido sem saber por onde começar?

Calma, é normal. Não importa a sua idade; geralmente, quando nos deparamos com a Wicca, a sensação que temos é de que finalmente encontramos o que estávamos procurando, não é verdade? A identificação é imediata e logo queremos aprender mais e mais sobre a religião.

Aliás, chegamos a um dos pontos mais importantes de sua jornada. É consenso entre os bruxos "veteranos" que é absolutamente imprescindível você ter sede pelo conhecimento e buscá-lo em todos os lugares. Isso significa ler, ler muito.

Geralmente fica aquele questionamento: "mas o que eu leio primeiro?"

A verdade é que você mesmo deve procurar em uma livraria o livro que mais lhe atrair, mas eu recomendo que você não deixe de ler os livros "clássicos"; aqueles que todo Bruxo recomenda quando você pergunta (ver lista abaixo). Outra coisa realmente importante com relação aos livros (e que você não deve jamais esquecer) é que você nunca deve se prender às idéias de um só livro ou de um só autor.

Há muita coisa na Wicca que desvia bastante do caminho original e quem está começando agora não tem como discernir isso. A melhor maneira de evitar esse tipo de coisa é ler diferentes livros, de diferentes autores, e rapidamente você notará como há diferenças entre eles. Portanto, seja sempre humilde. Se alguém afirmar algo que a princípio você não concorde, não critique sem antes procurar entender a opinião da pessoa, sua tradição etc.

Recentemente, acompanhei em algumas listas de discussão pela Internet brigas enormes entre wiccanos justamente porque neófitos intolerantes e sem um pingo de humildade simplesmente recusavam a opinião de sacerdotes experientes. Ninguém aqui está dizendo que devemos dizer "amém" a essas pessoas, mas temos muito o que aprender com elas e respeito sempre é bom. É o respeitar para ser respeitado, pois somos todos iguais e acreditamos na Lei do Retorno - lembrem-se disso.

Outra pergunta frequente é: "Mas eu não tenho dinheiro para comprar livros." O.K., você não precisa ter pressa. Sei que a maioria não gostará dessa resposta, mas nem sempre a verdade é aquilo o que queremos ouvir: você tem a vida toda pela frente e pode ter certeza de que você um dia terá dinheiro para comprar pelo menos alguns livros wiccanos. Se você ler tudo, estudar, em pouco tempo saberá os princípios básicos de nossa religião.

Vamos agora a uma outra realidade, a Wicca não é uma religião só de livros; a prática é tão importante quanto a teoria. No entanto, no começo, é comum todo mundo ficar mais ou menos perdido, sem saber o que fazer. O indicado é fazer o que se sente à vontade, seja um ritual elaborado para um sabbat, seja meditar com uma vela sob a luz da Lua. Por mais que você queira "só ler", por enquanto, vá se habituando (se já não for habituado) a acender incensos, velas, meditar, preparar chás.

Aos poucos as coisas vão acontecendo. Como foi dito, não precisa ter pressa. Você terá muito tempo para praticar a religião; sua vida é longa e o verdadeiro aprendizado só vem com o tempo e dedicação (juntos, não separados). Toda vez que ficar ansioso com relação a isso, procure meditar, escrever no seu diário ou se distrair, mas relaxe.

Seguem mais algumas breves dicas (mas não menos importantes) para quem, como você, está começando agora:

1. Não fique preocupado querendo ter todos os instrumentos (athame, caldeirão etc.). Como já foi dito comece aos poucos com incensos, velas, ervas para chás. Guarde seu dinheiro para os livros! Esses sim serão bem mais úteis agora!

2. Não fique se preocupando com dedicação, iniciação, auto-iniciação ou qualquer coisa relacionada. Se tiver um desejo imenso de se apresentar aos deuses como seu "novo filho", organize um ritual simples e seja sincero, com palavras vindas do seu coração. Eles sabem que você está começando e isso é muito mais válido que fazer um ritual sem muito significado pra você. Acenda uma vela branca e seu incenso preferido e pronto. Não se preocupe.

3. Não fique contando a todo mundo sobre a sua nova opção religiosa. Lembre-se: saber, ousar, querer e calar. Você nunca sabe o que pode acontecer mais tarde e o preconceito pode nascer em qualquer lugar, infelizmente.

4. Não seja desrespeitoso com membros de outras religiões apenas porque você não concorda com eles. Ódio gera mais ódio e não é isso o que você quer, não é mesmo?

5. Seja humilde, sempre. Não tenha medo de perguntar quando tiver uma dúvida, nem seja intolerante apenas por não concordar com a opinião alheia. Estamos aprendendo sempre.

MESES E OS FEITIÇOS DO ANO

Janeiro – Deus Janus é um mês de poder do começo ao fim, dizem que os 12 primeiros dias de Janeiro são poderosos para rituais de novos começos. Sirva as visitas e parentes brownies (bolos de chocolate com nozes). Os brownies são os espíritos guardiões do mês de Janeiro.

Fevereiro – Deusa romana Februa. É o mês das fadas caseiras, é apropriado enfeitar os vasos de plantas com laços vermelhos. No último dia do mês coloque uma cabeça de alho nas janelas para proteger a casa durante o restante do ano.

Março – Deus Marte, Deus da guerra. Recolher água da chuva em potes para encantamentos. Os guardiões são os Silfos, quando chove muito, os Silfos estão festejando, não é bom reclamar!

Abril – Afrodite. Acredita-se que os amores nascidos no mês de Abril são duradouros. Os guardiões são os elfos, duendes que adoram dançar ao som de flautas, ouvir essas músicas atraem os elfos que invadem nosso sono com sonhos proféticos.

Maio – Deusa Maya, comum vestir-se de verde para homenagear Gaia, mãe terra.

Junho – Deusa Juno, mitologia Romana. Nessa época acreditava-se que a borboleta se tornava sagrada, quem consegue avistá-la, atrairá boa sorte.

Julho – Imp. Júlio César. Guardiões são os Duendes dos bosques, ao oferecer uma maça a eles em agradecimento aos 7 meses passados, terão sorte na 2ª metade do ano.

Agosto – Imperador Augusto. O girassol é a flor consagrada, dar ou receber trará prosperidade.

Setembro – Quem olhar para lua crescente desse mês, poderá pedir algo perdido.

Outubro – O mais mágico dos meses, Acreditava-se que a mãe Natureza transformava criaturas encantadas em formigas, para expiarem os humanos. Pratinhos com açúcar pela casa o recepcionarão com alegria.

Novembro – É um mês para reflectir sobre os ciclos. Acreditavam-se que as criaturas mágicas que saíram no Halloween ainda estavam entre nós, é um mês limiar entre os dois mundos. (para bruxas do HS o ano começa em maio, pois comemoramos em 30 de Abril). Por isso no último dia do mês, faça um altar com as representações dos 4 elementos, agradeça e diga que eles serão bem vindos no ano seguinte.

Dezembro - Na noite de 14 de Dezembro, faça uma lista com todos os seus desejos realizados durante o ano. Plante uma semente para cada desejo realizado e agradeça a Deusa, pedindo renovação de sua fé, para que no próximo ano, você possa plantar mais sementes. Para atrair espíritos guardiões, enfeite sua casa com arranjo de várias contas e vela verde no centro, quando o final do ano se aproximar, peça aos guardiões que protejam seu lar durante o ano que entrar.

SABBAT DA BRUXAS
CONCEITO SOBRE BRUXARIA

Na religião Judaico/Cristã, o Sabbat corresponde ao ultimo dos dias da criação, no qual Deus repousou. O Sabbath é por isso um dia semanal de descanso ou repouso e adoração a uma divindade. O Sabath consta mesmo como um dos dez mandamentos ditados a Moisés.

Por assim ter sido, o Sabbath emana das sagradas escrituras. O Sabbath Hebraico, assinala o dia em que Deus repousou, e por isso também o Homem deve cessar toda e qualquer atividade, para apenas se dedicar a adoração de Deus.

Muitas outras religiões possuem este conceito Sabbathiano, e praticam-no de acordo com as suas crenças teológicas.

Na Bruxaria, (uma religião de natureza espírita e necromântica, tal como o Vodu, a Kimbanda e outras religiões Africanas), o Sabbath é um momento de reunião e comunhão religiosa entre bruxas, e que se pratica em torno celebração de uma comunicação com os seres espirituais de onde provem o seu poder e existência.

A maior parte das crenças comuns ao Sabbath concordavam que o demónio se encontrava presente aquando da realização de um Sabbath, geralmente incorporado na forma de um bode negro.

Também era comum acreditar-se que vários demónios presidiam e participavam na celebração desta cerimónia infernal de bruxaria.

Igualmente defendia-se que durante os Sabbath, as bruxas ofereciam os seus corpos a possessão de demônios que assim incorporavam nelas para festejarem os seus mais luxuriosos e depravados vícios em carne humana, como tanto lhe é agradável.

Acreditava-se igualmente que o Sabbath começava às 00h00 e prolongava-se pela madrugada fora.

O Sabbath, é consumado em cinco grandes momentos, (tantos quantos os pontos da estrela de Baphomet), que se materializam em cinco rituais, que são:

1º

A Procissão de Caim:

O ritual tem início com uma procissão. Nessa procissão todos os bruxos se unem em peregrinação realizada a caminho do templo onde será celebrado o Sabbath. Este momento representa o caminho que cada bruxo realiza ao longo da sua vida de servo do demônio, caminho esse que leva ao destino da sabedoria do oculto e do eterno poder da Magia Negra.

Uma das características identificativas das bruxas, (de acordo com os manuais inquisitórios), é a marca da bruxa. Essa marca corporal confirma que a bruxa é na verdade uma bruxa.

A marca não pode ser um sinal de nascença, mas sim algo adquirido no momento em que o Diabo assume poder sobre essa pessoa, ou escolheu essa pessoa para ser seu servo e sacerdote.

A marca é deixada pelo demônio no corpo da bruxa como forma de assinalar a obediência dessa pessoa para com o Diabo. A Marca é criada de diversas formas: ou pelas garras do Diabo ao passar pela carne do seu servo, ou pela língua do Diabo que tocando o indivíduo, lhe deixa a marca demoníaca.

A marca pode-se manifestar em diversas formas: Uma verruga, uma cicatriz, um sinal, e especialmente um pedaço de pele totalmente insensível. As teses ocultistas mais actuais, tendem a identificar esta marca do Diabo não como um sinal físico presente no corpo da bruxa, mas antes como um sinal marcado na alma da bruxa, ou seja: o seu nome espiritual, o nome com que bruxa viverá depois do pacto com o Diabo, e com o qual fará as suas bruxarias.

O nome espiritual é o nome que o demônio concede a uma bruxa quando ela outorga o seu pacto infernal, e é a marca que identificará para sempre essa pessoa diante do Diabo, da mesma forma que o nome de batismo Cristão identifica uma pessoa diante de Deus.

Seja como for, a marca da bruxa, é também chamada a marca de Caim.

Tal como Caim foi rejeitado por Deus e se tornou imortal por via do caminho das trevas, (Gênesis 4, 10-15), também o bruxo é marcado pelo exemplo de Caim. Assim se acredita que todo aquele que entrou em pacto com e demónio, possui esse selo na carne, a «marca de Caim (Gênesis 4,15).

Pois como o destino da vida de Caim, também é o destino da vida do bruxo, e por isso a «procissão de Caim» é representativa desse percurso de vida.

A procissão representa tanto a vida do bruxo, (o seu caminho de vida dedicado á bruxaria e á submissão aos espíritos), como a sua morte, uma vez que depois de mortos os espíritos dos bruxos não abandonam este mundo terreno e aqui permanecem vagueando eternamente, aliciando novos bruxos, alimentando-se da carnalidade, semeando a feitiçaria, apadrinhando outros seguidores do oculto. Pois a procissão também representa esse caminho no mundo terreno, que se perpetua na vida eterna.

A procissão é feita em nome de Caim, aquele que sendo filho de Eva e Lúcifer foi desprezado e assim induzido ao pecado. Por ser um filho de Lúcifer e de uma humana, Caim foi humilhado, renegado e condenado á desolação. Sobre Caim caiu a maldição da vida eterna, uma vida eterna a vaguear pelos caminhos deste mundo. Assim como Caim é eterno, também o bruxo alcança a eternidade espiritual neste mundo pela sua aliança infernal. Caim é o padroeiro deste ritual.

2º

A ceia dos 21:

Precede a procissão, a consumação de uma ceia demoníaca, ou seja: um grandioso banquete celebrado com os mais tortuosos excessos. No banquete, pão azeite e sal estão totalmente proibidos, pois são substâncias detestadas pelo diabo, e todo e pecado da gula é celebrado ao excesso mais pervertido. Neste ritual simboliza-se a eterna união e a infernal aliança, estabelecida desde o início dos tempos, entre os demónios e as bruxas.

Da mesma forma como Jesus se uniu em aliança aos seus 12 discípulos na última ceia, também bruxas e demónios se unem pela carne e pelo sangue nesta ceia. Este banquete é realizado numa mesa cerimonial, na qual se encontram 21 sacerdotes e sacerdotisas.

Ao centro da mesa, a ceia é presidida por um demônio encarnado. O demónio é possuidor do cálice de Lúcifer, por onde cada um dos 21 sacerdotes e sacerdotisas beberão a essência da vida eterna através da bruxaria.Com esse cálice e essa essência líquida, é celebrado o dia em que cada um dos 21 assumiu o seu pacto com o demónio e assim passou a ser embaixador dos espíritos neste mundo, através da aliança Luciferiana. O filho do Diabo, é o padroeiro deste ritual.

3º

A Missa Negra:

Ao banquete segue-se uma missa negra.

A mesma celebrada é em missais Luciferianos orados em Latim, acompanhada de liturgias infernais realizadas sob os corpos nus de acólitos femininos ou jovens indicadas nas artes satânicas.

É neste momento que é realizada a admissão e iniciação, na sociedade infernal, de novas bruxas recém recrutadas e já instruídas nas artes da bruxaria. Na missa negra são conjurados os espíritos demoníacos, e a hóstia de Satã é servida numa forma de grande perversão.

Na missa negra leem-se as escrituras Luciferianas, Satânicas e Infernais, assim como os oráculos do príncipe deste mundo revelados pela boca dos seus profetas infernais. Ancestrais fórmulas de invocação demoníaca são recitadas, velhos oráculos são relidos, místicas liturgias são celebradas, profanas orações são proferidas, tudo para agrado dos espíritos.

A missa negra representa o momento em que Lúcifer desejou Eva, e por isso a contactou. Em troca do prazer, Lúcifer ofereceu a Eva o fruto da árvore do conhecimento.

A Missa Negra representa o momento em que Lúcifer e Eva se contactaram, em que Lúcifer possuiu Eva e em que o Homem recebeu em troca a sabedoria sobre a ciência e a magia. A Missa Negra representa por isso o contacto com os espíritos, e através dela os espíritos são chamados a contactar com as bruxas.

Lúcifer é o padroeiro deste ritual.

4º

O Festim da possessão

Finalmente o Sabbath termina em êxtase carnal, numa celebração ritualista do pecado manifestada em todos os envolvidos na Missa.

Nesse festim de pecados, os demônios conjurados ao longo de todo o Sabbath incorporam nos fiéis demoníacos, e tanto na forma de corpo humano masculino, como de corpo humano feminino, eles praticam a carnalidade mais pecaminosa, celebrando assim a corrupção e perversão que os demônios tanto amam.

Este é o momento da possessão, no qual os demônios entram no corpo daqueles que voluntariamente se lhes oferecem. Este é um momento altamente perigoso, pois uma possessão que não seja adequadamente produzida, conduzida e depois desencarnada de uma pessoa, tem terríveis e totalmente irreversíveis efeitos, sendo que a pessoa jamais conseguirá abandonar o estado de possessão demoníaca, podendo acabar em condições psicológicas miseráveis ou mesmo morta. Por isso, apenas os filhos das trevas podem participar neste tipo de festim, uma vez que pessoas normais não possuem força espiritual para conseguir aguentar uma possessão demoníaca e controlar o processo. No entanto, pela boa celebração deste perigoso ritual, os demônios concedem os seus favores aos fiéis de Satã, ou seja: as bruxas.

O festim da possessão representa o momento em que Satã e os seus 199 anjos abandonaram os céus e amaram as filhas dos homens, (Gênesis 6) no ato de bruxaria e possessão primordial. A padroeiro deste ritual é Astaroth, demônio do desejo e da luxúria que conduziram tanto Lúcifer e o seu exercito seguidor, como mais tarde Satã e os seus 199 anjos, ao exílio e condenação.

5º

O convênio dos 200 anjos:

Por último, após a realização de todos os citados processos, (a Procissão de Caim, A Ceia dos 21, a Missa Negra e o Festim da Possessão), os bruxos reúnem-se em convênio para trocar entre si e com os seus novos membro iniciados, conhecimentos, ensinamentos, Grimórios e saber oculto.

Assim se cumpre a perpetuação das artes ocultas, sendo o conhecimento partilhado, renovado e eternizado tanto pela tradição escrita como pela tradição oral.

O convênio representa o momento da queda dos 200 anjos que se unindo as mulheres dos homens, em troca ofereceram a humanidade o conhecimento, ou seja, tanto as ciências, como a bruxaria.

O padroeiro deste ritual é Satã, o demônio que por desejo da mulher desceu a terra e se condenou a perdição.

BRUXARIA E ENCRUZILHADAS

A mais forte bruxaria, (seus rituais e feitiços), é praticada em encruzilhadas. Sabe porque é que desde tempos imemoriais, a bruxaria é praticada em encruzilhadas?

As encruzilhadas, enquanto local de praticas magicas profanas, encontram-se mencionadas nas sagradas escrituras. No livro de Ezequiel, podemos ler.

Tu porém confiaste demais na tua beleza (…) mas para cúmulo de todas as tuas maldades (…) construíste lugar de pecado nas encruzilhadas

Ezequiel 16, 1-25.

As encruzilhadas são desde os tempos imemoriais, locais de eleição para a prática de bruxaria, rituais mágicos e feitiços.

Já nos tempos Greco-Romanos, era nas encruzilhadas que se colocavam estátuas de Hecate, a Deusa da magia, Deusa da noite, Deusa das bruxas e da bruxaria, a senhora dos infernos.

A estátua de recate consistia numa mulher de 3 faces, ou em 3 corpos femininos que se cruzam num só. As 3 faces ou 3 corpos de Hecate, representavam o domínio desta Deusa sobre o submundo infernal, (a terra), a terra, (onde a Deusa vagueava nas noites de Lua Cheia e Lua Nova), e o mar, (onde a Deus tinha os seus casos de luxúria).

Era perante essa estátua feminina de 3 faces ou 3 corpos, situada que estava numa encruzilhada, que os espíritos eram invocados e que a bruxaria era praticada.

Assim sucedeu desde sempre, pois a encruzilhada tem um significado oculto e espiritual:

Acreditava-se em tempos idos, que a encruzilhada era o local onde almas perdidas, assombrações e fantasmas acabavam por acorrer em certo tipo de noites.

Tratando-se todos eles de espíritos confusos e perdidos, acreditava-se alguns deles procuravam um caminho certo para aceder ao mundo espiritual, ao passo que outros deles procuravam simplesmente o caminho de regresso á sua casa.

Na sua desorientação, acabavam por se perder e tinham a tendência de permanecer indecisos numa encruzilhada, ponderando por qual dos caminhos deveriam optar para chegar ao seu desejado destino.

Também por esse motivo, nas religiões greco-romanas, acreditava-se que Hecate aparecia nas encruzilhadas, de forma a poder recolher as almas daqueles que deviam descer ao submundo, ou ao mundo dos mortos.

Por isso, as encruzilhadas eram locais preferenciais para a celebração de rituais de magia, feitiços e bruxarias, uma vez que nesse local era mais fácil aceder e convocar certo tipo de espíritos.

É esse o motivo, pelo qual se enraizou a crença esotérica de que as encruzilhadas favorecem a bruxaria, e ainda nos dias de hoje subsiste a pratica de magia, (dos mais diversos tipos: magia vermelha, magia negra), nas encruzilhadas.

BRUXAS E O MALLEUS MALEFICARUM

O Malleus Maleficarum foi juridicamente admitido na Lei Canônica como um instrumento inquisitório contra bruxarias e heresias, através da bula papal Summis desiderantes affectibus promulgada a 5 Dezembro 1486 pelo Papa Inocêncio VIII.

O tratado Malleus Maleficarum, foi criado em 1486 por H. Kramer e Jacob Sprenger, ambos membros da Ordem Dominicana e Inquisidores da Igreja Católica.

Foi através da histórica bula papal de 1486, que a igreja reconhece a existência das bruxas e da bruxaria, assim como concedeu autorização para que os praticantes de bruxaria fossem perseguidos e eliminados.

E assim, inaugurou-se a sangrenta caça ás bruxas que durou

séculos e foi responsável por um autêntico genocídio de mulheres e homens em todas as latitudes do continente Europeu, chegando mesmo a afetar os inícios da história norte Americana.

O Malleus Maleficarum disserta sobre os três elementos fundamentais à concretização da bruxaria, sendo eles:

I
A existência de uma bruxa mal intencionada

II
A ajuda do demónio nas intenções da bruxa

III
A permissão de Deus para que tais atos possam ocorrer

O Malleus Maleficarum, é por isso um tratado sobre bruxaria, (identificando o fenômeno, assim como dissertando sobre os meios de o reprimir), que se encontra dividido em três seções, sendo estas:

Seção I

A primeira seção refuta a negação da existência da bruxaria, alegando que a mesma é uma realidade que embora invisivel é, porém tangível e capaz de ter efeitos muito claros na vida das pessoas.

Nesta seção, defende-se a existência do Diabo e toda a realidade demoníaca, afirmando que o demônio tem o poder de fazer grandiosos prodígios, assim como declarando que as bruxas existem para auxiliar os demónios a concretizarem os seus atos. Curiosamente, é declarado que as bruxas apenas podem realizar os

Secção II

A segunda seção, descreve as formas de bruxaria que existem, assim como os remédios existentes para a combater.

Nesta seção II do Malleus Maleficarum, os autores debruçam-se sobre a prática da bruxaria através da análise de casos concretos. Nesta seção dão analisados os poderes sobrenaturais das bruxas, assim como as técnicas de recrutamento de novas bruxas. Segundo esta seção, não é o Diabo que recruta directamente as suas servas neste mundo, mas antes são as bruxas que desempenham essa tarefa pelo Diabo, ou ao serviço do demónio. As técnicas de recrutamento resumem-se a 2 estratégias:

1ª

Fazer com as coisas corram de tal forma mal na vida de uma mulher, que ela é levada a consultar uma bruxa. Ao fazê-lo, cai na teia da bruxa, que assim a vai seduzindo, ou com as delicias do sexo, ou com o fascínio dos poderes das trevas, ate que a vítima se transforme numa bruxa por via da livre aceitação de um pacto demoníaco.

2ª

Introduzir jovens e belas mulheres, (servas do Diabo), ou belos demônios em forma humana na vida de uma mulher, de forma a fazê-la gradualmente cair da tentação carnal e subsequentemente a ceder ao caminho das trevas.

Esta seção II também revela como é que as bruxas lançam feitiços e encantamentos, assim como os remédios que podem proteger contra tais fenómenos mágicos.

Seção III

A terceira secção destina-se a auxiliar os juízes inquisitórios na sua tarefa de identificar bruxas e combater o fenômeno da bruxaria.

Esta seção III é a parte jurídica do tratado, ou seja, descreve como identificar e acusar uma bruxa. Os argumentos acusatórios são claramente expostos como um guia pratico para consulta dos magistrados da Santa Inquisição, facultando passo a passo um manual instrutório que diz como se realizar um processo de julgamento de uma bruxa, desde o momento da recolha de provas para fins da acusação formal sobre bruxaria, aos métodos de interrogatório da bruxa e testemunhas, ate à formulação da acusação e consequente julgamento.

Em resumo, o sangue da própria bruxa assinando um contrato demoníaco, bem como a relação carnal com o Diabo através do qual a liturgia infernal é praticada para outorgar o pacto infernal, são os meios descritos e através dos quais se jurava obediência a Satanás, ao passo que se renegava Deus e em suma se entregava a alma ao demônio para adquirir poderes sobrenaturais de bruxaria.

Aquela pessoa que se entregava ao demônio, era marcada pelo Diabo. A esse sinal, chamava-se a marca da bruxa, ou a marca de Caim.

Essa marca corporal confirma que a bruxa é na verdade uma bruxa. A marca não pode ser um sinal de nascença, mas sim algo adquirido no momento em que o Diabo assume poder sobre essa pessoa, ou escolheu essa pessoa para ser seu servo e sacerdote.

A marca é deixada pelo demônio no corpo da bruxa como forma de assinalar a obediência dessa pessoa para com o Diabo.

A Marca é criada de diversas formas: ou pelas garras do Diabo ao passar pela carne do seu servo, ou pela língua do Diabo que tocando o indivíduo, lhe deixa a marca demoníaca. A marca pode-se manifestar em diversas formas: Uma verruga, uma cicatriz, um sinal, e especialmente um pedaço de pele totalmente insensível.

As teses ocultistas mais atuais, tendem a identificar esta marca do Diabo não como um sinal físico presente no corpo da bruxa, mas antes como um sinal marcado na alma da bruxa, ou seja: o seu nome espiritual, o nome com que bruxa viverá depois do pacto com o Diabo, e com o qual fará as suas bruxarias.

O nome espiritual é o nome que o demônio concede a uma bruxa quando ela outorga o seu pacto infernal, e é a marca que identificará para sempre essa pessoa diante do Diabo, da mesma forma que o nome de batismo Cristão identifica uma pessoa diante de Deus.

Assim, se o nome de Batismo identifica uma pessoa diante de Deus, o nome demoníaco é o sinal por via do qual uma pessoa se identifica perante o demônio.

Ao ser batizado por Deus, recebe-se um nome, e ao ser batizado pelo Diabo, recebe-se outro.

Os autores de Malleus Maleficarum, (Jacob Sprenger e Heinrich Kramer – Sec XV), descreviam as relações carnais entre demônios e bruxas, não como um ato de amor, mas antes como um mero processo por via do qual um pacto demoníaco era firmado.

A carnalidade era uma parte do compromisso que os homens e mulheres assumiam aquando da celebração do seu pacto com o Diabo.

O objetivo da carnalidade era venerar o demônio, submetendo-se ao Diabo e assim concedendo ao espírito impuro tudo aquilo que esse pedisse. Pois se o padre se submete a Deus pela elevação espiritual, o bruxo submetia-se ao Diabo pela submissão carnal.

Muitos teólogos Cristãos apoiaram esta ideia de submissão ao demônio pela carnalidade, ao passo que outros, (como Pierre de Rostegny), afirmavam que Satanás preferia tentar mulheres casadas, uma vez que dessa forma ao possuir uma mulher casada estaria não só induzindo-a ao pecado da luxúria, como ao mesmo acrescentando a lista de pecados cometidos: o adultério.

Pelo adultério praticado com um demônio a mulher tornar-se-ia bruxa, sendo que se o seu marido colaborasse com este atentado contra o sagrado matrimônio de Deus, poder-se-ia também tornar bruxo, pois não só se humilhava e submetia perante o Diabo, (como seu servo, oferendando-lhe a sua própria mulher e permitindo que o matrimónio fosse corrompido), como também tinha compactuado com a pratica da violação de um dos mais sagrados votos Cristãos: a inviolabilidade santo matrimônio celebrado aos olhos de Deus. Se mulher, (ou ate mesmo marido), se submetessem a esta perversão, permitindo que o Diabo passasse a ser senhor de um lar que antes tinha sido consagrado a Deus, estavam geradas as condições para a celebração de um pacto demoníaco. O princípio ideológico que estava por detrás destas teses e que suportava este tipo de pensamento teológico, perdurou durante séculos nas sociedades cristianizadas.

A verdade é que ate há bem pouco tempo, o Divórcio Civil não era reconhecido pela Igreja Católica, que considerava que aquilo que foi unido por Deus, jamais poderia ser separado pela Lei do homem.

Teólogos defensores das visões mais ortodoxas ou extremistas, tendiam a ver os casamentos que realizados após um divórcio civil, se seguiam assim a um casamento celebrado aos olhos de Deus, como uma ilegalidade espiritual, uma quebra de votos sagrados perante Deus que faziam a pessoa cair no pecado - pecado da fornicação e do adultério – consequentemente aquelas pessoas que assim agiam, estariam caindo nos caminhos do demônio, vivendo em pecado e assim estando abertas a influência demoníaca.

Exemplos atestados e comprovados de Pactos com o Demônio ao longo da história, existem e encontram-se documentados.

Eis alguns exemplos:

1 - Em 1664 uma bruxa de nome Elisabeth Style confessou em tribunal ter realizado um pacto com Satanás, e que fora por via desse facto que ela houvera conseguido riquezas e um vida faustosa.

2 - Em 1616, uma bruxa de nome Stevenote de Audebert, apresentou em tribunal prova de um pacto com o Diabo: ela revelou um contrato escrito por via do qual ela havia realizado um pacto demoníaco.

3 - Em 1634, soube-se que um poderoso mago de nome, Urbain, cujos os feitos mágicos eram temidos e reconhecidos, havia outorgado um contrato demoníaco. O documento ainda se encontra arquivado na Biblioteca Nacional em Paris, França.

4 - Também na Biblioteca de Upsala, encontra-se arquivado o contrato por via do qual um estudante de nome D. Saltherius realizou um pacto demoníaco. O seu pedido foi satisfeito, pois ele conseguiu alcançar a posição profissional que desejava numa famosa universidade Alemã.

5 - Theophilus de Adana, (Séc VI d.C.), também procurou um bruxo e realizou um pacto com o Diabo, por via do qual conseguiu alcançar a elevada posição de Bispo. Um famoso quadro de Michael Pecher, (1430-1498), denominado Augustinus und der Teufel, (obra de 1471), retrata precisamente este pacto demoniaco

MAGIA NEGRA

Há quem diga, (com grande equívoco), que magia negra ocorre quando a magia é executada para o mal, ou que magia branca ocorre quando é feita para o bem. Nada poderia estar mais errado.

A magia branca ocorre quando se evocam espíritos de luz, e a magia negra quando se evocam, ou espíritos terrenais, ou espíritos dos mortos.

A magia é branca ou negra, independentemente dos objetivos dessas invocações serem bons ou maus. (veja também: magia vermelha, magia branca, magia sexual)

A Magia Negra ocorre de cada vez que um feiticeiro invoca um espírito terrenal ou dos mortos, para comunicar com ele e assim leva-lo a produzir um determinado efeito ou realizar um certo objetivo.

Da mesma forma, (embora muitos padres neguem a magia, ao passo que outros a defendem), a verdade é que cada vez que se celebra uma missa, está-se realizando um ritual de magia branca, pois está-se por certos meios e processos litúrgicos, a invocar, ou o espírito de Deus, ou espíritos celestes, para comunicar com eles, ou tentar obter um certo objetivo. No caso da missa cristã, o padre acende velas, queima incenso, oferece pão e vinho, tudo isto para invocar um espírito, seja ele o espírito de Deus, ou de um santo ou de um anjo. A este tipo de ritual, chama-se magia branca.

Da mesma forma, rituais feitos para invocar espíritos dos mortos ou espíritos terrenais, chamam-se magia negra.

A invocação de espíritos é uma pratica religiosa comum, pois na Bíblia está escrito Deus é espírito , e ao invocá-lo numa missa, está-se invocando um Espírito.

Na bíblia também está escrito que os anjos são espíritos e que Deus tem milhares deles ao seu dispor.

Ao invocá-los numa missa, está-se invocando espíritos para obter um certo fim, como uma bênção. E isso, é nem mais nem menos que: magia.

A magia negra, (invocação e contato com espíritos dos mortos e terrenais para lhe pedir favores), pode ser usada para todos os tipos de efeitos com grande sucesso.

A definição talvez mais frequentemente usada para explicar o que é magia, é:

"A alteração, (com uso ou recurso a forças espirituais), de realidades, eventos ou situações que, se nada fosse feito e o curso natural das coisas não fosse afetado, permaneceriam inalterados"

A magia por isso, (seja ela negra ou branca), embora sendo em si um processo místico oculto, é contudo muito objetiva ou pelo menos, possui fins muito tangíveis e palpáveis.

São realizados atos que terão consequências espirituais.

Essas consequências espirituais, irão despertar uma serie de efeitos que irão alterar o rumo dos eventos de uma certa situação.

Antigo Livro de São Cipriano o Gigante e Veradeiro Capa de Aço | *N.A.Molina*

O Editor indica e sugere a leitura dos livros abaixo, onde se encontram diversos temas e assuntos relacionados a esta obra:

Sarava seu Tiriri;

Sarava Maria Padilha;

Sarava Seu Zé Pelintra;

Como Desmanchar Trabalhos e Feiriços;

Livro de São Marcos e São Manso;

Cruz de Caravaca - Orações poderosas;

São Cipriano o Feiticeiro de Antioquia - Capa Preta;

O Poderoso Livro de Preces e Orações;

Como Fazer a Sua Macumbinha;

Xango e Inhaçã;

O Antigo Livro de Santo Antônio;

A Umbanda na Sua Vida Diária;

Feitiços de Amarração;

Simpatias Poderosas.